L'enfant
à tout prix

Ouvrages de
Geneviève Delaisi de Parseval

AUX MÊMES ÉDITIONS

L'art d'accommoder les bébés
(en collaboration avec Suzanne Lallemand), 1980

La part du père
1981

Geneviève Delaisi de Parseval
Alain Janaud

L'enfant à tout prix

essai sur la médicalisation du lien de filiation

Éditions du Seuil

EN COUVERTURE : illustration Pessin.

ISBN 2-02-008817-7
(ISBN 1re publication 2-02-006589-4)

A la mémoire de mon père, Pierre Delaisi, mort pendant la gestation de cet ouvrage.

G.D.

Préface à l'édition de 1985

Deux ans ou presque ont passé entre la rédaction de cet ouvrage et sa réédition actuelle. Pendant ce laps de temps, les questions que nous avions traitées ont été quasiment sans cesse à l'ordre du jour, répercutées, amplifiées, déformées parfois, par les divers *media* en raison d'une actualité plus que nourrie. Actualité qui a tourné autour de trois pôles principaux : le premier est celui des événements, voire des *scoops* constitués surtout de cas de naissances par fécondation *in vitro*, dans toutes les parties du monde et particulièrement en France (nous « avons » une soixantaine de bébés-éprouvettes depuis la naissance d'Amandine, mais aussi — depuis quelques mois — *une quarantaine de centres* qui « font de la FIV »...) ; actualité faite aussi des différentes initiatives qui ont cherché à promouvoir le recours aux mères porteuses ; actualité faite enfin d'un des premiers cas de « jeu avec le temps » qui ait été débattu en France : celui de l'insémination *post-mortem*, rendue théoriquement possible par la congélation du sperme d'un homme.

Parallèlement (ou à la suite) de la couverture médiatique de ces événements, les questions soulevées par ce qu'il est convenu d'appeler les « nouveaux modes de filiation » ont fait l'objet, toujours en France, d'un vif intérêt, tant des pouvoirs publics (les différents ministères concernés) que de la part des organismes de recherche (INSERM, comités d'éthique, etc.). Intérêt qui s'est traduit par une série impressionnante de congrès, colloques, séminaires sur ces sujets, manifestations souvent internationales, de qualité d'ailleurs inégales, « ouvertes » ou « fermées » [1], dont les *media* ont, également, largement rendu compte. Bref, il n'y a pratiquement pas de semaine pendant ces deux ans, où l'un ou l'autre des thèmes que nous avons abordés dans ce livre, n'ait été posé dans l'opinion publique (toutes les questions, en somme, relatives à la médicalisation du lien de filiation, sous-titre de notre ouvrage). Preuve, s'il en était besoin, que notre société connaît ce que — pour une fois — il n'est pas abusif d'appeler une révolution, la « révolution reproductive » [2], signature d'une importante modification des mentalités dans ce domaine. Nous allons revenir brièvement sur les points saillants qui émergent de ce flot d'écrits et de paroles. Mais nous voudrions dire ici que ce n'est pas sans une certaine satisfaction — teintée comme il se doit, d'ambivalence — que nous avons constaté que nombre d'idées, de concepts, de grilles de lecture que nous avons avancés dans *l'Enfant à tout prix*, ont fait souche (mouche) et qu'elles semblent avoir passablement inspiré la communauté scientifique de la « péri-conceptologie de pointe » ! C'est ainsi qu'on trouve les expressions : « maternités additionnelles », « dons et contre-dons », « circulation des enfants » etc., sous la plume et dans les discours de nombre de spécialistes de ces questions. C'est ainsi également que nous avons eu le privilège ambigu d'être souvent cités, parfois de façon bizarrement distordue. Pour prendre un exemple très récent, citons, à notre tour, mais avec des guillemets, cette phrase du « co-père », comme on dit, d'Amandine qui écrit : « Faut-il, comme le propose Mme de Parseval, devenir moralement permissif vis-à-vis de l'adultère fécondant ? Faut-il remettre à l'honneur, débarrassée de sa culpabilité, la rencontre extra-conjugale que cherche à masquer l'institution médicale [3] ? » Nous laissons à notre collègue la liberté de sa lecture « personnelle » de quelque

1. Nous avons esquissé une analyse institutionnelle de ces réunions dans l'éditorial d'un numéro spécial sur la bioéthique, in *Dialogue*, « Bioéthique et désir d'enfant », n° 87, vol. 1, 1er trim. 85.

2. Titre d'un ouvrage fort intéressant, co-écrit par un philosophe et une « politique » : *The reproductive revolution*, de P. Singer et D. Wells, Oxford University Press, coll. « Studies in bioethics », automne 1984.

3. R. Frydman, « De l'avortement aux bébés-éprouvettes », in *Autrement*, « Les médecins », mars 1985, p. 222.

cinquante pages de notre livre. Ce qui ne nous empêche pas d'en sourire. « De l'adultère comme moyen de pallier la stérilité. » Il fallait, c'est vrai, y penser...

Mais revenons aux choses sérieuses. Quels sont, nous demandions-nous, les points saillants qui ont émergé, tant dans la technique, que dans les pratiques sociales depuis la rédaction de ce livre ? Comment les comprendre, les interpréter ? Existe-t-il des principes d'intelligibilité plus pertinents aujourd'hui ? C'est avec ces questions que nous voulons actualiser notre ouvrage.

Le développement exceptionnel de la fécondation *in vitro* (plus de 600 bébés sont nés de cette manière, contre seulement quelques naissances il y a deux ans) a évidemment rendu cette technique beaucoup plus crédible auprès de couples qui sont, ou se croient de « bons cas » : d'où le phénomène de la « liste d'attente » qui entraîne chaque année des milliers de couples supplémentaires dans un parcours du combattant souvent pire que celui que nous avons dénoncé pour l'IAD, bien plus coûteux en outre pour la santé de la femme (traitements lourds, anesthésies), et extrêmement chers pour la société (chaque tentative FIVET coûte 15 000 F et la moitié de cette somme est prise en charge par la Sécurité sociale). Les différents centres sont, de plus, de qualité inégale (certains débutent et cherchent des patients à tout crin...), mais le public ne le sait pas ! Problème éthique particulièrement aigu pour les « psy » qui voient des couples *qui avaient fait leur deuil d'enfant* foncer, tête baissée, dans la FIV, saisis d'un espoir fou en raison des taux de succès annoncés. Combien de fantasmes « d'enfants à tout prix » ont ainsi flambé de nouveau ? Voir certains (couples et médecins) se lancer dans cette aventure pour des cas de stérilités « sans cause » ou « psychologiques » — les femmes, du fait du parcours préalable, n'étant évidemment plus dans les tranches d'âge de fécondité optimale —, tout cela donne le frisson. Les comportements activistes sont dangereux, on le sait : nous avons personnellement déjà constaté de graves dégâts psychologiques chez certaines « candidates *in vitro* », revers de la médaille de cette magnifique envolée technologique. Un enfant, à quel prix ? C'est toujours la même question que l'on retrouve...

Ces réserves faites, il faut bien *prendre acte* de la relative banalisation de cette nouvelle technique, qui, ainsi que nous l'écrivions, quand elle aboutit à une naissance après un parcours pas trop pénible, *ne pose pas*, dans sa formule actuelle, *les problèmes compliqués* que nous avons analysés pour l'IAD (introduction d'un géniteur supplémentaire et anonyme, question du secret, etc.). En France, à l'heure actuelle, les bébés-éprouvettes semblent aller plutôt bien [1]. Mais nous savons qu'une technique qui devient bien maîtrisée appelle de nouvelles applications ; sans entrer dans la futurologie, il faut savoir que ces applications existent déjà et qu'elles tournent autour des enjeux anthropologiques, juridiques et éthiques qui sont exposés dans ce livre. Citons quelques exemples : chez nos voisins belges, une équipe de la VUB (Université flamande de Bruxelles) a rendu parents un couple où les deux partenaires étaient stériles ; l'enfant a été conçu par fécondation, *in vitro*, de l'ovule donné par une femme — qui était elle-même hospitalisée à ce moment-là pour FIVET — avec le sperme d'un donneur anonyme. L'embryon a été réintroduit ensuite dans l'utérus de la mère (stérile car elle n'ovulait pas). Ce bébé a donc *quatre géniteurs*. On sait qu'en Australie plusieurs bébés sont déjà nés après décongélation d'embryon, ce qui, toujours grâce à la FIV, peut permettre, par exemple, à un couple de donner un embryon excédentaire à un autre couple, bref, à la fois de maîtriser le temps, et de « guérir » une stérilité partielle ou totale, masculine ou féminine. Ce qui n'est pas rien ! Et tout ceci *n'est ni plus ni moins moral que l'IAD*.

Les travaux de Singer et Wells [2] ont le grand intérêt de donner les réponses de 150 couples, qui se trouvent dans des programmes FIVET ou qui ont déjà eu ainsi des enfants, aux questions psychologiques et éthiques posées par la technique actuelle et ses applications futures. Parmi de nombreux éléments, retenons l'éclairage intéressant apporté sur une question qui agite beaucoup

1. Voir A. Raoul-Duval, « Les bébés-éprouvettes sont-ils très éprouvés ? », *La Bébologie*, in *Autrement* (nº spécial), septembre 1985.

2. *The reproductive revolution, op. cit.* ; Peter Singer dirige le *Monash Institute*, centre australien de bioéthique.

l'opinion française : celle des mères porteuses, que nous avons longuement analysée dans notre ouvrage. Ces couples sont massivement favorables (78 %) au recours aux mères porteuses s'il n'existe aucune autre solution à la stérilité. Ils se déclarent d'ailleurs eux-mêmes majoritairement en faveur du don d'un embryon pour un autre couple (80 %). Toutes ces questions du don — ou du prêt — d'un vecteur de filiation, de la procréation assistée (avec un ou deux co-géniteurs/trices), du jeu avec le temps sont plus que jamais importantes à comprendre, non seulement en raison du large débat sur les mères porteuses, mais aussi à cause des nouveaux cas rendus possibles grâce à la technique FIV, cas que nous avons indiqués dans l'ouvrage.

Devant les responsabilités que ces questions complexes posent aux médecins, ceux-ci — et on les comprend — se sont tournés vers deux instances qu'ils jugeaient aptes à leur fournir des normes : la *loi* et l'*éthique*. Cette demande — tous azimuts — de normes et de limitation de pouvoir est, en réalité, passablement ambiguë : nul n'a vraiment envie, surtout pas les médecins, d'être dépossédé de son pouvoir et de se trouver « chapeauté » par une instance supérieure, instance majoritairement composée en l'occurrence de spécialistes non médecins (les éthiciens ou *ethicists*, selon la terminologie anglo-saxonne). C'est ainsi que l'on repère deux familles d'esprit chez les médecins qui s'occupent de procréation de pointe : chez certains, les plus jeunes, il existe une véritable *fuite en avant dans l'éthique*, comme si celle-ci pouvait leur permettre de se mettre au clair avec un pouvoir médical qu'ils jugent, en l'espèce, quelque peu encombrant en raison de ses retombées du type « PDS » (phénomène de société). Ces médecins sont, comme par hasard — ce n'est évidemment pas un hasard —, ceux qui, dans les années post-68, militaient au MLAC et pratiquaient des avortements avant la loi : ils ont maintenant « pris du galon », mais se trouvent toujours sur la même brèche, dans les différents domaines de la procréation de pointe. Nombre d'entre eux ont participé à la création de comités d'éthique dans leurs différents CHU, comités qui n'ont pas, pour l'instant, vraiment répondu à la demande, et dont le fonctionnement est jugé par certains à la fois dérisoire et normatif. Le Comité national d'éthique a, par exemple, fermement — et très vite — condamné le recours aux mères porteuses, l'insémination *post-mortem*, l'insémination artificielle des célibataires, opinions qui ont été, *dans le même moment*, contrées par tout un courant de pensée de la société française. Quant à l'autre groupe de médecins, d'une génération un peu plus ancienne, notables eux aussi en péri-conceptologie de pointe, il a été, lui aussi, saisi du même « prurit éthique », se déclarant publiquement prêt à mener une réflexion éthique avec d'autres. Or, ce qu'on constate, c'est que l'éthique, ils la font eux-mêmes, habillant de ce vocable à la mode leurs règles déontologiques propres. Ils font de l'éthique de la même manière que M. Jourdain a découvert, lui, qu'il faisait de la prose. Ils ne semblent pas croire tellement aux comités d'éthique et préfèrent s'exprimer eux-mêmes, par écrit, ou directement par l'intermédiaire des *media*.

Bref, la réflexion éthique en France est, à l'heure actuelle, « embryonnaire » ! Nos voisins anglais se sont montrés plus audacieux en rédigeant, il y a presque un an, le *Rapport Warnock* (travail d'un comité de spécialistes sur les problèmes de la fertilisation humaine et de l'embryologie), commission présidée par un philosophe — Dame Warnock — et composée de 6 médecins seulement sur les 16 membres. On peut, évidemment, ne pas être d'accord avec toutes les recommandations émises ; il n'en reste pas moins que les vrais problèmes éthiques actuels nous semblent être *bien posés* dans ce travail. Comme, par exemple, celui de la demande, clairement exprimée par certains, que la recherche sur l'embryon soit, à certaines conditions, autorisée, recherche jugée indispensable par de nombreux médecins pour que cette discipline progresse, avec bien sûr, d'immenses applications thérapeutiques à l'horizon. Vrai problème aussi que celui des « procréations à plusieurs géniteurs » : le *Rapport Warnock* distingue très bien les questions de *l'anonymat* du géniteur additionnel, de celles du *secret* sur l'origine de l'enfant, et de celles du *non-dit* dans une famille (toujours pathogène, on le sait). Les questions concernant *l'argent*, c'est-à-dire le dédommagement financier des donneurs (donneurs de sperme, prêteuses d'utérus, etc.), sont envisagées de façon sereine et dans l'optique des sociétés pluralistes — où divers courants de pensée coexistent — qui sont les nôtres. Alors qu'en France ce sujet semble servir uniquement à l'anathème, le plus grave étant qu'ainsi *les questions de fond ne sont pas abordées*. Quand on pose par exemple, *par définition*, que le cas de la mère porteuse s'apparente à la prostitution, il n'y a pas grand-chose à discuter...

Quant aux juristes, assaillis eux aussi de demandes de normes et de lois, nous avons été impressionnés par la qualité de leurs différentes réflexions et par leur attitude avisée, renvoyant — très justement — à la législation sur l'adoption un certain nombre de questions posées, et montrant que le « vide juridique » dont on a tant parlé serait plutôt un « trop-plein » [1]. Ce sont également les juristes qui, à notre sens, ont de la façon la plus efficace abordé la question de *l'intérêt de l'enfant à naître*, sujet porte-drapeau dont tous les spécialistes disent se préoccuper au premier chef, mais sur lequel ils ne se donnent pourtant pas les moyens de savoir grand-chose. Les travaux que nous avons recensés dans ce livre n'ont guère progressé en deux ans ; il est d'ailleurs évident que, compte tenu de la vitesse du développement des techniques, telle celle de la FIV, on ne voit pas comment on pourrait déjà avoir fait des études sur les bébés-éprouvettes. Nous trouvons cependant curieux qu'on ne consulte pas davantage pédiatres et psychanalystes d'enfants qui, plus que d'autres, ont quelque chose à dire sur ce sujet ; nous avons commenté certains de leurs travaux à propos de la famille-IAD. Rappelons brièvement que l'on connaît depuis longtemps les risques pour l'enfant d'une surprotection parentale et d'une anxiété, qui ont souvent pour cause un désir d'enfant longtemps contrarié pour des raisons d'infertilité, ou compliqué par des péripéties médicales. Comment alors ne pas avoir de craintes à propos du devenir psychologique de ces actuels ou futurs « enfants à tout prix » dont on sait combien ils ont été attendus, et par les parents et par les équipes

1. Nous renvoyons le lecteur aux Actes du Congrès : *Génétique, Procréation et Droit,* H. Nyssen, Actes Sud, printemps 1985.

médicales ? Comment, et cela procède de la même analyse, ne pas penser au risque qu'un enfant conçu de « haute lutte » — par exemple après quelques IAC, une série d'IAD, des tentatives de FIV enfin (nous connaissons plusieurs cas de ce type) — ne devienne, à la première anicroche, pour ses parents, le « mauvais-objet-persécuteur » ? On sait bien — hélas — comment est constituée la cohorte des enfants battus, la même — ou presque — que celle des enfants « couvés »... Tout cela, c'est la *triste histoire de l'ambivalence évacuée*, histoire que nous avons analysée tout au long de ce livre.

Nous souhaitons terminer ces réflexions en soulignant que cet ouvrage, même s'il contient des critiques que nous jugeons fondées, est un texte dont il faut faire une lecture de réflexion, non de polémique ou d'accusation. On le sait, les plus malins hésitent, et, parfois, se trompent ! Il faut bien voir, en outre, que nous tous, « péri-conceptologues », sommes des *soignants à risque* [1] : il est probablement aussi difficile d'être sans cesse confronté au « risque de vie », que d'être confronté au risque de mort ! Dans les deux cas, en effet, le thérapeute doit analyser ses propres contre-attitudes qui sont *sollicitées de façon intense*. Il n'est pas simple, on s'en doute, d'être sans cesse mis en face de demandes d'enfants, comme si ces couples nous réclamaient, à chacun dans notre discipline, un « brevet d'aptitude à la parentalité ». Car, si on demande aux médecins somaticiens de fabriquer des enfants, on demande aux « psy » de fabriquer des parents...

Notre dernière pensée, en faisant le bilan de ce temps passé, va à deux catégories de protagonistes dont on parle peu ou mal. Les premiers, ce sont les « usagers » de ces systèmes sophistiqués de procréation, les quelque dix mille familles, par exemple, qui ont eu un, deux ou trois enfants par insémination avec donneur. Et tous les autres — parents de bébés-FIV, mères porteuses — qui pourraient peut-être s'exprimer si la société les y aidait un peu mieux. Les

1. Selon l'excellent titre de la « Journée scientifique » de mars 1985, organisée par le Dr Soulé (à paraître aux ESF).

seconds, ce sont les journalistes qui, depuis quelque temps, sont sans cesse, eux aussi, sur la brèche, tâchant de se débrouiller avec les inhibitions et les querelles des spécialistes pour informer le grand public. Remarquons au passage que notre livre était surtout destiné à ce grand public, mais qu'en fait — curieusement pour nous — c'est surtout le milieu scientifique qui l'a reçu. Or, si nous insistons sur ce point, c'est que, au moment où notre société connaît un bouleversement fantastique dans les systèmes de représentations sur la famille, il convient plus que jamais d'écouter les *lay-people* (c'est-à-dire « les gens de la rue », le « tout-un-chacun » non spécialiste). Or, les journalistes — qu'il est parfois de bon ton de critiquer pour leur « sensationnalisme » avec les histoires de bébés-éprouvettes, cigogne et autres — se comportent en réalité comme d'excellents détectives de l'inconscient collectif.

Geneviève de Parseval, avril 1985.

Introduction

Autant annoncer tout de suite la couleur, ce livre a une certaine prétention, voire une prétention certaine : il s'attaque à un étrange et important problème de société, celui de la filiation « saisie » par la médecine (comme M. Le Trouhadec par la débauche !). Problème actuel s'il en est, aux multiples facettes, que nous, auteurs de ce livre, avons soumis à plusieurs grilles d'interprétation. Mais c'est aussi notre propre fonctionnement que nous avons mis sur la sellette, à la fois en tant que spécialistes de ce domaine (psychanalyste et gynécologue) et en tant qu'individus (femme et homme) questionnés par ces pratiques.

Les institutions médicales qui gèrent ce domaine ayant plus le souci de normer que celui d'évaluer, c'est délibérément que nous avons décidé de jeter la balle dans le camp d'un public plus large que celui des seuls professionnels, espérant de son appréciation une voie vers une meilleure intelligibilité des enjeux en présence.

Dans *la Lumière médicale* [1], Norbert Bensaïd écrit : « La médecine est partout. Elle est censée avoir réponse à tout... Les livres qui disent comment il faut vivre, manger, dormir, faire l'amour ou du sport, respirer, rester jeune et beau, se vendent admirablement. » Mais on peut aussi ajouter à cette liste tous les *how to* dans le domaine de la procréation. Il en existe un certain nombre qui vous expliquent en quelques chapitres comment vous y prendre pour avoir un enfant, avec des variantes pour choisir le sexe, etc. Aux

1. Cf. « La médecine comme morale », Paris, Seuil, 1981, p. 95.

États-Unis, ces livres sont écrits directement par les meilleurs spécialistes de la discipline[1] qui n'hésitent pas à communiquer directement avec le public.

Ce n'est pas un livre de ce genre que nous avons écrit — nous ne sommes sûrement pas du reste les « meilleurs spécialistes ». C'est plutôt une analyse critique de notre pratique, chacun dans notre spécialité, que nous avons voulu faire, probablement à partir d'un mouvement d'humeur — et d'humour — contre l'activisme de tout poil qui existe actuellement dans le domaine de la « procréation de pointe » ; dans ce territoire de « l'enfant à tout prix », là où thérapeutes comme patients sont prêts à aller aussi loin que la science des uns et la bonne volonté (ou la docilité) des autres peuvent les mener.

Dans de nombreux pays aujourd'hui, les gynécologues semblent en tout cas mener une vie professionnelle faite de contradictions permanentes. Il peut leur arriver par exemple dans une seule matinée de stériliser une femme ou un homme, puis de faire l'opération inverse de réparation des canaux reproducteurs. On peut venir leur demander à un moment une prescription contraceptive, et, à l'heure suivante, une insémination artificielle. Ils peuvent faire un accouchement et, immédiatement après, un avortement. Et c'est vrai qu'ils peuvent faire tout cela, non seulement le même jour pour différents patients, mais aussi pour le même patient(e) sur une longue période de temps. Cette simple observation fait apparaître une ambivalence individuelle et professionnelle évidente à l'égard de la fertilité humaine qui, certes, n'est pas nouvelle, fertilité et stérilité ayant apparemment toujours suscité des réactions humaines complexes.

Le gynécologue prétend en somme connaître les secrets de la procréation et trouve normal que ses patients — à l'instar de ses propres enfants — viennent lui demander de raconter la « belle

1. Nous pensons par exemple au livre du Dr Sherman Silber, un des plus éminents chirurgiens urologues aux USA : *How to get pregnant ?* (New York, Charles Scribners's Sons, 1980) dont le sous-titre est : *Un spécialiste renommé de la fertilité donne un conseil magistral aussi bien que pratique sur la fertilité et la conception.* C'est un best-seller.

histoire » : « Dis, papa, comment m'avez-vous fait, maman et toi ? » Ce fantasme d'enfant a sûrement contribué au point de départ de ce livre ; c'est un peu, chacun, de notre « roman familial » que nous sommes partis.

Dans ce parcours, nous, gynécologue au cursus classique, sommes en première ligne : nous recevons les demandes d'enfants les plus banales, mais aussi les plus insolites — et notre formation universitaire ne nous est pas d'un grand secours pour peu que nous nous interrogions sur ce que nos patients veulent de nous. Mais c'est aussi en tant qu'homme, père de deux enfants, époux d'une pédo-psychiatre, marqué par une participation pendant plusieurs années à un groupe Balint, que nous réagissons. Démarche que la collaboration ultérieure avec une psychanalyste a permis de préciser [1].

Chaque discipline (la gynécologie comme la psychanalyse) en réalité interprète, ordonne les faits à sa façon. Ce qui fausse un peu les choses et cause certains malentendus, c'est que la position psychanalytique est (se veut) « compréhensive » ; elle couvre en effet tout le champ des interactions entre le patient et sa famille, les soignants, les médecins etc., en plus du champ des faits cliniques. Comme le dit G. Raimbault : « La psychanalyse traite de l'ensemble des conséquences liées au fait que l'homme parle [2]. » Il existe un os, avec les médecins somaticiens, c'est qu'ils veulent bien à l'extrême rigueur admettre que « ça parle »... mais quand l'analyste insinue qu'il n'est pas du tout évident que le patient puisse prendre conscience de ce qui parle en lui (dans des cas de stérilité quand, par exemple, le discours a été « parlé » par l'arrière-grand-mère de la patiente), là, ça ne va plus. L'analyste est accusé de délire...

Autre source de malentendus dans ce domaine particulier de la fertilité de pointe : le « psy » a souvent l'impression que le médecin cherche une espèce de caution psychologique ou morale pour entreprendre ce qu'il fait (stimulations hormonales, inséminations, etc.). Alors que la morale, ce n'est pas son rôle et qu'il ne veut en aucun cas que le savoir qu'il possède soit galvaudé de cette façon.

1. C'est ici le gynécologue qui parle.
2. *Clinique du réel*, Paris, Seuil, 1982, p. 39.

Position guère confortable en effet que la nôtre [1] : « analyste-poubelle » à laquelle nombre de gynécologues ou d'urologues envoient les patients qui n'ont « rien d'organique » (entendez qui n'ont rien du tout). Alors si nous leur « faisons quelque chose », étant donné « qu'ils n'ont rien », c'est comme si nous n'avions rien fait !

Autre point : le « psy » ressent la demande du collègue médecin somaticien comme une demande d'une sorte de savoir artisanal ou charismatique que lui (elle) aurait et qui serait mis au service du gynécologue pour lui apporter un surplus de savoir, un surplus de pouvoir. Or, ce n'est pas de cela qu'il s'agit. « Ce que la psychanalyse peut faire, écrit encore Ginette Raimbault, c'est apporter un éclairage différent au médecin dans cette impasse, lui montrer qu'il ne s'agit pas d'accroître son pouvoir sur le corps du sujet, mais d'articuler autrement le rapport du sujet à son corps. L'analyse met en évidence qu'un corps traité en objet scientifique laisse échapper la dimension de la spécificité de tel sujet comme corps. L'analyse vise alors à rendre le sujet à son corps ou le corps au sujet. En cela, dans cette fonction, on peut dire que la psychanalyse subvertit la position médicale classique [2]. »

Que veut dire cette relation où le rôle de l'analyste est à la fois dérisoire et en même temps omnipotent puisqu'il intervient quand le médecin déclare ne savoir ou ne pouvoir plus rien ? Est-ce qu'il ne risque pas à son tour de re-jouer le fantasme de l'omniscience ?

Pour notre part, nous sommes relativement au clair avec ce fantasme. Plus on en sait, plus long encore semble le chemin à parcourir. En bref, voici le nôtre : après une formation théorique de sociologue, d'ethnologue, en France puis aux USA, après également une longue psychanalyse personnelle [3] et une formation d'analyste, après, enfin, trois expériences de maternité, nous nous sommes sentie capable d'aborder le terrain de la fertilité humaine, lieu d'élection, de rencontre entre les données naturelles (celles de la

1. C'est ici l'analyste qui parle.
2. *Clinique du réel, op. cit.*
3. Expression que nous estimons plus honnête que celle d'analyse didactique...

reproduction) et les données culturelles (celles de la parenté et de la filiation, mais aussi celles liées au paramètre institutionnel). C'est ainsi que depuis une dizaine d'années, nous nous sommes progressivement spécialisée dans ce domaine, tant du point de vue de la recherche que de la clinique [1]. A ce dernier titre, nous avons depuis longtemps l'expérience de la prise en charge, ou bien en entretiens ponctuels, ou bien dans le cadre de psychothérapies ou d'analyses d'individus ou de couples souffrant de problèmes liés à la fertilité : soit qu'ils n'arrivent pas à procréer, soit que l'un des protagonistes soit considéré comme stérile et que le couple doive recourir à un palliatif, soit que le fonctionnement procréateur du couple ait des « ratés » (fausses couches à répétition, stérilisation mal supportée ou demandes de réversibilité, grossesses difficiles, accouchements prématurés etc.). Nous avons aussi eu l'occasion de voir nombre de demandes « a-typiques » d'enfants (venant de couples homosexuels, par exemple) dont il sera souvent question dans ce livre.

Tous ces cas cliniques nous ont souvent renvoyée à un fantasme d'impuissance : les symptômes dans ce domaine ne se laissent pas facilement vaincre... En tant qu'analyste, notre dessein n'est évidemment pas de forcer les résistances psychologiques de nos patients, mais seulement de les leur rendre intelligibles ; libre à eux ensuite d'en faire ce qu'ils veulent, ce qui n'est déjà pas si mal ! A dire vrai, c'est le seul critère d'efficacité auquel nous accordions une valeur quelconque.

Nous en profitons pour remercier ici nos collègues gynécologues, biologistes, andrologues, chirurgiens avec lesquels nous entretenons une collaboration fructueuse depuis plusieurs années. Nous remercions aussi tous les patients qui ont fait avec nous un « bout de chemin » et auprès desquels nous avons beaucoup appris.

La collaboration entre les auteurs de ce livre (psychanalyste et

1. Dont nous avons rendu compte dans des articles publiés dans des revues scientifiques, mais aussi dans trois ouvrages dont celui-ci est le dernier volet ; trilogie portant sur les systèmes de représentations de notre société à propos du devenir parent (chez la femme et chez l'homme). Les deux premiers sont : *L'Art d'accommoder les bébés* (écrit avec Suzanne Lallemand), Paris, Seuil, 1980, et *La Part du père*, Paris, Seuil, 1981.

gynécologue) est ancienne [1] : partager quelques options fondamentales sur des sujets que nous connaissons bien nous a permis de constater que la pluridisciplinarité n'était pas un vain mot. Aucun de nous n'a plus de savoir que l'autre : nous articulons, chacun à notre manière, les données physiologiques, psychologiques et culturelles que chaque patient métabolise dans son creuset individuel (ou de couple). Les résultats que nous avons obtenus sont, comme on le dit, à la hauteur de nos espérances...

Étant donné la construction de cet ouvrage et les domaines qu'il couvre, il est écrit bien davantage par l'analyste que par le gynécologue ; chaque auteur souscrit néanmoins (sauf exception indiquée) à tout le contenu du livre.

1. Nous sommes parmi les premiers, semble-t-il, à nous être préoccupés de la place du père en insémination artificielle...

I. Avoir un enfant ou pas ?

1. Le désir d'enfant

Un Antillais vivant en métropole, au cours d'un entretien à l'occasion de sa venue comme donneur de sperme [1], nous dit ces quelques mots qui introduisent bien la question :

« Avoir un enfant, ça apporte un réconfort, ça assiste à votre vie, c'est là, c'est de la chaleur, c'est de la joie, c'est de la tendresse. On meurt moins vite quand on est père, on ne meurt pas tout seul non plus, on travaille pour quelqu'un, on lui donne le maximum, enfin c'est un prolongement de soi, c'est aussi peut-être une aide future quand on est vieux. Moi qui ai perdu mon père très jeune, je crois que c'est lié à tout ça. J'ai envie d'être père. »

Il ne nous semble pas que l'on puisse trouver mieux exprimés que dans ce témoignage toutes les raisons et les fantasmes qui, à un moment donné, poussent un individu (homme ou femme) à avoir envie de procréer, de devenir un père, une mère.

Cela étant, et si on veut tenter d'y voir clair dans la reproduction humaine, il convient sans doute de tordre le cou à un vieux fantasme mégalomaniaque qui fait imaginer qu'on est pour quelque chose dans les enfants qu'on met au monde... Pour ce qui est de l'ordre du manifeste, c'est évident, pour les femmes encore plus que pour les hommes sans doute, puisqu'elles le constatent dans leur corps. Les êtres humains sont de simples vecteurs. Vecteurs biologiques et psychologiques qui seront analysés dans ce livre. Mais pour le reste...

1. Dans un CECOS (Centre d'étude et de conservation de sperme humain).

Notre vision personnelle des choses tient en deux propositions ou hypothèses de travail, si l'on préfère :

— La première s'inspire d'une philosophie africaine. Elle correspond à l'idée de *lignage*, et nous empruntons à l'ethno-psychiatre, Henri Collomb, spécialiste des cultures d'Afrique de l'Ouest, le texte suivant : « La vie est valeur première ; tout individu la reçoit et la donne. Le devoir pour qui la reçoit est de la transmettre. En réalité, donner la vie n'est pas une obligation, ce n'est pas un acte isolé, personnel. La vie est un courant éternel dont les hommes sont le support ; ce courant ne saurait être interrompu, cela va de soi. La question d'avoir ou de ne pas avoir d'enfants ne se pose pas. L'existence terrestre permet l'écoulement de la vie à travers les générations qui se succèdent ou se répètent [1]. »

Bien sûr, ce commentaire porte sur une culture qui est différente de la nôtre. Mais nous pensons que ces mots recouvrent tout aussi exactement la réalité psychologique et sociale de la procréation chez nous. La seule différence tient en ce que la culture occidentale, caractérisée par la valeur qu'elle accorde aux notions de la personne, d'individualisme, de libre choix, etc., offre une batterie d'écrans plus ou moins opaques, de rationalisations diverses, de constructions théoriques en tout genre, permettant à l'Européen(- ne), être rationnel, de se persuader :

— qu'il fait un enfant seul (à deux éventuellement) et par libre choix ;

— donc, que s'il n'y arrive pas, c'est qu'il s'y est mal pris ou qu'il y a quelque chose qui cloche. Dans ce cas, il convient de consulter un spécialiste ;

— que s'il en fait un sans le faire exprès, c'est qu'il s'est trompé quelque part. Heureusement, il peut en général réparer son erreur. Dans ce cas encore, le recours du spécialiste s'impose.

La liste des spécialistes est longue et, là encore, on a le choix. Le

1. In *Psychanalyse à l'Université*, n° 16, septembre 1979, Éditions Réplique. C'est le dernier texte que H. Collomb écrivit avant sa mort. Cette conception rejoint tout à fait la génétique actuelle (cf. l'ouvrage de J. Ruffié, *Traité du vivant*, Paris, Fayard, 1982).

domaine de la procréation s'étant très médicalisé, on peut s'adresser selon ses fantasmes ou ses connaissances à un gynécologue, un biologiste, un urologue, un chirurgien. Quelques originaux vont directement voir un « psy » ou un épidémiologiste [1] de la fertilité humaine... D'autres, plus « tordus » peut-être, iront voir un chiropracteur ! Mais, et nous nous répétons, tout ceci n'est qu'apparence. Comme le formule très joliment la psychanalyste Monique Bydlowski : « La transmission de la vie échappe complètement ou partiellement à ceux qui la transmettent [2]. » C'est à dessein que nous soulignons ici que l'on arrive aux mêmes conclusions par les données liées à la connaissance de l'inconscient. La manière de dire les choses chez les Africains est seulement plus claire parfois que le langage des psychanalystes.

Notre deuxième hypothèse est la suivante : nommons-la *l'enfant intergénérationnel*, d'après les travaux des thérapeutes familiaux américains. Cela signifie qu'un enfant n'est pas le résultat de ses deux seuls parents mais de plusieurs générations ; le rejeton se situe comme en un lieu géométrique, nœud (qui, parfois, ne se dénoue pas, alors l'enfant ne naît pas) entre plusieurs réseaux d'alliances familiales. Les parents géniteurs réels sont, en quelque sorte, des acteurs qui jouent sur une scène dont ils ne voient qu'une partie, ou dans une scène d'un acte dont ils ne connaissent rien. On pourrait imaginer le dialogue fictif suivant au théâtre : « Inconscient intercontinental » :

— J'ai joué la scène (du) 2 de l'acte III avec mon partenaire, mais où sont donc passés les autres protagonistes ? Qui a le texte ?

— D'ailleurs où est le metteur en scène ?

— Au fait, de qui est la pièce ?

En ce sens, tant la maternité que la paternité sont des *artefacts*, des mythes inventés et reconstruits.

Ce n'est pas, en d'autres termes, parce qu'une femme est enceinte et accouche d'un bébé qu'elle devient mère de cet enfant. Ce n'est

1. Voir p. 39.
2. In « Les enfants du désir. Le désir d'enfant dans sa relation à l'inconscient », *Psychanalyse à l'Université*, n° 13, décembre 1978.

pas non plus parce qu'un homme a un spermogramme normal et qu'il est supposé avoir fourni le spermatozoïde fécondant qu'il sera nécessairement le père de l'enfant qui va naître. Ces paramètres biologiques constituent, dans le meilleur des cas, des supports privilégiés qui permettront à tel individu « d'entrer en parentalité », de cimenter une relation proche avec son enfant. Ils ne sont en aucun cas « le tout » de l'être parent. C'est dans les têtes que se font les enfants [1].

Il reste que si nous avons indiqué de façon schématique la façon dont nous répondons personnellement à la question, complexe s'il en est, du désir ou du refus d'enfant, c'est parce qu'il est difficile d'écrire un livre sur ce sujet aussi investi par tout un chacun, sans définir sa propre position. La meilleure façon d'atteindre une quelconque objectivité, c'est de tenter d'analyser sa subjectivité. Et quand on parle d' « enfant à tout prix », c'est bien que l'on postule un désir d'enfant à tout crin... Encore fallait-il le dire avant d'entrer dans le vif du sujet. C'était la raison de cette parent-thèse.

1. Voir sur ce point les éléments de démonstration de cette thèse que nous apportons dans *La Part du père (op. cit.)* à partir de l'étude de la paternité dans différents cas de figure (première paternité, paternité par insémination artificielle etc.).

2. La valeur de l'enfant. Sa signification

De nos jours, avoir un enfant est devenu un « must » dans le système de représentations de l'individu et de la famille. Symbole de la pérennité de l'espèce, l'enfant est aussi celui de l'identité sexuelle, de l'intégrité physique et de l'intégration sociale de l'individu et du couple. Rien d'étonnant alors à ce que « l'enfant qui ne vient pas » devienne la hantise de ces couples, nombreux, qui n'arrivent pas à procréer au moment où ils le veulent.

Nous verrons plus loin à quelles images sociales et psychologiques renvoient les notions de fertilité et de stérilité, mais considérons tout d'abord la valeur représentée par l'enfant et la façon dont, depuis des siècles, elle s'est radicalement modifiée. Les études de Philippe Ariès ont montré qu'avec l'avènement de la famille nucléaire dans la société industrielle, l'enfant s'était *privatisé*. L'espace privé s'est en effet progressivement plus ou moins confondu avec celui de la famille, une famille tournée désormais vers lui, son éducation, sa formation. Les parents ont quasiment, dans cette famille moderne, le monopole des rôles parentaux ; ce qui n'était nullement le cas dans les sociétés préindustrielles où existait une multiplicité d'images parentales : les maîtres, les voisins, des cousins éloignés ou d'autres personnes encore pouvaient avoir une responsabilité très importante vis-à-vis d'un enfant qui n'était pas le leur. Par ailleurs, pour des parents, avoir un enfant à cette époque était indispensable à la survie : c'était un *capital*, au sens économique du terme. Procréer représentait une véritable « assurance-vieillesse » pour des parents qui étaient sûrs, ainsi, de ne pas terminer leur vie seuls et démunis. Ils avaient en outre quelqu'un à qui transmettre leur patrimoine, un « héritier » en somme, au vrai sens du terme. La stérilité était à cette époque non seulement une maladie, mais une véritable catastrophe.

La valeur de l'enfant est devenue tout autre au XXe siècle, surtout, nous allons le voir, depuis l'avènement de la contraception (dans la décennie 1950). Outre sa privatisation, l'enfant a acquis une signification nouvelle : il représente toujours un capital, certes ; ce n'est plus cependant d'un capital économique [1] qu'il s'agit, mais d'un *capital affectif* et *narcissique*, ce qui va avoir des conséquences radicalement différentes, tant pour la vie de l'enfant que pour celle de ses parents. De l'enfant d'autrefois que, pour en faire un slogan, on peut appeler : *l'enfant-bénéfice primaire* (celui qui rapportait à sa famille sa force de travail et prenait soin de ses vieux parents), on est passé, depuis un siècle, mais surtout depuis la révolution contraceptive à : *l'enfant-bénéfice secondaire*, « l'enfant gratuit », ce bébé « obligatoirement désiré » que les couples veulent avoir pour *se* faire plaisir, et dont, officiellement, ils n'attendent pas de contre-prestation en retour, tout au moins pas en nature comme c'était le cas autrefois.

Le virage dans cette image de l'enfant s'est notablement accentué et gauchi avec la contraception, nous l'avons dit. Ceci est très facilement repérable et l'a été à travers de nombreuses enquêtes. Depuis une vingtaine d'années, le comportement des couples vis-à-vis de la contraception s'est modifié : dans les années soixante, les gens se mariaient, avaient des enfants et *ensuite seulement* prenaient une contraception pour stopper leur fertilité. Maintenant, les couples utilisent une contraception dès qu'ils vivent ensemble et ce n'est que quelques mois ou années plus tard qu'ils l'arrêtent éventuellement pour avoir un enfant, au moment, et au moment seulement, où ils jugent leur couple solide, mais une fois aussi la maison achetée, leur situation plus assise, etc.

1. L'enfant, au lieu d'être un gain, comme autrefois, coûte maintenant cher, même très cher. Les Américains affichent souvent à la porte des cliniques d'accouchement le prix de l'éducation d'un enfant jusqu'à son entrée à l'Université.

Ce tableau à la fois idyllique et rationnel dans lequel les parents seraient des êtres parfaitement oblatifs à l'égard d'enfants aimés parce que désirés à cent pour cent, enfants qui seraient bien sûr très reconnaissants à leurs géniteurs de les avoir si minutieusement conçus, bref de « bons enfants » selon l'expression de Michel Soulé [1], ce tableau quelque peu sirupeux est aussi légèrement inexact. L'expérience des psychanalystes de la famille, pour ne prendre que celle-ci, ne va guère dans ce sens-là, et fait au contraire apparaître un paysage familial qui ressemble beaucoup, dans le registre du non-dit, au système don/contre-don des familles dans les sociétés traditionnelles. Le concept de *bilan*, par exemple, outil très précieux en thérapie familiale [2], correspond à la réalité psychique que chaque membre de la famille fait le compte de ce qu'il a reçu des autres et de ce qu'il leur a donné. Autrement dit, il existe, dans chaque famille, une sorte de liste informelle de *crédits* et de *débits*, le rôle de la thérapie étant précisément de rendre explicite — en cas de besoin — cette comptabilité, en grande partie inconsciente, et de mettre au clair les *dettes* et les *gains* de chacun. Nous reviendrons plus loin sur ces idées, extrêmement pertinentes pour comprendre la dynamique du couple dans les problèmes d'infertilité. Mais disons tout de suite que les cadeaux sont toujours plus ou moins empoisonnés, on le sait bien.

On peut donc avoir des doutes sur l'avenir de ces « bons enfants » qui, lorsqu'il n'y a pas de problème de conception, sont fabriqués maintenant en série et sur simple commande (on cesse d'appuyer sur le « bouton-pilule »). Ces bons bébés risquent d'avoir un fardeau un peu lourd à porter leur vie durant (encore plus peut-être s'ils sont enfants uniques). Certes, il y a des avantages à être enfant de nos jours : on naît désiré, et on le sait (sauf quand on a le malheur d'être un enfant « accident de pilule », ou conçu sous stérilet, ou avatar d'une hésitation avant IVG) [3]. On s'occupe de vous, on a des jouets,

1. In *Les Bons Enfants*, Paris, ESF, 1983.
2. Cf. le livre des Américains I. Boszormenyi-Nagy et G. Spark, *Invisible loyalties : reciprocity in intergenerational family therapy*, New York, Harper and Row, 1973.
3. Il y a des parents qui parlent beaucoup à leurs enfants, leur faisant parfois des confidences qui ne sont pas strictement indispensables !

on part en vacances etc. Mais le revers de cette médaille de baptême, ce sont les nombreux devoirs que ces types d'enfants auront contractés en naissant, le premier étant de ne pas décevoir des parents qui les ont vraiment « investis avant que d'être nés », de répondre à leurs attentes, de conforter leur narcissisme, de les materner à l'occasion [1] etc., de les payer en gratifications affectives, en un mot de leur rendre au centuple toutes ces dettes de reconnaissance affective qu'ils ont contractées sans le savoir. Or ils sont monnaie courante ces parents qui affirment *urbi et orbi* qu'ils se sont sacrifiés pour leurs enfants. Qu'ils soient sûrs, en tout cas, que ce sont alors leurs enfants qu'ils ont bel et bien sacrifiés ! Et les sacrifices sont souvent chers à payer pour le soi-disant bénéficiaire... C'est en général l'enfant devenu adolescent ou adulte qui « trinque » ; bien sûr pas n'importe lequel dans la famille : il y en a un, en général, qui « éponge » globalement la dette de tous les autres membres de la famille, celui qu'en thérapie familiale on nomme « le patient désigné » (désigné inconsciemment par la famille elle-même). C'est le cas par exemple d'une femme qui se rend, à son insu, stérile pour « payer » les sacrifices que sa propre mère a faits pour mener à bien une famille nombreuse avec le handicap d'un père absent, mort ou inexistant.

Il faut en outre savoir que ce réseau affectif complexe de dettes, de deuils, de loyautés et de délégations d'un membre de la famille, couvre le champ de trois générations au moins. Un enfant ne se conçoit et ne s'élève pas — nous l'avons dit — qu'avec les deux seuls parents. Malgré la réalité sociologique de la famille restreinte, le réseau affectif familial est beaucoup plus étendu, et c'est ce que veut dire l'expression : « enfant intergénérationnel [2] », sorte d' « enfant-pont » névrotique entre différents réseaux affectifs d'une même famille.

Tout ceci va tout à fait dans le sens de l'interrogation de Willy Pasini sur la prédictibilité de l'avenir des enfants ; question particulièrement paradoxale en effet : à la limite, on pourrait penser, dit-il,

1. Élément que l'on retrouvera dans l'étude de la stérilité.
2. Cf. Odette Masson, *Psychanalyse à l'Université*, n° 16, septembre 1979.

que les bons enfants à venir, ce sont précisément ceux dont les parents pourraient se passer, ceux qu'ils pourraient désirer sans qu'ils soient indispensables, ceux sur lesquels les géniteurs pourraient *projeter un désir* qui ne soit *pas un besoin*. Mais, somme toute, ce nouvel enfant, « bien désiré » en quelque sorte, car « pas trop », perdrait en même temps sa possibilité de naître et c'est bien là le paradoxe ! Car si aucune évaluation raisonnable ne peut en effet conduire à une décision de procréation, il ne reste, selon l'excellente formule de Pasini, qu'à procréer comme un acte de « folie ordinaire [1] ». Comme le faisaient, probablement (par folie ordinaire ou par inconscience, selon les cas), nos ancêtres d'avant la révolution, pas celle de 1789, mais la « contraceptive ».

Mais revenons au M. et Mme Jourdain de la procréation, au couple « lambda » qui veut un enfant maintenant. Quelle image d'enfant a-t-il ? Si ce dernier vient « tout de suite » dès fermeture du « robinet contraceptif », les choses ont des chances de bien se passer : les parents sont confortés dans leur toute-puissance, ils pensent avoir la maîtrise absolue de leur pouvoir procréatif (en fait ils se trompent, ils ont simplement eu de la chance à la loterie, mais du moment qu'ils l'ignorent...) [2].

Quelle souffrance en revanche pour ces couples, nombreux on l'a vu, qui connaissent momentanément ou parfois longtemps un problème d'infertilité. Cette souffrance est double : d'une part, ils ressentent douloureusement le manque d'enfant, mais en plus — et peut-être même plus — ils sont frustrés par la perte de la maîtrise du fonctionnement de leur corps, perte qu'ils supportent d'autant plus mal que la pratique contraceptive a induit, nous l'avons vu, le fantasme — *infirmé* absolument, il faut le redire ici, par l'épidémiologie [3] de la fertilité — que « ça devrait marcher à tous les coups ». Et quand la situation dure, les spécialistes consultés voient parfois (non sans un certain malaise) le désir d'enfant de ces couples se muer en une sorte de rancœur contre cet « enfant qui ne veut pas venir », en

1. In *Les Bons Enfants, op. cit.*
2. On le verra plus loin p. 39 et 68.
3. Cf. p. 39.

même temps qu'un dépit contre leur propre corps qui refuse de se comporter en robot procréatif en bon état de fonctionnement. Et lorsque (comme c'est le cas la plupart du temps) cet enfant hyper-attendu « pointe enfin le bout de son nez », il n'est pas toujours bien accueilli (comme c'est le cas pour un convive qui arrive avec trois heures de retard !). Il se peut même qu'on lui claque la porte au nez [1] tant il représente la signature matérialisée de l'échec — même si c'est un échec réparé — de cette fameuse toute-puissance procréative offerte, comme sur un plateau, par l'idéologie contraceptive.

Donnons ici l'exemple du couple B, soigné plusieurs années pour stérilité ; Mme B n'avait en effet pas de règles et n'ovulait pas. Après un traitement lourd et complexe d'induction de l'ovulation, Mme B fut enceinte. Après la naissance de l'enfant, nous n'avions plus entendu parler de ce couple jusqu'à ce qu'un jour Mme B vienne nous consulter en urgence : n'ayant de nouveau pas de règles, elle craignait une grossesse, ce que notre diagnostic confirma. Ce couple fut tellement angoissé par cette nouvelle, que, malgré le terme avancé de la gestation, une IVG dut être pratiquée. Tout s'était, semble-t-il, passé comme si M. et Mme B n'avaient pas supporté la perte de maîtrise que représentait la survenue de cette grossesse *spontanée et inattendue*. L'IVG se passa très bien, malgré des conditions difficiles, et l'angoisse du couple disparut totalement. Au fond, ils avaient été complètement pris de court devant ce corps (ces corps) qui s'étaient mis à « fonctionner tout seuls » après des années de « fonctionnement forcé ». Quelque temps après, Mme B est d'ailleurs revenue se faire soigner pour avoir un enfant, conçu comme le premier...

Le psychanalyste trouve regrettable pour tous les protagonistes (parents et enfants) que ce registre de la maîtrise soit ainsi passé au premier plan de façon presque univoque : ce n'est presque plus un enfant que les couples font — ou ont des problèmes pour faire — c'est quelque chose qui, dans le fantasme, ressemble plutôt à un

1. Comprenez IVG.

étron. Et quand celui-ci ne vient pas, il s'agirait plus de constipation que d'infertilité ! Voilà les méfaits de la valorisation extrême de ce registre anal. Plus sérieusement, on ne peut pas ne pas s'inquiéter devant le monolithisme de cet investissement fantasmatique parental actuel concernant la procréation. N'oublions tout de même pas qu'un enfant devrait être, au plan psychologique, le projet de l'amour d'un couple, et les composantes narcissiques et anales, même si elles sont présentes, n'ont pas à être dominantes comme elles le deviennent *de facto* dans l'optique de la maîtrise à tout prix qui est celle de la religion officielle de la procréation actuelle.

L'avenir de l'enfant fécalisé nous paraît un peu sombre !

3. Fertilité/Stérilité

Mais que dire alors de ces couples qui sont ou se pensent définitivement stériles ? Quelle est l'image qui s'attache actuellement à la notion de stérilité et de fertilité, étant entendu qu'elles n'ont pas forcément la même connotation chez l'homme et la femme ?

Comme l'on pouvait s'y attendre, du fait même de la scientificité de la contraception et du fantasme engendré chez les couples, la stérilité est vécue dans le registre de la perte de maîtrise : tel homme ou telle femme qui, pour des raisons parfaitement logiques, avait l'habitude d'avoir un comportement cohérent et rationnel en matière « d'enfant différé » se trouve complètement désarmé quand il apprend brutalement que tout son comportement passé était complètement dérisoire — puisqu'il n'y avait aucun risque de grossesse. Il en retire un sentiment pénible — et bien compréhensible — de ridicule et de temps gâché, sans compter le lourd verdict du *never more,* profonde blessure d'amour-propre, atteinte narcissique brutale. Mais notons encore une fois ici la marque indélébile de la « révolution contraceptive » : avant la Seconde Guerre mondiale, à une époque où les pratiques contraceptives relevaient d'un aimable artisanat, pour un couple sans enfants, aux yeux de l'extérieur comme à ses propres yeux, il y avait toujours une ambiguïté. Il était alors très difficile de faire la distinction entre un refus d'enfant catégorique, un demi-refus, ou une stérilité. A ceci s'ajoutait le fait que l'homme était en général protégé du « soupçon » de stérilité puisque c'était la femme qui dans la quasi-totalité des cas « portait le chapeau » de l'infertilité du couple. Mais on ne peut plus désormais confondre refus de paternité et impossibilité à procréer, et ce n'est pas une des moindres blessures, pour un couple qui a des problèmes, que de se voir « étiqueté » par la société. La « bonne mère-Sécurité sociale » — un peu ambivalente elle aussi [1] — se fait par exemple un plaisir de rembourser intégralement de tous leurs frais, médicaux, psychologiques et autres, tous les couples qui acceptent de se faire déclarer « stériles » par leur Caisse d'assurance-maladie [2]. Fantastique paradoxe encore une fois que celui-ci : on accepte de *soigner* un couple pour *stérilité* à la condition expresse qu'il soit précisément déclaré stérile par la médecine ! On ne tente de le guérir que si, dans le même moment, il est déclaré inguérissable... Sans parler de cet exhibitionnisme obligatoire qui répugne à de nombreux couples (s'ils s'y refusent, on les « punit » en ne les remboursant pas).

Pour en terminer avec ce thème, disons que la stérilité est une perte de maîtrise mais qui se double vite d'une incitation à la régression. La société tient en effet à ces couples un discours très « maternel », comme si elle s'adressait à des enfants un peu handicapés et qui ont peut-être quelque chose à se reprocher (sait-on jamais, le fantôme de la syphilis n'est pas si loin), en disant une phrase de ce genre : « Tranquillisez-vous, mes pauvres enfants, ce n'est pas drôle mais je m'occupe de tout ; il faudra simplement tout me dire, ne rien me cacher, faire tout ce que je vous conseille. Et surtout, patience ! ne vous comportez pas comme vos petits cousins qui veulent tout avoir tout de suite ! Vous avez bien le temps, la vie est longue etc. etc. »

Il s'agit bien sûr d'une caricature, pas tellement chargée cependant : quand on pense que la Sécurité sociale va jusqu'à rembourser les paillettes de sperme de donneur au couple qui fait une demande d'insémination artificielle, cela montre que ce fantasme est passablement actif. Aurait-on jamais vu, ou imaginé, auparavant une

1. Normal, elles le sont toutes...
2. Un nombre faible, mais non négligeable, de couples préfèrent ne pas se faire rembourser pour éviter d'aller « raconter sa vie » au médecin-conseil de la Sécurité sociale. Ils refusent par là et l'infantilisation et les risques, inévitables, de « fuites » dans les dossiers, et de rupture d'anonymat.

« dose » de sperme remboursé par la Sécurité sociale ? Il y a 20 ans, on aurait à peine pu lire cela dans un ouvrage de science-fiction un peu « osé » [1].

Le choc le plus massif pour un couple infécond est en effet de se vivre comme incapable, un peu ridicule, d'être traité en enfant. L'image de l'infécondité est, à ce niveau, encore une image de couple : c'est en effet le couple qui avait décidé la contraception, c'est donc lui qui est touché « en bloc » par un « *verdict* » de stérilité (le mot est lourd mais c'est celui qui est couramment employé).

Si, en commençant cette analyse des connotations psycho-sociologiques de la stérilité, nous avons indiqué, en premier lieu, cette atteinte portée au *registre de la maîtrise,* c'est que nous nous sommes placés dans la situation récente (les deux dernières décennies environ) créée par l'évolution des pratiques contraceptives, et notamment par l'apparition de la plus récente de toutes : la contraception *avant* de concevoir *le premier* enfant.

Mais il est clair que la traduction des notions de fécondité et de stérilité peut se lire à plusieurs niveaux : individuel (pour l'homme et la femme séparément), de couple, de chaque médecin, niveau épidémiologique [2], niveau idéologique enfin, celui adopté par une culture entière à un moment donné de son histoire. Toutes les sociétés humaines, historiques ou actuelles, ont en effet des manières spécifiques de penser le paramètre fertilité/infertilité, tellement investi psychologiquement et socialement. Les cultures présentent à ce sujet des ensembles idéologiques structurés, des « systèmes de représentations ». On trouve ainsi, tant chez les peuples dits « primitifs » que dans nos sociétés à haute technicité, des « théories » explicatives qui rendent compte à leur manière des données physiologiques. Il pourra s'agir par exemple des liens du sang et de l'importance que chacun y attache (le fait que la recherche scientifique soit très avancée dans ce domaine n'a pas grand-chose à voir ; chacun entend et intègre ce qui l'arrange...) ; ou bien il pourra être

1. Du type de *La Folle Semence* d'Anthony Burgess, Paris, Laffont, 1962. Mais il n'avait pas eu assez d'imagination pour inventer un tel canular !
2. Cf. p. 39.

question de la raison pour laquelle tous les rapports sexuels — même à la « bonne date » — ne sont pas féconds, ou encore de la manière dont les différents groupes humains se représentent la stérilité chez un homme ou chez une femme. Il s'agit là, pour le sociologue de la connaissance, d'un point d'observation idéal des constructions idéologiques des sociétés. Comme le dit fort justement Françoise Héritier : « Les faits en anthropologie sont aussi importants que la symptomatologie en médecine [1]. » Ce sont donc sur ces représentations culturelles ascientifiques que nous allons brièvement revenir.

Prenons l'exemple de la fertilité des femmes et de ses dysfonctionnements. Certains interprètent ces « anomalies » en termes biologiques seulement, d'autres y voient la marque du destin ou l'expiation d'une faute. Nous trouvons, pour notre part, plus intéressant de comprendre la *sémantique de la fertilité féminine*, de ces signes que l'on repère dans les représentations collectives, les comportements, les relations sociales, les pratiques rituelles et les mythes. Il est très clair, par exemple, que la stérilité féminine ou les troubles gynécologiques estimés graves (l'absence de règles ou plusieurs fausses couches de suite) sont, dans la quasi-totalité du continent africain, jugés *dangereux* pour la patiente et pour l'entourage, de nature à la *marginaliser* totalement. Le sociologue A. Bouhdiba écrit à propos du Maghreb : « Une femme stérile n'a guère d'autre perspective que d'être une charge indésirable... traînant chez son père et ses frères. Mariée... sans enfants, elle ne peut guère aspirer à être autre chose que la servante de ses co-épouses qui sont plus jeunes ou plus fécondes... C'est que la maternité vaut fonctionnalité et la stérilité marginalité [2]. »

La vie pour une femme stérile n'est pas plus gaie chez les Samo de Haute-Volta. Qu'on en juge : « Tout d'abord, ce qui donne à la jeune fille le statut de femme, ce n'est pas la perte de la virginité ni le mariage *ni même la maternité* : c'est la conception. Il suffit d'une grossesse dont il importe peu qu'elle soit suivie d'une fausse couche

1. In *Le Fait féminin*, Paris, Fayard, 1978, p. 397.
2. In *La Sexualité en Islam*, Paris, PUF, 1975, p. 263.

ou d'une naissance [1]. » Une femme, stérile dans un sens différent de nos définitions scientifiques mais proche du sens populaire, une femme donc *qui n'a pas été enceinte au moins une fois* ne sera jamais considérée comme une vraie femme, et on l'inhumera avec un rituel spécial *dans le cimetière des enfants*, comme si elle était immature et n'était jamais sortie de l'état d'enfance. Comme si, dit F. Héritier, elle n'avait pas de destin autonome et qu'elle subissait une loi lui venant de sa mère. La fertilité pour une femme a d'ailleurs des implications qui dépassent de beaucoup le fait d'avoir des enfants. L'ethnologue belge, R. Devisch, écrit à propos de la société des Yaka (Zaïre) : « Par la grossesse et l'enfantement, la femme transcende les limites de sa propre nature, médiatisant ou surpassant les oppositions mâle/femelle, vie/mort, soi/autre [2]. » Précisons qu'il ne s'agit pas dans ces propos d'interprétation psychanalytique mais de lecture ethnologique. Nous ne sommes pourtant pas loin de la compréhension clinique de dynamique de la stérilité sur laquelle nous reviendrons.

Il reste que, pour la totalité des êtres humains, l'impossibilité de procréer biologiquement est très profondément vécue comme une blessure narcissique (chez les hommes et femmes, mais, dans certaines sociétés, un sexe ou l'autre en est davantage protégé). Blessure qui, dans les sociétés occidentales « savantes » et obsessionnelles, est très connotée, pas tellement dans le registre social (dangerosité, marginalité) comme c'est le cas dans les cultures traditionnelles, mais dans un registre plus « négatif » encore, car on y reste plus facilement coincé : c'est *celui du corps*. C'est en apparence seulement que l'atteinte se situe sur le corps réel de la femme ou de l'homme ; c'est le corps imaginaire et symbolique qui est blessé par la façon dont il est, dans tous les sens du terme, « traité », et surtout au sens de « parlé ». Il n'existe pas en effet de représentation du corps qui soit neutre et les mots employés sont

1. F. Héritier, « Fécondité et stérilité : la traduction de ces notions dans le champ idéologique au stade préscientifique », in *Le Fait féminin, op. cit.*, p. 392-393.
2. In « Semantic patterning of fertility and gynaecological healing. Some anthropological perspectives », in *Reversibility of sterilization. Psycho(patho)logical aspects*, Leuven, Acco, 1981. (Notre traduction.)

toujours des métaphores lourdement connotées. De même que le cœur n'est pas, dans l'imaginaire de chacun, une simple « pompe à sang », de même les organes de la reproduction des femmes ne sont pas seulement des tuyaux. Nous verrons que le discours des gynécologues use largement de la métaphore femme-voiture (carrosserie-châssis) [1], le médecin lui-même se projetant tout naturellement dans la métaphore complémentaire, celle du spécialiste-garagiste. Ces images réductrices (tant pour la patiente que pour le médecin) sont le reflet de la manière dont les sociétés se représentent les différentes maladies. Susan Sontag, dans son brillant essai sur la maladie, explique la façon dont l'Occident actuel « vit » et a vécu la tuberculose d'abord, le cancer ensuite (quand la première a presque disparu). Elle écrit : « Les maladies sur lesquelles se sont greffés les fantasmes du monde moderne — tuberculose et cancer — sont considérées comme une forme d'autopunition, de trahison de soi [2]. » Or, on retrouve dans la stérilité l'image d'une de ces maladies mystérieuses, mal qui réveille dans l'imaginaire toutes sortes de peurs que l'on combat de façon défensive par des sentiments de pitié ou de mépris. Or, on retrouve, dans le langage employé pour « parler la stérilité », l'écho des métaphores caractéristiques du cancer. La terminologie propre à la stérilité est plus prosaïque (c'est une affaire de tuyauterie), mais non moins blessante pour la patiente. Quant à celles qui sont liées à l'infertilité masculine elles ne sont guère plus valorisantes que celles — féminines — liées à la plomberie ou à la mécanique. La terminologie serait plutôt ici scolaire ou misérabiliste : il est dit aux hommes que leur sperme est « pauvre », qu'il n'y « en a pas assez », que leurs spermatozoïdes sont mal formés, anormaux, pas assez rapides, pas assez nombreux etc. Bien sûr, c'est du langage « technique », mais cette façon de parler n'est bien évidemment pas entendue à ce niveau : c'est une blessure d'amour-propre qui est, de plein fouet, ravivée, touchée, et c'est : « spermatozoïdes nuls, impuissants » (avec l'évidente conno-

1. Mais la connotation mécanique sert aussi d'écran à l'image érotique.
2. *La Maladie comme métaphore,* Paris, Seuil, coll. « Fiction & Cie », 1979, p. 51.

tation sexuelle) que les individus concernés comprennent. Prenant la partie pour le tout, l'homme se métonymise en spermatozoïde : c'est lui qui est un être nul, impuissant, anormal... Un de nos patients stérile s'est d'ailleurs lui-même comparé à quelqu'un qui n'aurait pas de salive... Ce registre du « manque », manque de la « bonne substance » que l'on devrait avoir (que ce soit le « bon sperme » ou la « belle glaire ») est par excellence celui de l'atteinte narcissique, plaie d'autant plus difficile à guérir qu'elle est inscrite, signée dans le corps réel et symbolique. Comme nous le disait un homme, donneur de sperme pour un couple stérile : « Pouvoir avoir un enfant pour un homme, c'est fondamental. Un homme stérile, c'est comme une femme qui n'a plus d'utérus. C'est une mutilation, une amputation. On ne peut pas nier que la puissance sexuelle est très proche de la fertilité. Dans notre société, on intellectualise beaucoup trop ces choses... » Cela pour dire que ce n'est pas seulement le langage médical qui « fait mal » et propose comme évidentes des équations tordues. Toute société a l'image de stérilité qu'elle mérite, pourrait-on dire !

Revenons quelques instants à une autre culture, éloignée de la nôtre à bien des égards, mais proche en même temps car son système de parenté, patrilinéaire, ressemble un peu au nôtre : celle des Samo de Haute-Volta. C'est chez eux, nous l'avons vu, que la femme stérile n'est même pas considérée comme une vraie femme, mais perçue comme un enfant. Il n'y a guère de problème, en revanche, pour l'homme stérile : « La stérilité de l'homme, indépendante de l'impuissance, n'est même pas reconnue [1]. » C'est inutile, en effet, eu égard au système de représentations de cette société où tous les cas d'infécondité sont imputés aux femmes. Mais c'est inutile aussi pour une autre raison : « L'homme stérile aura, comme les autres, des enfants qui feront pour lui des sacrifices après sa mort et perpétueront son souvenir... il aura toujours des neveux, fils de frères, qui sont terminologiquement ses fils [2] » (en raison du système de parenté de cette société).

1. F. Héritier, in *Le Fait féminin, op. cit.*, p. 392.
2. *Ibid.*

Ce que nous avons voulu montrer ici, c'est que l'équation qui existe chez nous entre fertilité et virilité pour les hommes, ou entre maternité et féminité pour les femmes, ou encore entre stérilité et honte/punition, n'est en rien « naturelle » ni universelle. Il s'agit d'un *système de représentations*, d'une idéologie qui doit rendre compte — telle est son exigence fondamentale — des faits élémentaires d'ordre physiologique (comme, du reste, des faits d'ordre économique). La stérilité est une de ces données physiologiques qui est « expliquée » par les différentes cultures de manière à la rendre parfaitement « naturelle ». C'est ainsi qu'il faut nous défier des clichés que l'impérialisme psychanalytique en Occident a répandu de façon un peu simplificatrice. L'on sait que la mythologie grecque, à travers le mythe d'Œdipe, a associé stérilité et punition, celle-ci étant due à la transgression opérée par le héros ou un membre de sa famille. On connaît la sentence de l'oracle de Delphes : « Le mâle est voué à la stérilité, et, s'il la transgresse (c'est-à-dire, s'il procrée malgré tout), le fils qu'il engendrera le tuera. » C'est l'histoire de Laïos, le père d'Œdipe : condamné par les dieux à ne pas procréer, il désobéit et donna naissance à Œdipe qui, plus tard, tuera son père. Ceci est un bon exemple d'un système de représentations, mais *ce n'est qu'un exemple* ; il s'avère seulement être une des composantes de notre culture méditerranéenne. Ce que l'on peut reprocher à l'interprétation psychanalytique (qui n'a jamais chaussé les lunettes de l'ethnologie pour se déniaiser un peu), c'est de prendre l'équation psychologique : stérilité = punition, pour de l'argent comptant. Le danger est grand. Lorsqu'on voit à longueur de journées des couples stériles appartenant à des milieux socioculturels différents, on est frappé par l'infiltration de cette idée dans leur fantasmatique. Ces couples éprouvent, il est vrai, un sentiment de culpabilité, mais ne reprennent-ils pas ce qu'on leur offre sur un plateau, quelquefois avec des interprétations tirées d'une mauvaise psychanalyse sauvage ? Et leurs sentiments de culpabilité ne sont-ils pas largement explicables par la situation concrète dans laquelle ils se trouvent l'un vis-à-vis de l'autre : l'homme stérile se reprochant de priver sa compagne de maternité, la femme stérile de même vis-à-vis de son mari ? Sans parler de la culpabilité de ne pas pouvoir donner de petits-enfants à ses parents.

Nous terminerons en évoquant encore un système de représentations, contrepoint à d'autres indiqués plus haut, et qui montre, une fois de plus, que rien n'est naturel, même, et peut-être spécialement dans ce domaine de la physiologie où *tout a l'air à l'évidence naturel*. Chez les Nuer, peuplade importante d'Afrique orientale, un certain nombre de *femmes sont considérées comme des hommes*. Qui sont-elles ? Ce sont des *femmes stériles*. Le système de parenté est patriarcal chez les Nuer : les filles vont se marier ailleurs et leurs enfants n'appartiennent pas à leur famille d'origine. Avec une exception cependant, et de taille : si une fille, au bout de plusieurs années n'a pas eu d'enfant, elle revient alors dans sa famille d'origine mais *avec un statut d'homme*. Elle pourra posséder des vaches et paiera la dot nécessaire pour avoir une épouse. Elle engagera un géniteur (étranger ou esclave) pour la procréation, mais c'est elle que ses enfants appelleront « père », et ses femmes « mari ». Le géniteur restera, lui, comme domestique, et, quand les enfants qu'il a engendrés se marieront, la femme-père lui donnera une vache, le prix de l'engendrement. Ce système n'est pas une rareté : on en retrouve de nombreux autres exemples [1].

Ce qui ressort, à l'évidence de ces analyses, c'est l'importance extrême attachée par toutes les sociétés à la *fonction de fécondité*, tant pour l'homme que pour la femme. Un individu qui ne peut pas avoir d'enfant souffre profondément dans son identité psychosexuelle. Mais nous venons précisément de voir que c'est, seule, la *fonction* qui compte ; le sexe ou l'inaptitude physiologique n'est nullement déterminant. C'est à la fois la pauvreté de notre système de parenté et l'idéologie médicale du moment qui ont donné à l'expression « avoir un enfant » un sens chez nous si réducteur, réduit précisément à la seule capacité physiologique de l'homme ou de la femme. Notons que le système juridique était (avant la loi de 1972 sur la filiation) beaucoup plus souple et cohérent. L'article 31

1. Voir sur ce point *La Part du père, op. cit.* Y sont recensées un certain nombre de ces « théories » de la paternité et de la maternité.

du Code civil, qui fonde la paternité sur les liens du mariage : *Pater est quem nuptiæ demontrant*, se passe allégrement du spermogramme du père comme preuve de paternité ! Seul le lien social compte ; c'est lui, et *c'est lui seul*, comme l'ont montré les spécialistes de la parenté, qui fonde l'engendrement. Quant aux dispositions légales concernant l'adoption plénière, elles sont très claires : l'enfant adopté est le véritable enfant de ses parents, les géniteurs biologiques n'ont plus aucune existence. Le système actuel de l'insémination artificielle avec donneur va exactement dans le même sens (gommage complet du donneur de sperme fécondant) : le père est stérile, mais cela ne change rien [1] puisque la paternité (comme la maternité) sont avant tout *affaire de reconnaissance sociale* [2].

Sait-on, de toute façon, que les calculs des généticiens des populations ont montré que dans certaines agglomérations urbaines actuelles en France, il y avait jusqu'à 20 % d'enfants dont le géniteur n'était pas le mari de la mère ? Ce qui ne change absolument rien à la réalité de la paternité ; les résultats de ces calculs (fondés sur des expertises sanguines) sont d'ailleurs restés inconnus des intéressés...

Il est cependant évident que les individus qui ne peuvent pas ignorer qu'ils sont stériles (ou n'ont pas cette chance !) traversent, dans toutes les sociétés, une crise d'identité. Nous y reviendrons, mais disons tout de suite qu'il s'agit pour eux de se recréer une nouvelle identité sexuelle qui sépare sexualité de procréation, et de pouvoir dégager une sexualité ludique d'une sexualité à seul but procréatif. Dans les sociétés traditionnelles, il existe un ensemble de pratiques rituelles, un réseau de relations sociales qui aident les individus stériles à cette « re-naissance » sexuelle et sociale. Paradoxalement, dans l'Occident moderne, cela ne devrait pas poser de gros problèmes puisque la contraception a *déjà, de facto,* séparé sexualité et procréation, sexualité ludique de sexualité procréatrice.

1. La situation juridique de l'IAD est très embrouillée actuellement. Nous y reviendrons dans la Ve partie, chap. 5, p. 263 s.
2. Voir F. Héritier, *L'Exercice de la parenté*, Paris, Hautes Études/Gallimard-Seuil, 1981.

Et cela semble pourtant plus difficile qu'ailleurs... Il nous manque sans doute ce qu'ont les sociétés qui n'ont pas de traditions écrites, à savoir des *rituels de fécondité*... comme d'ailleurs nous manquent bien des rites de passage (tels ceux du passage de l'adolescence à l'âge adulte, ou de l'état d'adulte à l'état de parent), qui pourraient devenir des rituels d'initiation avec toute l'efficacité thérapeutique qui est la leur [1].

Concluons sur les images de fertilité et de stérilité. Nous avons vu à quel point le réductionnisme simplificateur peut être aliénant, surtout quand il cantonne l'être humain à son seul fonctionnement physiologique. Et dans le domaine *du vécu* de l'infertilité, la médecine a eu sans doute un rôle plus négatif que l'anthropologie et le droit. Mais, il est une autre discipline à laquelle on fait trop peu référence dans ce domaine, c'est la philosophie. Un coup d'œil sur l'histoire des idées fait ressortir une extraordinaire *ambivalence* individuelle et sociale *à l'égard de la fertilité*. Il semble bien que toutes les sociétés aient, plus ou moins consciemment, créé des obstacles à la procréation, obstacles quelque peu contradictoires avec la formule : « Croissez et multipliez [2] ». Comme s'il y avait toujours eu un double discours dans les idéologies sur ce sujet (ceci bien avant la révolution contraceptive, bien sûr !). Double discours, ambivalence qui se situent par conséquent dans la meilleure tradition historique et dont nous aurions tout intérêt à tenir compte dans le champ médical et social de la fertilité.

Voyons précisément comment se pose la question du désir d'enfant, en France, dans la période contemporaine. Ce paysage de la « fertilité à la française » comporte certaines données chiffrées et des statistiques ; celles-ci, loin d'être arides, lancent au contraire quelques bonnes vannes dans les idées reçues. Qu'on en juge.

1. Voir ici encore le travail de l'ethnologue R. Devisch qui est parti d'un « matériel gynécologique » : *Se re-créer femme. Manipulation sémantique d'une situation d'infécondité chez les Yaka*, Paris, Le Sycomore, 1982.

2. Cf. les travaux de E.J. Haeberlé, professeur à *l'Institute for advanced studies of human sexuality* à San Francisco. Dans son article « Fertility and infertility. A historical overview », il distingue cinq types d'obstacles créés par les sociétés pour *ne pas permettre* à la reproduction d'aller jusqu'à sa limite biologique. In *Reversibility of sterilization. Psycho(patho)logical aspects, op. cit.*

4. Données épidémiologiques sur la fertilité

Nous vivons dans une société où tout se mesure ; y compris dans le domaine de la procréation malgré le caractère secret et intime de la vie sexuelle des couples. Mesure peu facile que celle-ci, non seulement pour cette raison, mais pour une autre aussi, beaucoup plus « trapue » pour les chercheurs : le fait que cette quantification porte, non pas sur un individu isolé, mais sur un couple, dans lequel les deux partenaires sont à priori en cause, à part égale [1].

La première leçon, en effet, à tirer des études épidémiologiques dans ce domaine est qu'il ne faut pas s'enfermer dans l'alternative fertilité/stérilité. Rares sont les hommes ou les femmes totalement stériles. La plus grande majorité des personnes qui ont des problèmes pour avoir un enfant sont des individus ou des couples *peu fertiles*.

Cela veut dire, en d'autres termes, qu'il faut rayer définitivement du vocabulaire de la fertilité le terme de « responsabilité », qu'elle soit féminine ou masculine. A partir du moment où il s'agit, non de stérilité totale, mais d'hypofertilité, c'est le fonctionnement du couple qui est en cause (notion dynamique très différente de l'idée statique et culpabilisante des décennies passées).

Tout le problème de cette science jeune qu'est l'épidémiologie dans ce domaine est de chercher à mesurer la fertilité d'un couple et de comprendre les différents paramètres en cause. Donnons-en un

1. Sont *maintenant*, à priori en cause, devrions-nous dire. Jusqu'à une époque récente, on le sait, seules les femmes étaient passibles de stérilité. Un homme stérile, c'était proprement « inconcevable » !

exemple paradoxal, mais néanmoins cliniquement exact, qui illustre bien cette notion dynamique (unité fonctionnelle du couple) : telle femme considérée comme peu fertile par les médecins ne s'en rendra jamais compte si son compagnon est très fertile ; ce couple-là fera un enfant sans jamais consulter un médecin. Telle autre femme, en revanche, considérée comme tout particulièrement apte à la fécondation, connaîtra un problème de fécondité dans son couple si son compagnon a un sperme médiocre : ils seront ensemble considérés comme un couple « à problèmes » et devront consulter un spécialiste de la stérilité.

La probabilité de grossesse pour un couple est en quelque sorte le résultat d'une loterie où deux acteurs apportent leur mise :

— le couple évidemment (les potentialités de l'homme et de la femme étant comme on vient de le voir étroitement intriquées) ;

— un autre acteur plus inattendu, quoique non moins paradoxal à l'époque des ordinateurs : *le temps qui passe*, élément essentiel et trop souvent négligé.

Voici deux illustrations de l'approche épidémiologique de la fertilité [1].

Exemple 1 : Un couple consulte *après un an* d'essais infructueux pour avoir un enfant ; il a en réalité 76 chances sur 100 de concevoir dans les mois qui suivent, *sans autre intervention médicale. C'est le temps* — et non le médecin, quelle que soit la nature de son intervention — qui est dans ce cas l'agent thérapeutique.

Exemple 2 : Un couple qui consulte et s'avère à l'examen très peu fertile aura encore, en dépit de ce handicap, 45 % de chances de concevoir un enfant au bout de 5 ans. Pour ce couple-là, le délai moyen, donc « normal » pour concevoir, peut bien être de l'ordre de 8 ans. Or, pour la majorité de ces couples, et pour bon nombre de médecins, ce délai signifie stérilité ; il n'en est rien, les malheureux

1. Cf. les travaux de l'équipe du Pr D. Schwartz (INSERM) U21.

protagonistes sont seulement des « joueurs » un peu malchanceux...

Les études épidémiologiques ont en effet conduit à proposer la *notion de fécondabilité*. Cela implique une distinction entre *fécondité*, fait matérialisé par la conception d'un enfant [1], et *fertilité*, qui est une potentialité : l'aptitude à concevoir. On nomme *fécondabilité* la probabilité de concevoir au cours d'un cycle menstruel donné. La valeur de cette fécondabilité varie largement selon les populations. En Occident, on estime à l'heure actuelle qu'un couple jeune a une fécondabilité moyenne de 25 %, ce qui signifie que pour 100 couples qui désirent une grossesse, seulement 25 d'entre eux l'obtiendront effectivement dès le premier cycle. Par ailleurs, les études de l'INED montrent que la proportion de couples ayant cherché à procréer sans succès pendant de nombreuses années tournent autour de 3 %. C'est ce critère d'échec au bout de (x) années, et ce critère seulement, qui définit la stérilité.

L'American Medical Association estime, elle, à 15 % le chiffre des couples qui n'arrivent pas à avoir d'enfant. Chiffre à compléter, toujours selon l'AMA, par un autre : 10 % des couples n'ont pas eu le nombre d'enfants qu'ils souhaitaient, dans le sens qu'ils en auraient souhaité plus. (Ces chiffres datent de 1980.) Ce qui veut dire en clair qu'un quart des couples américains connaissent à l'heure actuelle un problème lié à la fertilité.

Les résultats de la dernière enquête de l'INED (1978) vont tout à fait dans le même sens : elle confirme le chiffre indiqué plus haut (entre 2 et 5 % des couples sont restés stériles à la fin de leur vie reproductive), mais elle fait aussi apparaître un autre résultat intéressant qui concerne *les difficultés connues par les couples pour concevoir un enfant* : un couple sur cinq en effet, et ceci dans toutes les générations (l'enquête portait sur 3 000 femmes âgées de 20 à 45 ans), a indiqué avoir mis plus — ou beaucoup plus — de temps

1. Notons au passage cette lapalissade qui rend la mesure difficile, à savoir que la seule preuve de fécondité d'un couple passe par la femme, puisque c'est elle qui est enceinte. La fécondité de l'homme restera par définition tributaire de cette preuve : *Pater semper incertus*...

qu'il ne le souhaitait pour obtenir une de ses grossesses (la première ou une autre) [1].

Il y a donc très peu de couples vraiment stériles, mais une immense majorité de couples dont la gamme de fertilité s'étend d'un niveau élevé à un seuil voisin de celui de la stérilité. La conclusion qui s'impose est, elle, de nature psychologique et sociale : le quart de la population française entre 20 et 45 ans s'époumonne (ou s'est époumonnée) à un moment ou à un autre pour « fabriquer ce sacré enfant qui ne voulait pas venir… ». Avis réconfortant pour tous ceux dont c'est le cas actuellement : ils ne sont pas seuls et il y a de bonnes chances pour que « ça s'arrange tout seul », comme auraient dit nos grands-mères. Elles n'avaient pas tort ! Bonne leçon de modestie pour notre société si férue de technique et sûre de sa maîtrise… Mais en revanche que de secrets d'alcôve ces chiffres secs ne laissent-ils pas deviner ! Quand on songe à ces copulations obligatoires, à ces échecs, à ces moments ou années de découragement, voire de dépression, on se sent motivé pour aider à dédramatiser la situation, démarche nécessaire dans un premier temps en tout cas. C'est ce que nous avons voulu faire en présentant ces données chiffrées.

Procréer n'est donc pas si simple… Et tout le monde n'est pas heureux à la loterie.

1. H. Léridon, in *Les Facteurs de la fertilité humaine*, Paris, Éd. INSERM, 1982.

5. Un peu d'histoire

Deux mille ans d'obscurité

Pendant près de vingt siècles, les idées n'ont pas évolué. Au Moyen Age, alors qu'en Occident le christianisme enraie les progrès des sciences, les médecins arabes, Avicenne et Averroès, recueillent l'héritage d'Aristote. La Renaissance n'apporte aucun renouveau. Les maîtres à penser restent Aristote, théoricien d'un « séminisme phallocentrique », et Hippocrate, tenant d'un certain « équilibre des sexes » [1].

Fin du XVIIe siècle, ovisme et animalculisme

L'ovisme ou « système des œufs »

Cette « nouvelle » doctrine (enfin !) s'est élaborée en recherchant une analogie entre la conception chez les ovipares où manifestement le fœtus provient de l'œuf et la conception chez les vivipares où le fœtus sort de l'organisme féminin. Régnier de Graf (1670) décrit le follicule ovarien et nomme les testicules féminins « ovaires » par

1. P. Darmon, *Le Mythe de la procréation à l'âge baroque*, Paris, Pauvert, 1977, et Seuil, coll. « Points-Histoire », 1980.

analogie avec l'ovaire des oiseaux. Il prend donc les follicules pour les œufs même, le contenant pour le contenu ; ce sera l'« ovisme ».

L'animalculisme ou « système des vers »

En 1677 à Delft, en Hollande, Antoine Van Leeuwenhoeck (ou l'un de ses élèves Louis de Ham) observe, sous le microscope qu'il a lui-même construit, une goutte de sperme humain et y décèle des « animalcules » dont il fera une description magistrale.

La guerre : « ovistes » contre « animalculistes »

« Récupérés », les travaux de Van Leeuwenhoeck sont érigés en « système des vers » ; le fœtus est préformé dans le spermatozoïde, c'est l'*« homonculus »*. Suprématie masculine oblige...

Ovistes et animalculistes vont s'affronter en une véritable *guerre de religion* qui va se prolonger durant tout le XVIIIe siècle, sans aucun progrès, cela va sans dire, pour la connaissance biologique.

L'abbé Spallanzani et les caleçons de taffetas

Vers la fin du XVIIIe siècle, Spallanzani qui travaille sur la grenouille, animal à fécondation externe, observe que la pose sur les mâles de petits caleçons de taffetas cirés n'empêche pas l'accouplement mais empêche toute fécondation. En revanche, l'adjonction aux œufs du contenu des caleçons entraîne une fécondation.

Voilà comment l'abbé, en étudiant la reproduction, fit progresser la contraception (il est l'un des découvreurs du préservatif masculin).

Le spermatozoïde pénètre l'ovule

L'« animalcule » naît dans... le testicule, à partir de 1841. Il est baptisé spermatozoïde.

En 1875, Hertwig, travaillant sur l'œuf d'oursin, décrit la pénétration du spermatozoïde dans l'ovule.

Stimulées sans doute par ces découvertes « piquantes », la biologie puis la génétique progresseront ensuite à pas de géants. Mais, en dépit des observations de Van Leeuwenhoeck, il aura fallu deux siècles pour « accepter » de voir les animalcules qu'il avait observés. « Il n'y a pas de pire danger pour les faits que les théories », écrit à ce sujet G. David [1].

Ce n'est qu'en 1951 que Mac Leod, mêlant l'outil statistique et la médecine, montrera comment les caractéristiques désormais « standardisées » du spermogramme (nombre de spermatozoïdes, pourcentage de formes mobiles, pourcentage de formes atypiques) permettent désormais d'impliquer l'homme en toute connaissance de cause dans la fertilité du couple [2].

C'est seulement à partir de ces études que le concept de couple en tant qu'entité biologique s'imposera peu à peu à l'esprit des chercheurs et des médecins.

1. In *Le spermatozoïde a 300 ans*, Collège de gynécologie de Bordeaux et du Sud-Ouest, 1977, p. 107.
2. J. Mac Leod, « Semence quality in 1000 men of known fertility and 800 cases of infertile marriage », *Fertil. Steril.*, 2, 115, 1951.

6. Norme et fertilité

Désormais, on sait donc... pas tout à fait tout, mais pas mal de choses tout de même sur la façon dont on fait les enfants. Mais la manière dont nos contemporains s'y prennent pour procréer, leurs pratiques en matière de fertilité ne dépendent pas seulement de leurs possibilités physiologiques et des connaissances de la médecine. Un autre paramètre pèse dans la balance : c'est la norme sociale. Elle s'exerce de façon subtile, peu facile à cerner. Nous y reviendrons plus tard, mais voyons déjà ces quelques repères.

Le nombre d'enfants réels par couple tourne actuellement autour du chiffre de 1,87 (décembre 1981) [1]. Il semblerait que, malgré ce qu'on lit un peu partout, le décalage entre la taille de la famille réelle et les aspirations des parents soit relativement faible. D'après certaines études, le nombre d'enfants souhaités se situe en effet autour de 2,5 [2], alors que dans l'immédiat après-guerre ce décalage était beaucoup plus important. La baisse de la fécondité actuelle ne

1. La fécondité des femmes, comme celle des hommes, baisse régulièrement depuis 1974. La fécondité totale a baissé en France de 35 % de 1964 à 1977. Avant 1974, la situation était différente pour les deux sexes : depuis 1962, on avait assisté à une très forte hausse de la fécondité masculine qui s'était stabilisée à un niveau élevé pendant 10 ans. Chez les femmes, en revanche, la fécondité baissait déjà dès 1964. Ce n'est qu'en 1974 qu'hommes et femmes se sont « rejoints » au chiffre de 2 enfants par personne (d'après N. Brouard, in *Population*, n° 6, 1977).

2. Cette étude a été faite sur les femmes de 45 ans qui avaient fait leur plein d'enfants par N. Mamelle (INSERM-Lyon). Résultats que l'on retrouve également chez les hommes vasectomisés (qui veulent mettre définitivement un terme à leur descendance). Cf. P. Jouannet, « Qui demande la vasectomie en France ? », in *Les Pères aujourd'hui*, colloque international, Paris, INED, 1982.

serait donc pas la traduction d'une souffrance des couples, due à une impossibilité ou à une peur de procréer, mais bien l'expression quasiment consciente visant à limiter la taille de sa famille. Il y a une sorte d'adéquation à l'heure actuelle entre les aspirations et la réalité. Phénomène rare, il faut donc le remarquer !

Autre point capital dans la norme en matière de famille : *l'attitude des Français vis-à-vis de la procréation s'est complètement transformée depuis la dernière guerre.* De façon schématique, on trouvait autrefois deux types de familles en France : une moitié avait de nombreux enfants, de 1 à 6 environ, et l'autre n'en avait pas (ou en avait un seul). Cela voulait dire que la moitié de la population seulement se sentait intéressée ou concernée par les problèmes de l'enfance en général. Le changement qui a lieu actuellement est sur ce point tout à fait radical : on assiste en effet à une uniformisation à la fois de la taille des familles et des souhaits en ce domaine. La quasi-totalité des couples stables désirent maintenant à un moment ou à un autre de leur vie connaître l'expérience de la maternité/paternité. Et, constation intéressante, *le taux de couples qui n'ont jamais voulu d'enfant dans leur vie correspond à peu près au seuil de stérilité de la population française* dont nous avons parlé plus haut (environ 3 %).

Concrètement cela se traduit par exemple par une augmentation considérable de familles ayant un enfant, par une augmentation plus modérée de familles ayant deux enfants, et par une chute spectaculaire des familles nombreuses. Ceci s'est joué pendant les trois dernières décennies. Désormais aucune famille française n'est par conséquent indifférente aux questions relatives à la conception d'un enfant, à la grossesse, à l'accouchement et généralement à tous les problèmes posés par l'éducation des enfants.

Un élément cependant ne s'est guère modifié pendant cette même période : c'est l'âge de la mère à sa première maternité : cette dernière a en moyenne 26 ans en 1980 à la naissance de son premier enfant, ce qui est exactement le même âge qu'en 1950. Fait qui va à l'encontre de ce qu'on entend couramment dire à ce sujet : « la pilule retarde l'âge de la première maternité ».

Point notable : comme d'habitude, on s'est peu intéressé à l'âge des hommes à leur première paternité ; le seul élément que l'on possède c'est qu'en 1980 il existe un écart moyen de 2 ans entre époux. Ce qui supposerait donc que l'âge moyen du père à la naissance de son premier enfant est approximativement de 28 ans. Une des seules références sur la fécondité masculine (citée plus haut ; l'étude date de 1974) indique que la fécondité masculine serait maximale à l'âge de 26 ans (à 24 ans pour les femmes). Par ailleurs, hommes et femmes ne sont bien évidemment pas féconds dans les mêmes tranches d'âge : on peut devenir père de 17 ans à un peu plus de 55 ans (ne pas confondre avec 77 ans comme pour la lecture de Tintin), et mère de 15 ans à environ 45 ans. D'un point de vue fantasmatique au moins, les hommes sont, sur ce point, « avantagés » : ils peuvent procréer 10 ans au moins plus longtemps que les femmes. D'après la même étude, il y a encore *un homme* de 58 ans *sur 100* qui procrée [1] ! Chez les femmes, c'est « fini » à 49 ans... Il ne s'agit pas tant ici de faire un enfant dans la réalité que de pouvoir jouer avec l'idée d'enfant. Jeu abhorré par certains, mais très prisé par d'autres ! Comment expliquer autrement les nombreux cas de dépressions chez les femmes de 45 ans, nanties pourtant de plusieurs enfants, à qui l'on ligature les trompes — et ce, même si elles y ont consenti ? Le désir d'enfant est décidément un animal bien peu rationnel...

Les pratiques dans le domaine de la natalité présentent d'autre part une certaine « viscosité sociologique » : prenons-en pour exemple l'âge des femmes à leur deuxième, troisième ou quatrième maternité ; il n'a quasiment pas changé entre 1950 et 1980 :

	1950	1980
2e maternité	27,6 ans	27,4 ans
3e maternité	29,6 ans	29,4 ans

1. Le fait qu'il y ait des exceptions ne change rien à cette donnée statistique.

Reste un point épineux et très controversé, celui de l'âge des femmes qui ont des enfants plus tard que la moyenne : une étude américaine récente (1980) fait apparaître que 8 % des femmes (chiffre en nette augmentation depuis 1960) ont leur premier enfant après 30 ans. L'on sait par ailleurs (étude 1980) que la fourchette de procréation des femmes dans les pays occidentaux se situe maintenant entre 22 et 32 ans, alors qu'en 1900 celle-ci était beaucoup plus large (entre 24 et 40 ans)

Selon l'INED, il y aurait 27 000 femmes de 38 ans et plus qui ont accouché en 1975 (et 14 500 femmes de plus de 40 ans) [1]. En tout cas, en France, comme dans les autres pays à niveau développé, il y a de moins en moins de femmes de 40 ans qui accouchent : autour de 2 % actuellement. Ce chiffre concerne seulement, notons-le, les femmes qui ont leur dernier enfant à cet âge [2].

Quant au nombre de femmes qui ont leur *premier* enfant à plus de 35 ans, il semble beaucoup plus faible, encore une fois, que ce qu'on entend dire. En outre, ce nombre diminuerait. D'après l'INED, en 1976, 2,5 % seulement de femmes auraient eu un enfant à plus de 35 ans (contre 4,3 % en 1966).

Il semblerait donc que la norme sociale rejoigne là une vérité physiologique incontestable (le fait bien connu que la fécondité des femmes décroît de façon très nette à partir de 35 ans et a fortiori à partir de 40 ans).

Adéquation peut-être suspecte : comme si les projets et les rêves des familles se limitaient d'eux-mêmes, comme si le corps social... et le corps des femmes était purement rationnel, comme s'il existait aussi une sorte de prescription sociale, par analogie avec ce qui se passe en médecine.

La norme sociomédicale dans ce domaine est, d'ailleurs elle aussi, très ambiguë. Elle repose sur deux attitudes contradictoires. Celle qui pousse le médecin spécialiste à décourager ses patientes de plus de 38 ans à procréer à tout prix : il connaît trop bien en effet

1. Voir *Le Monde*, 27 juillet 1982.
2. Voir *Démographie des grossesses à 40 ans* par H. Léridon et M.L. Lamy, Perpignan, INED, 1979.

l'augmentation du taux de mongolisme avec l'âge et, point beaucoup plus méconnu du grand public, la moindre qualité de l'ovulation [1], enfin les difficultés obstétricales plus grandes à partir d'un certain âge. Tous ces éléments poussent souvent les médecins à adopter une attitude pour le moins paternaliste vis-à-vis des couples. Cette infantilisation ainsi induite chez les patientes déborde de beaucoup l'exemple de l'âge. Il s'agit ici de la question très générale de « prendre une décision à la place de », d'« assister », de « conseiller », tendance qui est un point névralgique de notre société. Nous analyserons plus loin en détail l'exemple, très typique de ce point de vue, de l'insémination artificielle avec donneur.

Mais les médecins ont une autre attitude, dans le domaine de la norme, contradictoire et en fait paradoxale : dans le moment même où les progrès de la médecine ont permis une bien meilleure prévention des accouchements à risque, la création de traitements plus sophistiqués en matière d'ovulation, des techniques de pointe, telle l'amniocentèse pour la détection de certaines malformations *in utero*, tout se passe dans ce moment même comme si la médecine craignait de mettre cette technologie à la disposition des « usagers ». Comme s'il ne fallait pas trop s'aventurer à transgresser les normes en vigueur.

Que conclure de tout cela ?

Bizarrement, faire des enfants, s'occuper d'eux, les élever, tous domaines qui passionnaient peu les foules et relevaient plus des matrones et des propos de (bonnes) femmes, sont devenus le *nec plus ultra* des discours sociologiques aussi bien que des préoccupations médicales de pointe. Il n'y a pas de jour où les quotidiens ne traitent de sujet touchant à la conception ou à l'enfance, du « bébé-éprouvette » aux enfants que des parents divorcés s'arrachent...

L'enfant est devenu un enjeu de pouvoir dont les différents protagonistes se disputent la paternité. C'est à qui voudra décider de le concevoir (du médecin, ou des parents), c'est à qui pensera avoir la garantie d'avoir le plus beau ; c'est à qui en somme se posera en

1. Nous y reviendrons dans la IIe partie, chap. 2, p. 67.

spécialiste le plus autorisé : des parents qui estiment que c'est à eux, ou de la médecine qui pense que c'est de son devoir de gérer « en père de famille » la « bonne fertilité » des couples.

Procréer, est-ce un destin ? est-ce un devoir ? un privilège ? A questions ambivalentes, on ne peut donner que des réponses complexes et nuancées, ce à quoi nous allons nous employer dans les chapitres à venir.

II. Faisons un enfant sans les médecins

1. Avec qui le fait-on ? ou Du bon usage du gynécologue-garagiste-plombier

Ce sont des individus en principe libres et responsables qui, à notre époque, décident de procréer. Les termes de « pouvoir de l'usager », de « consommateur » sont devenus courants ; celui de « démédicalisation » aussi. De la même manière que les grands-parents de ces couples s'étaient partiellement affranchis de l'autorisation de Dieu pour ne pas avoir d'enfants, que leurs parents avaient peu à peu secoué le joug de la tutelle de leurs propres géniteurs sur la décision de procréation, de la même manière, les jeunes candidats parents entendent bien n'utiliser le médecin dans ce domaine qu'à la manière d'un simple commerçant chez qui l'on va faire une banale course. Le « hic » est qu'il est devenu difficile de se passer totalement de la médecine pour procréer. L'idée régnante est en effet que lorsque l'on a été contracepté, il faut se « décontracepter ». Nous allons voir que ce n'est pas si simple en effet de ne pas penser ainsi. En un sens, aller voir son confesseur ou demander l'autorisation à maman comme le faisaient les générations précédentes posait parfois moins de problèmes. Il faut, certes, bien vivre avec son temps, mais les temps sont durs...

Les médaillés de la contraception

Le temps des pionniers, des « petits soldats de la contraception » est passé. Dans les années soixante, lorsque des femmes décidaient de n'avoir que les enfants qu'elles désiraient, elle devaient entrer dans le réseau, la filière, trouver le « bon » médecin, celui qui, militant de la contraception, procurerait un diaphragme ou leur poserait un stérilet venu de l'étranger. On se communiquait les adresses, un peu comme pour l'avortement clandestin. Il fallait avoir beaucoup de volonté, de courage ; les pilules étaient lourdement dosées (dans un rapport 70 à 1 pour les pilules actuelles) : on n'avait pas de bébé mais on prenait du poids. « La liberté » contraceptive était à ce prix. Ce fut un nouveau combat jusqu'en 1975 au moment du vote de la loi sur l'interruption volontaire de grossesse. Là encore ce sont les femmes qui prirent l'initiative ; et même après le vote de la loi, ce n'était pas si simple d'obtenir une IVG : il fallait formuler sa demande rapidement, compte tenu du terme de la grossesse, et s'adresser aux seuls médecins qui avaient décidé de pratiquer des avortements (ceux qui n'avaient pas fait jouer « la clause de conscience »... prévue par le législateur).

Maintenant les habitudes sont prises, les femmes lorsqu'elles ont recours à la médecine en matière de contraception ou d'avortement, décident elles-mêmes de la prescription médicale, leur choix est fait avant d'avoir rencontré le médecin.

Il ne s'agit plus de malades, mais au contraire de femmes en bonne santé, qui viennent demander un conseil, vérifier qu'elles ne présentent pas de contre-indication à tel système contraceptif qu'elles envisagent, ou bien s'informer d'une nouvelle méthode, d'un nouveau dosage de pilule dont elles ont entendu parler dans la presse. Il est tacitement entendu qu'à la fin de l'entretien, le médecin rédigera, de toute façon, la bonne ordonnance ; ceci est son rôle.

La relation médecin-patiente est profondément modifiée, c'est la femme qui prescrit même si c'est le médecin qui rédige la prescription : c'est, pour certains praticiens, un des aspects intéressants de la révolution contraceptive. Les *patients prescripteurs*, en les bousculant dans leurs habitudes, les ont fait réfléchir sur ce que pouvait signifier cette médecine « self-service ».

Vingt-cinq ans de « Planning familial » ont ainsi modulé la pensée des femmes, de presque toutes, même de celles qui n'ont jamais eu recours à la contraception moderne ou à l'IVG :

« Un enfant si je veux, quand je veux » est devenu un slogan banal, plus du tout révolutionnaire pour un sou.

Mais quelque chose cloche dans ce fantasme mégalomaniaque ; c'est que tous les protagonistes semblent croire que, *logiquement*, le « si je veux » implique forcément la réciproque « quand je veux ». En d'autres termes, les couples actuels pensent que puisqu'ils peuvent maîtriser leur infécondité à la demande, *ils pourront, de la même façon, devenir maîtres de leur fertilité.*

Tel est le « nouveau contrat », le programme parfait, analogue à celui des ordinateurs dont tout le monde sait que partant d'une proposition simple, oui/non, binaire, ils réalisent des performances magnifiques !

Or, nous avons vu que la fertilité est une potentialité difficile à quantifier, et a fortiori à maîtriser. Pourtant de nombreux couples qui désirent à un moment ou à un autre des enfants semblent réussir cette gageure ; ces couples « heureux » n'ont pas d'histoire, ils ne deviennent jamais les patients (souvent impatients) d'un médecin spécialiste de l'infécondité. On peut les regrouper en deux catégories :

— Ceux qui ne tentent aucun programme, soit volontairement, soit par manque d'information contraceptive ; leur nombre d'enfants est directement fonction de la fécondité naturelle du couple (cf. *supra*). Cette catégorie devient de moins en moins importante.

— Les couples « programmeurs », catégorie qui tend à devenir la plus nombreuse. Notons qu'ils n'utilisent pas tous une contraception moderne (pilule, stérilet, diaphragme) pour arriver à leurs fins ; soit parce que les méthodes anciennes leur ont toujours réussi (retrait, courbe de température, méthode Ogino, abstinence périodique, etc.), soit parce qu'ils peuvent synchroniser début de vie sexuelle et procréation. Mais ces couples ont en commun de vouloir prévoir les conséquences de leurs relations sexuelles. Disons qu'ils sont « organisés », parfois « obsessionnels »... Leur « programme » peut être envisagé d'une façon minutieuse. Nous en rencontrons de plus en plus qui calculent quel jour ils devront faire l'amour pour que le bébé conçu naisse à une date précise, en fonction notamment des vacances scolaires des autres enfants, de celles de l'entreprise, des « ponts » accordés par l'administration, etc.

En fonction de toutes ces données, certains couples particulièrement mathématiciens iront jusqu'à construire des abaques avant de faire l'amour. Notamment certains enseignants pour qui c'est une déformation professionnelle ! Il est probable que compte tenu des progrès de l'informatique, certains électroniciens ont déjà inventé des calculettes pour cela...

Il faut aussi mentionner cette catégorie particulière de couples, insatisfaits du sexe de leurs enfants nés, et voulant à tout prix un bébé du sexe opposé. Ceux-là, après s'être procuré un ou deux livres sur la question, ne coïteront que certains jours précis dans la « fourchette » des jours fécondables (notons que cela limite à l'extrême les ébats amoureux, plus exactement procréatifs...), ce pour tenter d'enlever toutes chances au spermatozoïde X (ou Y selon le cas), porteur du sexe qu'on ne veut pas ! Sans compter que ce coït surprogrammé est quelquefois précédé par un régime alimentaire draconien (et très peu appétissant) suivi par la femme, parfois d'ailleurs par toute la famille pour que la mère n'ait pas de tentations... Il faut à ce propos savoir que si pour les vaches ce système semble efficace, pour les humains, en revanche, il n'existe pas l'ombre d'une véritable preuve statistiquement significative accréditant ce fantasme de toute-puissance [1]. Tant mieux de notre point de vue. Sinon ce sera l'engrenage fatal : on choisira le sexe, puis la couleur des cheveux, puis l'intelligence, les dons pour la musique etc. Il faudra alors prévoir un service « retour » pour les mécontents ! A moins que cela ne donne un second souffle à l'adoption [2]...

1. Voir notamment S. Blaineau, « La pré-sélection du sexe des enfants : le bon choix ? », in *Le Matin des biologistes*, n° 57, Raison présente, 1981.

2. Le dramaturge américain, Edward Albee (auteur de *Qui a peur de Virginia Woolf ?*) a écrit sur ce thème une pièce savoureuse de drôlerie : *Le Rêve de l'Amérique*.

L'enfant ne peut plus ne pas être programmé par ses futurs parents. C'est tout un programme...

La check-list ou Passeport destination bébé

Si, à la manière des castors qui font leur maison eux-mêmes, les couples font « volontairement » leurs enfants eux-mêmes, ils n'en ont pas moins recours de plus en plus à la médecine, voire à la gynécologie. Mais ils consultent *avant* d'essayer de faire un enfant ; soit à l'occasion d'un examen pré-nuptial (car bien souvent on ne se marie que parce qu'on veut un enfant), soit parce que la femme est sur le point d'arrêter la pilule (mariage ou pas). Qu'il soit pré-nuptial (et donc prévu par la loi) ou « pré-conceptionnel », ou les deux, cet entretien prend une importance tout à fait neuve.

L'examen pré-nuptial en effet était devenu peu à peu une simple formalité administrative ; ce n'était plus un entretien (si tant est qu'il l'ait jamais été) entre un candidat au mariage et son médecin, mais un simple commentaire de la prise de sang obligatoire faite à cette occasion, avec délivrance d'un « certificat » (de bonne conduite pour le mariage ?) si cher à notre « Mère-Administration ». Beaucoup de patients et de médecins l'interprétaient aussi comme une indiscrétion de plus de la législation française pour réglementer la vie en société, et stigmatisaient, non sans raison, la peur de la syphilis (toujours elle) comme étant à l'origine de cette obsession.

C'est ainsi que prit fin la carrière de l'examen pré-nuptial au relent moralisateur et que débuta l'ère non moins ambiguë de l'examen pré-conceptionnel ! Celui-ci, parce qu'il est délibérément demandé par le couple, n'est pas chargé de l'image négative qu'ont les examens obligatoires perçus comme ennuyeux et inutiles.

Cet examen *new look*, en plus des vérifications habituelles (syphilis, rubéole et toxoplasmose pour la femme, détermination du groupe sanguin et du facteur rhésus), revient en fait pour le couple à soutirer au médecin le maximum « d'informations prévisionnelles » (en langage météorologique), de s'assurer que les candidats parents ont fait tout ce qu'il fallait pour avoir une descendance saine. N'y a-t-il pas là un fantasme d'eugénisme ? Les couples sont-ils conscients de cette surenchère dans les examens ? Pourquoi pas, à ce compte-là, exiger aussi un spermogramme du futur mari et une hystérographie de l'épouse ? Pourquoi pas non plus proposer aux conjoints postulants un caryotype, « photographie de leurs chromosomes », qui serait censé (censé seulement) leur donner l'assurance qu'ils n'auront pas d'enfants anormaux ? Combien de couples ayant eu des résultats « douteux » seraient alors dissuadés de poursuivre ? De toute façon, tous ces examens ne donnent aucune certitude. Ils donnent des informations utiles mais pas de « garanties », au sens de « bel enfant garanti sur facture ».

Une certaine inquiétude nous paraît en tout cas imprégner cet entretien. Les conséquences de la prise de contraceptifs oraux au long cours sont souvent évoquées, les séquelles possibles d'une IVG sont parfois mentionnées, même si tout s'est médicalement bien passé ; le risque d'avoir un enfant mongolien, malformé, est souvent redouté surtout après trente ans ; la probabilité de jumeaux voire de triplés ou plus inquiète aussi (des cas spectaculaires sont rapportés dans la presse). Beaucoup de femmes consultent, en posant leurs questions un carnet à la main, afin de ne rien oublier ; la liste qu'elles ont établie remplace plus ou moins les éphémérides où jadis leurs aînées cochaient en signaux cabalistiques les dates des règles passées...

L'examen gynécologique ayant été non seulement subi mais, cette fois, réclamé, tous les organes paraissant sains, aptes à la reproduction (notons que peu d'hommes demandent pour le moment à être examinés, manipulés, avant de faire un enfant...), la femme, nantie de son « passeport-conception », pleine d'allant, se juge prête à faire ce beau bébé popularisé dans les années cinquante par l'image du « bébé Cadum ». Le gynécologue est alors vu comme une espèce de douanier qui délivre le tampon : « bon pour enfantement ».

Mais il a d'autres casquettes, ainsi celle du :

Garagiste-gynécologue

Tout se passe dans cette fantasmatique comme si la femme était un moteur bien réglé qui devait « tourner rond ». Un coup de démarreur (masculin) et il produira 39 semaines après la date des dernières règles normales (précision échographique oblige) un bébé tout neuf. Bien que battant de l'aile, le mythe de l'automobile aura marqué notre siècle... et le médecin a souvent l'impression d'être un simple garagiste. Suivant la grande transhumance estivale, la fécondité a ses saisons, ses rythmes socioculturels. Chacun sait que les maternités sont quasiment prises d'assaut en mai et juin, tous les ans neuf mois après les grandes vacances précédentes... Point n'était besoin d'étudier la chronobiologie pour cela. On peut gloser sur l'instinct grégaire de nos contemporains, même en matière de reproduction ; c'est sans doute que, pendant l'été, les citadins sont plus disponibles pour faire l'amour, et leurs gamètes sont probablement de meilleure qualité, dorés à point sur les plages. Et de même qu'avant de partir en vacances, on fait réviser son automobile pour affronter les longs trajets, de même fait-on avec le corps. Il y a foule chez le gynécologue à ce moment-là. Les dialogues sont réduits au minimum, du style questions-réponses concernant la contraception et la fécondité (check-list), révision de la « plomberie » génitale : le gynécologue se sent confiné dans le rôle d'un « metteur au point » plus ou moins doué... Et si d'aventure son réglage n'est pas satisfaisant [1], la femme reviendra le voir à la rentrée, mécontente, et, lui, de plus en plus englué dans le mythe mécaniste, devra se métamorphoser en plombier, explorateur de cavités sombres où il y a sûrement un tuyau bouché qu'il va falloir réparer.

Que l'on ne s'y trompe pas, si nous n'avons pas hésité à enfoncer

1. « Docteur, je suis mal " réglée " depuis quelque temps ! »

le clou métaphorique, c'est que nous pensons que le médecin et ses patients s'enferment bien souvent *ensemble* dans cette conception « mécanique » de la reproduction. Chacun y trouvant son compte, gageons qu'en sortir deviendra d'autant plus difficile.

Le revers de la médaille contraceptive ou « Contrasex » libère la femme, mais à quel prix [1] ?

De même que les robots ménagers n'ont que partiellement soulagé les femmes, de même la contraception n'a peut-être pas rendue si facile la conception. Planification familiale, régulation des naissances, quelle que soit l'étiquette collée sur le « flacon contraception », il s'agit toujours d'un programme, au moins d'un projet, pour concevoir les enfants. Mais dans notre société encore imprégnée de « darwinisme économique » où vivre c'est se battre pour réussir, avoir un projet implique quasi inéluctablement qu'il se réalise.

Les « pionniers de la contraception » voulaient certes maîtriser leur fertilité, mais ils avaient pour la plupart donné préalablement la preuve de leur fécondité ; il ne s'agissait pour eux que de limiter les naissances ultérieures. Aujourd'hui le projet de la génération suivante est plus ambitieux : c'est l'ensemble de la descendance qui est envisagé (nombre d'enfants, rythme et parfois lieux de naissance). A cet effet, on prend la pilule *avant* de débuter la vie sexuelle, par « sécurité » : au sortir de l'adolescence, on *bloque* ainsi le corps-machine [2]. Plus tard, il faudra le faire redémarrer. Mais, on le sait bien, une machine qui ne fonctionne pas n'est qu'une « carcasse » gisante, morte. D'où les innombrables fantasmes sur les effets à long

1. Condensé de « contraception » et de « sexe », par analogie avec la publicité « Moulinex ».

2. En réalité la pilule met les ovaires au repos plutôt qu'elle ne les bloque... Mais ils ne sont pas encore fatigués !

terme de cette pilule qui pourrait d'aventure se révéler stérilisante. Alors, automutilation, culpabilité ; contrecarrer la nature (Dieu, ou sa propre mère ?) n'est-ce pas une faute, un péché (alors que déjà on pressentait quelque part que la sexualité pour le plaisir seulement, cela sentait un peu le soufre) ?

L'entretien préconceptionnel n'est pas si serein ! A la moindre réponse un peu ambiguë du médecin, il y a interprétation :

« Vous n'avez pas d'antécédent pathologique, madame, donc pas de raisons de vous inquiéter de votre fécondité à venir. »

« Justement, docteur, rien, c'est bien " ça " qui m'inquiète. »

Pour un peu, cette patiente avouerait qu'elle a peur de ne pas avoir d'utérus (quel vide !), ou pas de trompes, quelle horreur !

Notons que c'est encore la femme qui — le plus souvent — vit ce fantasme : « Je vais payer le prix de ma liberté passée. » Il est de fait que l'homme qui n'a, en général, pas géré la contraception lui-même, ou, s'il l'a fait, pas par une action sur « l'intérieur de son corps » ou sur son fonctionnement, semble beaucoup plus indemne de ce *fantasme de rétorsion* qui est, rappelons-le ici, dénué de tout fondement réel.

Et si, à l'inverse, la femme fait un avortement, et alors même qu'il s'agit d'une preuve évidente de sa fécondité, ce même fantasme culpabilisant revient sur le tapis : ce sont les séquelles possiblement stérilisantes de cette intervention qui inquiètent souvent la patiente. Il n'est pas rare non plus que si la grossesse a eu lieu avec un partenaire différent, la stérilité du partenaire actuel soit évoquée comme un risque ! Vraiment les femmes donnent l'impression de payer très cher ce qu'elles ont pourtant elles-mêmes gagné à la force du poignet. Les médecins sont souvent les témoins impuissants et désolés de ces dégâts psychologiques.

De ce tableau, nous tirons la conclusion que la « théorie » mécanique, outre le fait qu'elle est fausse sur le plan scientifique n'est, de plus, même pas rassurante pour la patiente, sans parler de son aspect peu gratifiant pour le médecin-garagiste. Chacun sait en effet qu'une montre peut se « dérégler » un jour, même si elle est « suisse » et qu'elle a toujours bien marché.

Il faudrait tout de même envisager de ne plus penser le corps en terme de machine ; ce n'est pas parce que les femmes ont des « règles » (mot peu neutre s'il en est) qu'il faut les traiter (ou qu'elles doivent se considérer elles-mêmes) comme des mécaniques éventuellement déréglées. Ce fantasme moderne, outre des dégâts individuels nombreux, a entraîné des aberrations médicales et sociales que nous analyserons dans la IIIe partie.

2. Comment le fait-on ?

Mais voyons d'abord comment se fabrique un enfant — et c'est à dessein que nous usons de cette expression artisanale — chez un de ces couples libres et responsables dont nous parlions — et qui, avec un peu de chance et de patience, n'aura besoin de l'aide de personne pour y arriver.

La recherche médicale, après d'autres sciences, paraît s'être avisée que l'étude de la « normalité » est souvent plus riche d'enseignements que celle de la pathologie, par essence même sélective et appauvrissante, et donc non représentative (au sens épidémiologique du terme). C'est ainsi que l'étude des couples féconds est plus intéressante, pour comprendre la stérilité, que celle des couples inféconds.

Passons donc en revue les nombreux facteurs qui peuvent, conjointement ou indépendamment les uns des autres, modifier la fécondabilité d'un couple.

Les facteurs liés au sperme

Commençons pour une fois par l'apport de l'homme dans la procréation : le sperme. La pratique de l'insémination artificielle avec donneur (IAD), qui pour bien des raisons (cf. IVe partie) se trouve être un terrain privilégié pour mieux comprendre et isoler certains paramètres de la fertilité, a permis notamment de chiffrer les caractéristiques du sperme [1]. On a ainsi pu mettre en évidence et mesurer le rôle respectif de la *mobilité* des spermatozoïdes, de leur *morphologie* et de leur *concentration* ; ces trois critères sont, à l'heure actuelle, les seuls qui permettent d'apprécier le sperme d'un homme fécond qui se caractérise à peu près ainsi ; il contient :

— 20 à 100 millions de spermatozoïdes par millilitre de sperme [2],

— dont 60 % sont encore mobiles après une heure d'observation au microscope,

— et dont 60 % présentent également une morphologie « normale » [3].

L'étape ultérieure de la recherche consiste à déterminer les éléments qui affectent la qualité du sperme ainsi défini. Un certain nombre d'affections connues ont un retentissement sur la spermatogenèse. Certaines maladies endocriniennes tout d'abord, celles (au demeurant fort rares) qui sont liées aux chromosomes sexuels. Plus fréquents, tous les traumatismes qui peuvent toucher directement les deux testicules : choc direct, exposition à des toxiques diverses, infections, qu'elles soient d'origine urinaire ou, plus fréquemment, séquelles des oreillons. Au premier plan, tous les degrés de malposition des testicules (« non descendus ») dont un simple interrogatoire médical doit pouvoir retrouver la trace, que ces testicules aient été opérés ou non. Mais, en fait, dans plus de la moitié des cas, les causes de l'atteinte spermatique responsables de l'infertilité *sont inconnues*.

1. G. David, F. Czyglik, D. Schwartz, « The success of AID and semen characteristics », *Int. J. Androl.*, 3, 613-619, 1980.

2. Ces spermatozoïdes baignent dans le liquide séminal ou sperme, tissu biologique très riche.

3. Si nous mettons ce mot entre guillemets, c'est pour indiquer que la normalité des spermatozoïdes concerne uniquement leur capacité fécondante. On appelle spermatozoïdes à formes normales ceux qui théoriquement paraissent être fécondants. En revanche, les spermatozoïdes à formes dites « anormales » ou atypiques, loin d'engendrer des enfants malformés, comme le croient souvent certains couples, sont seulement *non fécondants*. Un sperme « normal » contient *toujours* des spermatozoïdes à formes atypiques. Nous voulions lever ici cette confusion fréquente et inutilement angoissante.

On ne peut qu'étudier l'influence de certains facteurs sur la spermatogenèse, par exemple la présence de varices autour du testicule qui est souvent associée à une modification particulière de la morphologie des spermatozoïdes, ou bien celle des caractéristiques de l'environnement individuel des sujets comme la consommation de tabac (sujet controversé), ou encore l'influence de la chaleur qui altère le sperme.

Les facteurs liés à la qualité de l'ovulation

Passons maintenant à l'apport féminin. Tous les facteurs qui peuvent affecter le processus complexe de l'ovulation ont une influence sur la fécondabilité. C'est évident dans le cas où il n'y en a pas du tout (la courbe de température basale de la femme restant « plate » durant au moins un mois) ; mais aussi lorsque le processus complexe de l'ovulation est perturbé, bien que n'étant pas totalement arrêté. Là encore, on peut isoler certains paramètres. La fréquence des avortements spontanés et précoces augmente par exemple avec l'âge de la femme au moment de la conception [1]. Ces derniers, s'ils surviennent très tôt, peuvent même rester inaperçus de la femme elle-même. Tout ceci se traduit par une diminution de la fécondabilité apparente des femmes, très nette après l'âge de 35 ans. Souvent, donc, *il y a eu conception*, mais du fait d'une moindre qualité de l'ovulation, ce début de grossesse se solde par une fausse couche très précoce. Deux types d'études ont permis de mesurer cette diminution de chances de fécondation avec l'âge. Il s'agit tout d'abord de l'allongement du *délai nécessaire pour concevoir* étudié parmi des femmes fécondes. Il a une valeur moyenne comprise entre 3 et 4 mois pour les femmes de 20 à 24 ans, alors qu'il est compris entre 12 et 13 mois pour les femmes de plus de 35 ans.

1. P. Lazar, S. Gueguen, A. Boué, *Sur la distribution des âges de 715 mères ayant eu un avortement spontané précoce*, compte rendu Acad. sciences, 272, 2852-2855, 1971.

Une étude récente réalisée par l'unité de Recherches statistiques de l'INSERM, à partir de résultats d'IAD chez les femmes dont le mari était azoosperme (c'est-à-dire n'ayant aucun spermatozoïde), a par ailleurs montré une baisse nettement marquée de la fécondabilité après 35 ans ; elle touche les femmes de manière égale, mais est indépendante de l'âge des donneurs. On est donc sûr que seul le paramètre féminin est en cause.

Il convient ici de faire un sort définitif au « mythe » de la pilule stérilisante (cf. IIe partie, chap. 1, p. 63). L'influence éventuelle du mode de contraception sur la qualité ultérieure de l'ovulation et la fécondabilité a fait l'objet de nombreuses études prospectives et rétrospectives. Celles-ci ont montré l'existence d'une diminution *temporaire* de la fertilité après l'utilisation des contraceptifs oraux. Cependant cet effet est faible et ne se traduit que par une très *légère augmentation* du délai nécessaire pour concevoir [1].

Cependant, nous l'avons répété, un des aspects de la « révolution contraceptive » tient en ce que l'on débute *simultanément* vie sexuelle et prise de pilule. Qu'en sera-t-il alors des couples dont l'utilisation de contraceptifs oraux a masqué une hypofertilité ou une stérilité de l'un ou l'autre des partenaires, préexistante à la contraception ?

Lors d'un éventuel bilan pour infécondité, certains couples auront l'impression dramatique et exacte d'avoir « perdu du temps », et la femme d'avoir pris la « pilule pour rien ». C'est un des « points noirs » de la contraception hormonale préconisée à tout crin (et sur toutes les ondes) pour les jeunes filles ; et c'est là qu'insidieusement commence la prise en charge par la médecine de la filiation d'un individu. On le protège contre des « accidents », certes, et nous ne sous-estimons nullement la gravité éventuelle de ces accidents (drames familiaux, avortements mal faits, grossesses non désirées etc.). Mais en même temps, on fait bien plus que de la protection-prévention. On normalise, en fait, le désir d'enfant (réel ou

1. A. Spira, B. Ullmann, I. Heard, « Fécondabilité après différents modes de contraception », colloque *Régulation de la fécondité*, Bilan et Perspectives, 1979, UNESCO, Éd. de l'INSERM, Paris, 1979.

fantasmatique) d'un jeune individu ou d'un jeune couple. On le normalise d'ailleurs tellement que certaines adolescentes sont contraintes de recourir à l'acte manqué (oubli de pilule, par exemple) pour se prouver, non leur envie d'enfant réel, mais leur capacité d'être enceinte [1].

Autre facteur féminin : celui de la viabilité de l'œuf. Lorsqu'il y a eu ovulation et que l'œuf est formé, il faut qu'il soit viable. On connaît mieux à présent certains facteurs de risques d'avortements spontanés précoces : outre le rôle de l'âge maternel sur la qualité de l'œuf, on sait maintenant que les deux tiers environ des avortements spontanés précoces sont liés à la présence *d'aberrations chromosomiques*, et que ces dernières, comme c'est le cas pour le mongolisme, sont d'autant plus fréquentes que l'âge de la mère au moment de la conception est plus élevé [2].

Les études concernant ces facteurs sont rendues difficiles par l'aspect souvent occulte de cet événement. L'avortement est, nous le répétons, si précoce que la femme l'ignore elle-même, elle n'a même pas forcément un retard de règles. Pourtant, les chercheurs dans ce domaine [3] estiment qu'environ *50 % des œufs fécondés vont avorter*, ce pourcentage croissant avec l'âge de la mère. Ce qui démontre que, *même chez les femmes très jeunes*, un nombre important de conceptions se termine par une fausse couche spontanée ultra précoce.

Un mot sur une découverte nouvelle, très étonnante et qui ouvre les portes à toutes sortes d'hypothèses et de fantasmes : grâce aux progrès de l'échographie, notamment des échographies du tout début du processus de la fécondation, on s'est aperçu que beaucoup de grossesses étaient, au départ, des grossesses gémellaires. Pour des raisons encore inconnues, il se passe, avant douze semaines de

1. En ce sens, la contraception moderne n'a pas révolutionné le monde de l'adolescence.
2. J. Boué, A. Boué, P. Lazar, « Retrospective and prospective epidemiological studies of 1 500 karyotypal spontaneous human abortions », *Teratology*, 12, 11-26, 1975.
3. P. Hémon, C. Berger, P. Lazar, « The etiology of human dizygotic twinning with special reference to spontaneous abortions », *Acta Genet. Med. Gemel.*, 28, 253-258, 1979.

grossesse, un phénomène qu'on appelle la « lyse » de l'un des deux jumeaux : l'échographie montre clairement que là où on voyait quelques semaines plus tôt deux sacs ovulaires avec deux fœtus, on ne voit plus qu'*une seule poche avec un fœtus*, tandis que l'autre s'est en quelque sorte « vidée » au profit du premier jumeau. La photographie fait apparaître nettement la poche vide, ombrée, la lyse représentant cette disparition. Cliniquement, on a remarqué que la disparition de l'un des deux sacs ovulaires coïncidait avec des saignements en tout début de grossesse. Il y a quelques années, on prenait ces saignements pour des signes annonciateurs d'une fausse couche ; maintenant, l'on sait que ce peut être seulement une fausse couche d'un des jumeaux, le « moins costaud » si l'on peut dire, ou celui qui a « bien voulu céder sa place » à son frère (ou à sa sœur)... Nous savons donc que presque la moitié d'entre nous ont eu un jumeau, pendant quelques semaines au moins ! Beau sujet de réflexion, voire de roman [1]...

Revenons maintenant ici sur deux points qui concernent la stérilité. A propos tout d'abord de ces découvertes sur les avortements ultra-précoces, car elles devraient « remonter le moral » à certaines femmes qui se pensent stériles. Nombre d'entre elles, en effet, se désespèrent parce qu'elles n'ont pas d'enfant, mais aussi parce que « ça n'a même jamais pris » (elles n'ont jamais, pensent-elles, été enceintes) : qu'elles trouvent donc au moins ici une raison d'« imaginer raisonnablement » que peut-être elles ont été enceintes pendant quelques jours, mais que pour des raisons complexes il y a eu fausse couche. Bien sûr, ce type de propos est paradoxal puisque le résultat paraît être identique : pas d'enfant. Mais la réalité psychologique de l'échec de la conception est complexe : cet échec est notamment vécu dans le registre de la maîtrise dont nous avons parlé plus haut, et, sous cet angle, bien des femmes seraient moins blessées si elles savaient qu'au moins il n'existe pas de sort mystérieux qui rende impossible la rencontre d'un spermatozoïde de

1. On peut lire à ce sujet l'article très intéressant du Pr Henrion, complété par des photos d'échographies de grossesses gémellaires précoces, paru dans le livre *Frères et Sœurs* (ouvrage collectif sous la direction du Dr Michel Soulé), Paris, ESF, 1981.

leur compagnon et de leur ovule. Le couple pourrait alors « fonctionner » sur un autre mode, plus positif, s'il reprend confiance dans sa possibilité d'engendrement. On peut logiquement penser par exemple que la femme se sente moins seule responsable de la stérilité si elle a des raisons d'estimer qu'il y a eu fécondation ; d'où d'éventuelles rééquilibrations dans le couple, etc.

Autre point : ce que nous venons de dire du rôle de l'âge de la femme sur les chances de grossesse ne doit pas être compris comme un jugement de valeur. Il s'agit d'une constatation objective ; il se trouve qu'elle n'est évidemment pas très populaire puisqu'elle semble aller à l'encontre des idées actuelles qui vantent le charme de la maternité tardive. Nous ne méconnaissons nullement, bien au contraire, le droit absolu qu'a une femme, un couple, de vivre l'expérience de la parentalité à l'âge qu'il décidera. Nous voulons précisément démédicaliser cette décision en rendant aux protagonistes les « cartes de la conception » : bien informés, aussi objectivement et scientifiquement que possible, ils pourront alors « se faire une religion » en toute connaissance de cause. Il est évident que nous courons tous des risques, à tout moment : traverser la rue quand le feu est vert ou en dehors des passages cloutés est dangereux ; mais on le fait si on estime avoir de bonnes raisons de devoir gagner du temps... A chacun de gérer lui-même ses risques. Les auteurs de ce livre ne se sentent guère attirés par l'assistanat (qu'il soit médical ou social) et c'est dans cet esprit qu'ils communiquent ces données physiologiques et épidémiologiques sur la procréation. A chacun d'en faire ce qu'il veut.

Dernière carte — et non des moindres — : pour gagner au Monopoly de la fécondabilité, il faut que les gamètes de l'homme et de la femme se rencontrent. La première condition indispensable à cette rencontre est bien entendu qu'il y ait au moins un rapport sexuel au moment opportun, c'est-à-dire au cours de la période fertile du cycle menstruel. L'étude de la fréquence des rapports sexuels est un abord intéressant pour analyser cette rencontre. Les recherches indiquent qu'il existe une liaison très nette entre le nombre de rapports sexuels pendant la période fertile et la fécondabilité, cette dernière variant de 14 % lorsqu'un seul rapport a lieu pendant cette période, à 68 % lorsque des rapports ont lieu tous les jours [1]. Eh oui !, il faut faire l'amour assez souvent pour avoir des chances d'avoir un enfant le plus rapidement possible. Il ne s'agit pas d'une joyeuse lapalissade. Nous verrons plus loin que de nombreux couples ont une vie sexuelle *d'autant plus réduite* qu'ils désirent un enfant. Ceci pour de multiples raisons, l'une d'entre elles étant qu'un enfant « se faisant à deux », la médecine joue souvent le rôle de l'importun gênant qui donne des conseils judicieux, mais... en telle quantité, et tellement précis que ça gâche tout et que les couples n'osent plus rien faire ! Il ne s'agit nullement d'une boutade...

Un modèle quasi expérimental pour étudier ce paramètre du nombre de rapports est, paradoxalement [2], fourni par l'insémination artificielle où l'on peut programmer comme on le désire *la* ou *les* inséminations en fonction du jour présumé de l'ovulation. L'analyse des cycles comportant une seule insémination a permis de montrer que le taux de succès, c'est-à-dire la fécondabilité, est *maximale aux jours - 1 et - 3*, par rapport au jour du dernier « point bas » de la courbe de température. On peut dire que la fécondabilité est en moyenne la plus élevée *dans les trois jours qui précèdent l'ascension thermique* [3].

La deuxième condition nécessaire à la rencontre des gamètes est l'existence de voies génitales perméables. Chez l'homme, certaines malformations rares ou des séquelles d'infection génito-urinaires

1. D. Schwartz, P. Mac Donald, V. Heachel, « Fecondability, coïtal frequency and the viability of ova », *Population Studies*, 34, 397-400, 1980.

2. Paradoxalement parce que, justement, il n'y a pas de sexualité dans l'IAD. Mais ce domaine est rempli de paradoxes...

3. Une courbe thermique « normale » comporte deux parties : une première phase, du 1er jour des règles au moment présumé de l'ovulation, située en moyenne entièrement au-dessous de 37°, puis un décrochement (dernier point bas) et une ascension thermique assez brutale, suivie d'une 2e phase où la température plus régulière se maintiendra au-dessus de 37° en plateau, avec enfin une nouvelle chute au moment des règles suivantes. L'existence d'un plateau thermique est, en première approximation, le signe qu'il y a eu ovulation car le corps jaune qui secrète la progestérone hyperthermisante ne peut se former qu'après ovulation.

répétées peuvent altérer les voies génitales. Chez la femme, deux obstacles principaux peuvent se présenter : *un obstacle,* sur la trompe de Fallope, au transport de l'ovocyte (avant ou après la fécondation, qui a lieu, rappelons-le, dans la trompe) : une oblitération ou une altération des trompes utérines par exemple, ou un obstacle au niveau du col de l'utérus qui peut empêcher l'ascension des spermatozoïdes. On connaît le rôle primordial des salpingites dans la genèse des obstacles tubaires, et tout particulièrement le rôle d'agents infectieux sexuellement transmissibles. Les maladies vénériennes sont responsables de nombreuses stérilités féminines. On ne le dit pas assez.

Il faut enfin que les gamètes soient de bonne qualité pour qu'ils se rencontrent, c'est-à-dire que les spermatozoïdes soient suffisamment mobiles pour pouvoir migrer jusqu'à un ovocyte (ovule prêt à être fécondé) qui soit lui-même dans un environnement favorable. Il faut tout cela pour que la fécondation soit possible. Ces éléments complexes et interdépendants ne sont pas tous encore étudiés, sinon il resterait moins de stérilités inexpliquées médicalement.

A nous lire, on pourrait croire, à partir des considérations précédentes, que la conception étant un processus extrêmement complexe, susceptible d'être perturbé à différents niveaux, une liste impressionnante de facteurs peut la rendre exceptionnelle. Heureusement, il n'en est rien. Nous avons dit, au contraire, que c'est la stérilité qui était l'exception ; 95 % environ des couples sont donc parfaitement en « état de marche ». Les hommes et les femmes peuvent, avec bon sens, supposer que spermatogenèse et ovogenèse sont de bonne qualité et, pour peu qu'ils aient tendance à vouloir et pouvoir faire l'amour ensemble, leurs gamètes finiront bien par se rencontrer pour faire un bébé !

Résumons-nous. Il y a probablement 50 % d'échecs précoces dans les conceptions, mais peu de couples s'en rendront compte ; il suffira simplement de se remettre à l'ouvrage, ce qui — a priori — semble plutôt agréable... Par ailleurs, pour peu qu'on concentre la fréquence des rapports sexuels au milieu du cycle menstruel, on aboutira aisément à cette conception souhaitée du bébé [1]. Si nous ne craignions pas de terminer par une fausse boutade, nous dirions volontiers que pour avoir un enfant, il faut s'aimer [2], et l'enfant arrivera tout seul. Si au bout d'un certain temps (un an, deux ans...) il n'arrive toujours pas, alors (si on s'aime toujours...) il vaut mieux aller consulter un (bon) médecin. Mais, il nous paraît à la fois *triste* et *inefficace* de retrousser ses manches et de « faire un enfant » un œil sur le thermomètre et l'autre sur la montre... Autant aller au Casino par exemple, cela risque d'être plus excitant. Bref, nos aïeux savaient mieux que nous comment s'y prendre pour avoir un enfant, la seule supériorité que nous avons sur eux dans ce domaine, c'est que nous savons, nous, comment faire pour *ne pas avoir d'enfant*. C'est un grand progrès, certes, mais ce n'est qu'une partie de la question ! Et puis, c'est un progrès qui coûte cher...

1. Ceci hors obstacle physiologique majeur, chez l'homme ou la femme, que nous étudierons dans les chapitres suivants.
2. Sans prendre de moyen contraceptif, de préférence...

3. Ça ne marche pas

Il arrive que malgré toute leur ardeur certains couples « n'y arrivent pas ». Ils vont alors probablement avoir recours à la médecine, mais, à ce stade encore, ils se trouvent, pour peu qu'ils y soient décidés, en situation de patients, certes, mais de patients conscients contrôlant eux-mêmes la situation.

En matière de fécondité, le temps est, on l'a vu, un facteur essentiel. Mais le temps qui passe est « élastique », point n'est besoin d'être physicien pour le savoir : le coureur sur la cendrée ou le prisonnier dans sa cellule n'ont pas la même notion du temps. Parmi les couples qui désirent un enfant, certains sont très impatients, d'autres moins ; indépendamment du *délai pour concevoir* qui, nous l'avons vu, est directement fonction de la fécondabilité du couple, le *délai pour consulter* un médecin dépend, lui, de l'impatience du couple, facteur non quantifiable.

Il est bien évident néanmoins que si le couple consulte au bout d'un grand nombre d'années, il est probablement peu fécond. Ainsi la connaissance de la durée d'infécondité d'un couple est, à elle seule, une information de premier ordre dans le bilan exploratoire de la fertilité. Elle n'est pas toujours facile à apprécier ; à partir de quel moment exact, par exemple, un couple a-t-il décidé de ne plus pratiquer le coït interrompu, alors que cette habitude était « devenue une seconde nature » ? Cette méthode n'étant pas efficace à 100 %, on ne peut pas savoir si elle a été pour un couple donné vraiment contraceptive ou non. En revanche un arrêt de pilule, en général bien repéré par le couple, permet de connaître la durée de l'infécondité depuis qu'il y a désir de grossesse.

Eu égard à la très faible fécondabilité de l'espèce humaine (25 % en moyenne [1]), le délai pour consulter un médecin ne doit pas être trop court : ainsi que l'ont montré les épidémiologistes, on ne peut pas dire qu'il y ait « problème » avant un délai pour concevoir d'au moins un an [2].

Sauf antécédents pathologiques masculins ou féminins très lourds, antérieurs au désir de grossesse, un couple qui consulte avant un an doit être rassuré (en lui expliquant la notion de fécondabilité notamment) et ne devrait pas entrer dans un cursus médical. Le médecin spécialiste ne devrait pas « recruter » des patients à tout prix. Démédicaliser une demande thérapeuthique, c'est aussi soigner... Et les *clients* [3] des médecins n'ont pas à se considérer d'emblée comme des malades.

L'amour sur ordonnance

La première prescription médicale demandée par le médecin au couple qui consulte sera la courbe de température basale féminine, geste qui signe le premier pas dans l'engrenage de la prise en charge du couple par la médecine ; car prendre sa température [4], chaque matin, avant de se lever, c'est déjà être « malade ». Il s'agit pourtant d'un geste à double tranchant en ce sens qu'il a également une valeur positive : il peut responsabiliser le couple au lieu de le faire régresser. C'est facile de lire une courbe et les partenaires peuvent ainsi gérer seuls leurs chances de grossesse.

1. Les autres mammifères sont beaucoup plus féconds que nous...
2. Cf. p. 41 .
3. C'est à dessein que nous employons ce mot à la place de « patients ». Au départ, tout individu qui consulte un médecin doit être un simple client (comme chez un avocat).
4. Détail piquant : le fait de mettre le thermomètre dans l'anus, geste banal chez nous, n'est pas loin d'être considéré comme obscène ou scatologique outre-Atlantique.

Il n'empêche qu'il faut être organisé, minutieux, établir un graphique, noter de surcroît les relations sexuelles que l'on a eues, qui deviennent alors des « rapports » sexuels. La connotation économique de ce terme n'est évidemment pas neutre : ces « contacts » doivent être efficaces, « rendre » ; existe aussi dans ce mot la notion de « rapports de force ». Quant à la spontanéité là-dedans ! C'est plutôt l'horloge pointeuse... Beaucoup de couples vivent en effet cette prescription comme une contrainte : il arrive fréquemment que, faute d'assiduité, les courbes soient incomplètes et ininterprétables ; cette seule prescription fait parfois l'objet de multiples consultations médicales. Heureusement c'est aussi bien souvent une excellente thérapeutique en soi, car une grossesse survient fréquemment pendant cette période avec ou sans courbe...

Au demeurant, la courbe de température est nécessaire au praticien ; elle permet de savoir en première approximation si la femme ovule (pas de gamète pondu, pas de bébé possible), et elle permettra aussi de programmer les examens ultérieurs qui, presque tous, doivent être effectués à un moment déterminé du cycle. Si elle est bien « tenue » (comme le cahier d'écolier de notre enfance !), elle permettra de connaître avec précision les dates et la fréquence des rapports sexuels. Cette courbe bien faite que le gynécologue, quelque peu « voyeur sur les bords », inspecte tous les mois n'est pas toujours une épreuve facile à supporter pour les intéressés. La ressemblance de cette vérification avec des situations d'enfance (la mère qui examine le contenu du pot de chambre, ou les draps, à l'adolescence etc.) n'est pas sans créer pour le couple une infantilisation « offerte sur un plateau » en même temps qu'une incitation à la régression. Il est bien connu des gynécologues que les patients qui se soumettent à ce rite obsessionnel de leur plein gré et n'ont jamais envie — même au bout de deux ou trois ans — d'envoyer le thermomètre par-dessus les moulins sont mûrs pour le « parcours du combattant de l'infertilité » !

Cependant, nous ne pouvons pas non plus nous permettre de nous-mêmes de les envoyer promener, car là encore ce seul repérage débloque un certain nombre de situations : c'est le cas par exemple lorsque les rapports n'ont jamais lieu pendant la période fertile du cycle (il y a des « métro-boulot-dodo » qui paraissent réellement incompatibles avec une vie sexuelle régulière) ; c'est le cas aussi de ces couples, pas si rares, qui désirent des enfants et n'ont quasiment pas de vie sexuelle (ou, en tout cas pas de vie sexuelle génitale). Nous y reviendrons.

Le test postcoïtal (TPC pour les intimes)

Le médecin (faute peut-être de ne pouvoir assister aux ébats sexuels de ses patients ?) désire à tout le moins voir le « résultat » de ceux-ci. Il va donc observer au microscope les spermatozoïdes de l'homme nageant dans la glaire du col de l'utérus de la femme, douze heures environ après que le couple a eu un rapport sexuel, et, bien sûr, durant la période supposée fertile de son cycle : c'est le test de Hühner ou *test postcoïtal* (TPC).

De ce test, qui peut être facilement répété selon le souhait du médecin, découlera toute l'orientation du diagnostic.

S'il est positif en effet (c'est-à-dire s'il y a sur chaque champ du microscope plus de dix spermatozoïdes qui s'agitent et se déplacent, tels des petits têtards de grenouille), il est probable qu'une origine organique masculine n'est pas en cause.

En revanche un ou plusieurs tests négatifs, bien que ne permettant aucune conclusion définitive, renseignent également sur les caractéristiques physiques du col utérin au moment de l'ovulation.

Arrêtons-nous un moment sur l'histoire de ce test fort simple, capital dans la « consultation de stérilité » et pourtant encore trop souvent absent des bilans d'infertilité. C'est à la fin du XIXe siècle que Marion Sims [1] crée ce test en observant des spermatozoïdes dans la

1. J.M. Sims, « Illustrations of the value of the microscope in the treatment of the sterile condition », *Br. Med. J.*, 2, 465, 1868.

glaire cervicale de femmes *quelques minutes* après les rapports sexuels. On voit que l'éducation anglo-saxonne, à la différence de la culture latine, permettait, au nom de la science, bien des audaces au médecin. Toutefois ce n'est qu'en 1913 que Hühner [1] fera connaître ce test en l'introduisant dans le bilan de routine des couples infertiles. Néanmoins comme on ne connaissait pas la physiologie du col utérin (lieu de stockage actif des spermatozoïdes), on discutait encore en 1974 de l'intérêt de ce test ; les spermatozoïdes observés étaient souvent considérés comme des attardés qui n'avaient aucune chance d'avoir un rôle fécondant, ou étaient perçus au contraire comme les témoins de la « bonne entente » entre spermatozoïdes et glaire féminine. C'est la seconde hypothèse qui prévaut aujourd'hui.

Arrêtons-nous aussi un instant, à propos de ce fameux TPC, sur son aspect quelque peu folklorique dans les bons cas, cauchemardesque dans les mauvais. Imaginons le cas classique d'un couple provincial qui vient consulter à Paris pour infertilité. Il a rendez-vous dans l'après-midi avec le gynécologue pour faire ce test : il faut donc qu'il ait accompli sa prestation coïtale au milieu de la nuit précédente ; si le rendez-vous se situe vers 15 heures, le couple doit donc faire sonner son réveil dans sa chambre d'hôtel entre trois et cinq heures du matin et « Hardi, petit ! ». Si d'aventure ça ne marche pas bien, ou si ça se passe mal [2] — et nous ne parlons ici que d'efficacité, de plaisir il vaut mieux ne rien dire... —, après plusieurs essais et une nuit blanche, le couple arrive, penaud, chez le gynécologue (surtout l'homme évidemment, encore plus s'il s'est fait plus ou moins semoncer par sa compagne) pour apprendre que son test est mauvais et qu'il faut recommencer ! Certains couples n'ont pas le temps ni les moyens de s'offrir la nuit d'hôtel : ils s'arrangeront donc pour avoir un rendez-vous le soir chez un médecin et iront, dans le délai prescrit passer une heure, le matin, dans un hôtel de passe pour accomplir ce qu'on pourrait appeler le « devoir conjugo-médical ». Nous ne

1. M. Hühner, *Sterility in the male and female and its treatment*, New York, Robman, 1913.
2. C'est assez fréquent, on s'en douterait...

cherchons nullement à ironiser sur ces couples : le stakhanovisme du sexe est abominable et seul un solide humour peut sauver la situation du ridicule ou de l'angoisse. Nous nous faisons simplement l'écho d'une réalité que nous entendons plusieurs fois par semaine depuis plusieurs années, « petit côté » superbement ignoré par la médecine, et bien à tort. Sans insister sur cet aspect sordide de l'exercice de la sexualité, nous voudrions rappeler — fait bien connu — que « la situation d'examen ou de test », est *en elle-même* porteuse de risque d'échec. On sait par exemple que la qualité du spermogramme d'un homme varie avec la motivation qui l'amène (examen de sperme pour lequel il a peur ou non d'un mauvais verdict, don de sperme pour la recherche ou don pour l'insémination artificielle — les deux motivations étant très différentes —, conservation de sperme avant vasectomie). La quantité et la qualité du sperme varie aussi, dans ces situations, avec le genre d'endroit où a lieu le recueil (la masturbation), selon que la pièce a un aspect ripoliné et clinique, ou qu'elle est au contraire tendue de jute avec des revues suggestives sur la table, selon qu'il y a de la musique ou bien des bruits dans le couloir etc. Tout cela est bien connu des biologistes et n'a d'ailleurs rien d'étonnant : l'homme n'est pas un « taureau à sperme » ; le sexe masculin aussi est sensible... On peut alors facilement imaginer qu'un individu fatigué, anxieux, mis dans une situation éprouvante telle que nous l'avons décrite, n'ait pas, de toute façon, une production spermatique fantastique... Il est sûr, en tout cas, que si le couple n'habite pas trop loin du lieu de l'examen, il aura au moins l'avantage de faire l'amour chez lui !

Certains trouveront sans doute que tous ces *impedimenta* sont de peu d'importance lorsque l'enjeu en vaut la peine : l'enfant. Nous ne le pensons pas : la fin ne justifie pas les moyens d'une part ; d'autre part de quel prix, psychologique, moral, économique se paie tout cela ?

Cependant, au même titre que la courbe de température, et même s'il signifie malheureusement « l'amour sur ordonnance », ce test a une très grande valeur thérapeutique. La femme est en effet un mammifère à fécondation interne (on a vu qu'historiquement cela a influé sur l'investigation scientifique), et c'est seulement sa grossesse qui *démontre* que la fécondation est réussie. Pouvoir montrer au couple, au cours de la consultation, les spermatozoïdes mobiles sur la platine du microscope, c'est dévoiler le seul témoin vivant d'une fécondation possible (en dehors des investigations chirurgicales qui, de toute façon, ne sont jamais visibles par le couple). Cette « leçon de choses » peut et est souvent l'occasion d'échanges chaleureux entre le médecin et les consultants et elle vaut bien des médicaments. Mais il arrive malheureusement que dans certains cas elle constitue un verdict glacé et peu compréhensible pour les patients [1].

Si nous avons longuement insisté sur ces deux étapes du bilan d'une infertilité, c'est pour tenter de montrer comment l'engrenage médical peut d'emblée prendre une connotation négative, à la limite déjà « stérilisante » (ce qui est un comble), ou bien au contraire donner une orientation positive suivant l'attitude (ou la contre-attitude) du médecin face à ses patients, suivant aussi son idéologie (paternaliste, conservatrice, etc.). Ce qui « attend » les couples ensuite en sera vécu différemment, mais fera de toute façon partie de leur « dossier médical » qui ira en s'épaississant.

Nous allons maintenant mentionner d'autres examens qui sont un peu moins sujets à une variabilité personnelle d'interprétation chez le médecin. Un peu moins seulement...

1. Nous pensons à un couple auquel il avait été dit, grâce au TPC, que la glaire de madame et le sperme de monsieur étaient incompatibles. Mis dans la glaire de madame, les spermatozoïdes de monsieur se figeaient. Au « test croisé », avec une glaire témoin, les spermatozoïdes de monsieur s'agitaient comme des poissons ; avec un sperme témoin, la glaire de madame était hospitalière et « porteuse ». Ce couple, très uni, fut assommé par ce verdict laconique et en déduisit qu'ils se stérilisaient l'un l'autre dans les deux sens du terme, et qu'ils n'étaient pas faits pour avoir des enfants ensemble, *comme s'il y avait une conclusion psychologique à tirer d'un résultat biologique*. Dit-on aux couples qui ont un rhésus sanguin incompatible qu'ils ne peuvent pas procréer ? Certainement pas. Le tout est d'expliquer, de dédramatiser et de proposer aux intéressés un choix de lignes de conduite à suivre.

Les bilans médicaux (masculins et féminins)

Le temps est, on le sait, l'un des principaux agents thérapeutiques. Il ne faut pas non plus le perdre de vue au cours de l'exploration du couple infécond. Le bilan masculin dure entre trois et six mois : un examen clinique, un dosage hormonal, deux spermogrammes à trois mois d'intervalle (la spermatogenèse normale s'étalant sur 76 jours environ, temps nécessaire à la fabrication d'un spermatozoïde) [1].

Le bilan féminin, compte tenu d'impératifs menstruels, peut être plus long. L'hystérosalpingographie [2] et parfois la cœlioscopie [3] permettront d'étudier la morphologie et la dynamique des trompes et de l'utérus, lieux respectifs de la fécondation et de la nidation éventuelles d'un œuf fécondé. Des dosages hormonaux sanguins faciles à réaliser (même si leur interprétation est souvent délicate) renseigneront plus ou moins complètement sur les mécanismes endocriniens qui président à l'ovulation, la fécondation, voire à la nidation ; s'y ajoutera, dans certains cas, un bilan génétique.

Le dossier médical complet du couple peut être « bouclé » en six à douze mois. Cette rapidité, eu égard aux mécanismes biologiques qui sont impliqués, outre qu'elle évitera aux candidats parents le découragement face à cette course de haies que représente tout

1. La biopsie testiculaire (chirurgicale) est devenue exceptionnelle. Elle a été avantageusement remplacée par les dosages hormonaux dont la fiabilité est maintenant suffisante.

2. L'hystérosalpingographie est un examen radiologique. En poussant un produit opaque aux rayons X à travers le col de l'utérus, on l'opacifie ainsi que les trompes. Cet examen, outre le fait qu'il donne le moule interne de l'appareil génital, permet aussi de visualiser la perméabilité des trompes grâce au passage du liquide sous pression dans l'abdomen.

3. Cœlioscopie : examen chirurgical nécessitant une anesthésie générale. Grâce à une ponction abdominale, on insuffle de l'air dans l'abdomen. Le dôme ainsi créé permet, grâce à une optique introduite de l'extérieur par une incision ombilicale (à la manière d'une grosse seringue) de voir les organes génitaux, et ceux qui les entourent.

particulièrement le bilan féminin (puisque cela peut aller jusqu'à l'exploration chirurgicale), peut lui offrir le maximum de choix thérapeutiques.

Le temps qui passe ensuite devient rapidement un facteur plus négatif qu'auparavant. Il dépend évidemment beaucoup de l'âge de la femme au moment de la première consultation pour infécondité. A l'heure actuelle, le retentissement biologique de l'âge masculin est mal apprécié, la concision du bilan venant souligner l'insuffisance de nos connaissances en matière d'infécondité chez l'homme. On sait seulement que la spermatogenèse baisse avec l'âge, mais on n'a encore que peu de données épidémiologiques sur ce sujet. Il est sûr, en tout cas, que les hommes peuvent procréer bien plus tard que les femmes.

La stratégie thérapeutique

Il persiste, on l'a vu, une énorme disproportion entre la quête diagnostique masculine et féminine. Et pourtant, le couple est une entité vivante à traiter globalement. Il devient alors inutile de tenter tel ou tel traitement à visée étiologique, alors que les causes peuvent être multiples, intriquées, masculines et féminines ; il s'agit *d'élaborer une stratégie thérapeutique*. Celle-ci consiste à évaluer les chances qu'aura le couple d'avoir un enfant en fonction des solutions thérapeutiques du moment, compte tenu des étiologies repérées au terme de l'enquête diagnostique bilatérale. Elle dépend schématiquement de l'équipe soignante, *pluridisciplinaire* : gynécologue, chirurgien, biologiste, psychologue, généticien, et des désirs du couple concerné.

Il s'agit donc de décisions prises en commun, ce qui ne va pas sans difficultés. Est-on même jamais sûr du désir réel des couples ? S'agit-il d'un désir d'enfant ? D'un désir de grossesse ? D'un souhait de faire plaisir au partenaire ? D'un désir d'être « comme tout le monde » ? Peut-on repérer les idéologies personnelles des membres de l'équipe ? Il y a tout un travail d'*évaluation de la demande* à effectuer dont il est téméraire de faire l'économie. Donnons-en deux exemples :

— certaines demandes d'IVG. Nous connaissons tous des cas où des médecins, hostiles à l'avortement, ont fait traîner des demandes d'IVG ; le terme de la grossesse étant devenu trop important, la femme a été alors contrainte de la mener à terme. Cette situation douloureuse, quelle que soit l'interprétation qu'on en donne, révèle à la fois l'idéologie du médecin et l'ambivalence de la femme : certaines avorteront à tout prix, d'autres non ;

— certains choix entre IAD et IAC [1]. Prenons le cas d'un couple qui présente comme cause principale de son infertilité une oligoasthenospermie importante (c'est-à-dire que le sperme de l'homme contient peu de spermatozoïdes, ceux-ci étant de surcroît peu mobiles) ; ce couple désire recourir à des inséminations avec le sperme du conjoint (IAC), afin de les concentrer. Le médecin fait une évaluation rapide et il peut prédire que les chances de succès sont minces ; mais il peut aussi souligner qu'en cas de recours à un sperme de donneur (IAD), les chances de succès sont beaucoup plus importantes (si le bilan féminin est parfaitement normal). Il se peut alors que le couple ait recours d'emblée à cette dernière technique ; la recherche du « succès », influencée par le médecin, annule du même coup toute chance de procréation biologique par le mari. Mais ceci n'est pas forcément un plus mauvais choix que « d'embarquer un couple » dans de longues et peu agréables séances d'inséminations intraconjugales avec de faibles chances de réussite.

Ce ne sont pas des décisions faciles à prendre, il est donc important que tous les protagonistes soient bien informés et que les motivations de l'équipe soignante soient claires. Nous reviendrons dans la prochaine partie sur les implications de ce choix.

Au-delà de ce stade, le « ticket pour la procréation libre » n'est

1. IAD : insémination artificielle avec donneur ; IAC : insémination artificielle avec le sperme du conjoint.

plus valable. Nous entrons dans l'arène de la procréation médicalisée (c'était clair dans l'exemple du TPC) : il n'y aura plus grand monde désormais pour se préoccuper de savoir si le couple a encore un désir d'enfant… Dans l'esprit de l'équipe, l'enfant médical doit naître à tout prix, sinon ce sera l'échec de l'équipe elle-même… Ceux qu'on appelle maintenant « patients » sont pieds et bourse liés au médecin qui a leur confiance. Il s'agit maintenant de faire un enfant avec l'aide de la médecine, avec les médecins. Ce n'est plus « à deux » que l'on procrée, mais « à trois ». La question de la filiation des couples est dorénavant médicalisée ; on le verra très clairement dans l'exemple de l'IAD. A quel prix ? C'est ce que nous allons tenter d'analyser.

III. Faisons un enfant avec les médecins

1. Faire ou ne pas faire ? Voilà la question ou Comment évaluer l'efficacité des traitements ?

« Soigner, c'est aussi accroître son pouvoir sur le corps de l'autre [1]. »

Le médecin dispose aujourd'hui d'une large gamme d'instruments, armes ambivalentes, pour soigner. Mais avant de proposer des solutions thérapeutiques, il se doit d'essayer d'évaluer l'efficacité des traitements dont il dispose. Évaluation particulièrement complexe dans le domaine de l'infécondité où les études épidémiologiques font ressortir l'intrication de nombreux facteurs, de nature très différente les uns des autres (cf. notamment le rôle tenu par le temps). Si on adoptait une méthodologie rigoureuse, on devrait dire par exemple qu'un médicament n'est actif sur l'infécondité d'un couple donné que si la grossesse est obtenue dans un délai plus court que le délai nécessaire à ce couple pour concevoir *avant toute tentative de traitement*. En pratique, c'est une démarche difficile pour le clinicien, d'abord parce que l'outil statistique ne lui est pas familier, et surtout parce qu'il travaille essentiellement avec des individus et ne se réfère pas spontanément à la notion de groupes de patients.

C'est pourquoi, la plupart du temps, les médecins utilisent des médicaments dont l'efficacité a été testée sur des maladies précises (protocoles d'essais thérapeutiques des laboratoires pharmaceutiques), alors que la « maladie » dont souffre le couple (la stérilité en l'occurrence) n'est peut-être pas aussi bien définie.

1. In *Clinique du réel, op. cit.*, p. 22.

Alors qu'il faudrait en réalité connaître les méthodes mathématiques de calcul qui permettent de comparer le taux de grossesse dans une série « traitée » à celui obtenu dans une série « témoin ». L'intérêt de cette approche est son application non seulement aux médicaments, mais aussi aux traitements chirurgicaux.

Prenons pour illustrer cette méthodologie l'exemple de *la cure chirurgicale du varicocèle*. Certains pères de familles nombreuses sont porteurs de varicocèle, c'est-à-dire qu'ils présentent des veines dilatées autour des testicules, plus particulièrement le gauche (pour des raisons de dispositions anatomiques). Apparemment, ces hommes n'ont eu aucune difficulté pour avoir des enfants, mais à l'inverse, on retrouve chez beaucoup d'individus inféconds la présence d'un varicocèle, associé à des modifications du spermogramme. Si on enlève chirurgicalement le varicocèle en ligaturant les veines, des grossesses peuvent survenir chez des couples restés jusque-là inféconds. Compte tenu de la pauvreté de nos moyens thérapeutiques en matière d'infécondité masculine, la découverte clinique d'un varicocèle chez un patient est presque « un heureux événement » : on va pouvoir faire quelque chose. L'utilisation des méthodes de calculs précédentes montre cependant que la chirurgie du varicocèle n'augmente pas sensiblement le pourcentage de grossesse chez les compagnes des sujets opérés, si la date de la première consultation est prise comme point de départ [1]. Alors, pourquoi endormir un homme et lui ouvrir le ventre si ce n'est vraiment pas nécessaire ? « D'abord ne pas nuire », telle devrait être en toute connaissance de cause la ligne de conduite du médecin.

1. A. Mattei, J.M. Barbeault, R. Roulier, A. Spira, « Analyse critique des résultats des traitements médicaux et chirurgicaux des stérilités et hypofertilités masculines. Exemple de la cure du varicocèle », in *Les Facteurs de la fertilité humaine*, *op.cit.*

2. Les solutions proposées à l'infécondité ou La machinerie s'ébranle

Les circonstances diagnostiques de l'infécondité sont évidemment très différentes les unes des autres et les traitements possibles, en conséquence, très variés. Mais il existe une autre variable qui n'a pas toujours un rapport évident avec les données de départ : c'est l'implication plus ou moins importante que font du traitement les différents protagonistes (le couple d'une part, le ou les médecins de l'autre). D'après la nature de cet investissement psychologique, on voit se dessiner le coût du résultat escompté : l'enfant.

Les traitements hormonaux

Pour l'homme

Ils sont peu nombreux, peu efficaces. Si on commence à connaître peu à peu la physiologie de la spermatogenèse, on ne connaît pas encore de médicaments capables de la stimuler directement. On peut en revanche la bloquer facilement [1].

1. La pilule masculine existe d'ailleurs : un traitement hormonal, de la même façon qu'il peut bloquer l'ovulation, bloque également la spermatogenèse s'il est utilisé chez l'homme ; mais un « détail » qui tient à la physiologie masculine fait que, dans ce cas, il n'y a plus d'érection possible. Pour cette raison, les pilules masculines actuellement à l'essai comportent deux produits, l'un arrêtant la spermatogenèse, l'autre permettant d'entretenir l'érection. Les résultats obtenus pour l'instant semblent très satisfaisants.

En effet la plupart des hormones de synthèse connues, soit androgènes (mode d'action de la testostérone masculine), soit œstrogènes ou progestérone (mode d'action des hormones féminines), sont capables de bloquer la spermatogenèse si elles sont administrées à doses suffisantes. C'est pourquoi il arrive encore qu'on soit amené à faire un « brillant » diagnostic en révélant simplement à un patient que l'origine de son insuffisance spermatique est due à un traitement hormonal mal conduit, ou prescrit pour une tout autre raison. L'arrêt de tout médicament restitue alors la spermatogenèse en quelques mois.

Le reste de l'arsenal thérapeutique relève plutôt de l'écologie ; prescription hygiéno-diététique : éviter l'exposition des testicules à la chaleur et se méfier du tabac et de l'alcool (qui pourraient être mauvais pour la spermatogenèse), mener une vie régulière et ne pas porter de pantalon trop serré qui comprime les testicules.

Mais en matière d'oligoasthenospermie (association de l'insuffisance en nombre et en mobilité des spermatozoïdes), la meilleure solution est encore de traiter l'épouse. Ce qui est paradoxal, mais vrai [1].

C'est l'attitude que nous sommes obligés d'adopter dans la plupart des cas faute d'autres moyens thérapeutiques.

Le scénario de l'homme aux prises avec un bilan d'infécondité peut alors s'écrire comme suit :

— Si, selon nos critères limités, un homme est déclaré fertile, et que le couple est infécond, on va s'acharner à traiter son épouse, ce qui paraît assez logique.

— Si au contraire il est déclaré hypofertile, on va, là encore, se

1. En IAD, par exemple, le taux moyen de succès par cycle est de 6 % lorsque le mari est oligozoosperme (il y a si peu de spermatozoïdes qu'il est considéré comme stérile), alors que ce taux est de 12 % lorsqu'il s'agit d'un azoosperme (pas de spermatozoïdes du tout), bien que, *dans les deux cas, ce soit du sperme de donneur* qui soit utilisé. La seule explication possible est que les épouses d'hommes oligozoospermes, si elles avaient eu une bonne fertilité, auraient pu procréer avec leur mari et n'auraient donc jamais consulté. Celles, en revanche, qui sollicitent une IAD représentent donc un échantillon de femmes peu fertiles. Étude CECOS rapportée par A. Spira, in *La Santé publique et l'Épidémiologie*, Éd. INSERM, 1981, p. 84.

contenter de soigner son épouse. Le paradoxe que nous venons de souligner vient évidemment du fait de soigner l'épouse saine d'un homme « malade ». Ce sont donc toujours les femmes qui portent *de facto* le poids de l'infertilité, et ceci tant physiquement que psychologiquement. Cette situation n'est pas neutre : elle fait apparaître que la recherche médicale en matière de fertilité est beaucoup plus avancée dans le domaine féminin que dans le domaine masculin. Pourquoi ? D'abord parce que pendant des années (des siècles ?), en raison des traditions culturelles du monde occidental, il n'était même pas envisageable que l'homme puisse être stérile. L'équation fertilité-virilité était tellement prégnante (elle l'est encore quelque peu de nos jours) qu'envisager l'hypofertilité d'un homme, c'était le « soupçonner » d'impuissance. Cette situation paradoxale de la femme dans le couple infécond est intéressante à un deuxième titre : nous avons vu que les chercheurs dans le domaine de la reproduction n'ont eu de cesse, du XVIIe au XIXe siècle, de vouloir prouver le rôle masculin dans la procréation, au détriment bien souvent du rôle féminin réduit à une fonction de portage, puis de ponte. Quant à la biologie moderne de la fertilité masculine, elle a jusqu'à une époque récente (l'après-guerre) *étudié la fertilité* des hommes, ne trouvant que peu d'éléments pour *soigner leur infertilité*.

Or, on sait bien que le développement de telle ou telle branche de la recherche n'est pas dû au hasard. N'oublions pas, par exemple, que si la reproduction féminine est si bien connue maintenant, c'est en partie grâce aux progrès apportés par l'étude de la contraception hormonale (la pilule). Or, c'est grâce à l'appui et au financement des puissants mouvements féministes américains des années cinquante que le Dr Pincus, père de la pilule, a mis au point ce moyen de contraception qui a effectivement libéré une génération de femmes (au moins...) ; or cette découverte a également permis de faire faire des progrès considérables à la connaissance fine du cycle féminin, au rôle des différentes hormones, etc. On souhaiterait qu'un groupe de pression analogue — masculin, peut-être ? — finance et aide la recherche médicale en matière de spermatogenèse ! Terminons cette remarque en soulignant le fait que, outre son manque de crédits, cette recherche est peu valorisée, tant par les autorités dispensatrices de la manne financière (l'INSERM ou les ministères concernés), que par le public (les *media* notamment), perçue comme marginale, un peu inutile, voire légèrement ridicule. Comme s'il était implicitement entendu que ce n'est guère le rôle de l'homme que de s'occuper de contraception. Le relativement faible développement de la vasectomie en France (comparé à celui des pays voisins, Allemagne, Belgique, Angleterre par exemple) illustre de façon analogue ce que nous venons de dire sur les résistances à la prise en compte du rôle de l'homme dans la procréation quand il s'agit, bien sûr, du rôle « négatif » : la contraception (hormonale, ou chirurgicale dans le cas de la stérilisation).

Pour la femme

L'arsenal thérapeutique dans ce domaine contrairement à ce qui existe pour l'homme est vaste, varié, efficace. Ces différents traitements visent à pallier, par un apport exogène, une insuffisance hormonale féminine, diagnostiquée par l'aspect de la courbe de température et les dosages d'hormones. Leur mode d'action n'est pas toujours bien connu. Leur structure chimique se rapproche peu ou prou des hormones naturelles circulantes ; il s'agit de substances qui tendent à remplacer un déficit. C'est la classe des médicaments la plus nombreuse, la plus prescrite, et qui, sous sa forme légère, présente sans doute le moins d'effets secondaires dangereux. Mais là encore, des posologies trop lourdes peuvent aller à l'encontre de l'effet recherché. Nous le verrons plus loin.

Il s'agit du premier volet de la stratégie thérapeutique, « logique », rassurant par sa simplicité : le couple est malade, la femme va en guérir comme de la grippe. Il suffira d'attendre la fin du cycle menstruel pour savoir si le médicament a été efficace. En cas d'échec, il faudra recommencer de nouveau, espérer à nouveau, à condition (toujours !) d'avoir eu des rapports sexuels durant la période fertile. Au fil du temps, certains couples n'auront plus de rapports sexuels qu'à ce « moment-là », avant la montée de température ; ensuite « ça ne sert plus à rien »... disent nombre de ces patients. On a affaire ici à un autre paradoxe : *plus on a de difficultés à avoir un enfant, moins on fait l'amour* ! La contradiction n'est qu'apparente : il est clair en effet que l'exercice d'une sexualité médicalisée, dont le « rendement » seul est intéressant, programmée de plus de façon très précise, et, on l'a vu, contrôlée de près par l'autorité médicale, n'a rien de grisant. Les hommes, Dieu merci, ne sont pas des étalons, ni les femmes des vaches ; et l'union sexuelle ne se réduit pas à un accouplement. Curieusement, de nombreuses personnes semblent tenir cet aspect pour négligeable... Si on ajoute à ce côté pénible les troubles psychologiques plus ou moins lourds associés à l'échec (échec qui revient tous les mois), perturbations qui se muent facilement en une pathologie du désir sexuel, on a tôt fait de comprendre ce paradoxe. Il n'en reste pas moins que cela ne favorise guère les chances de grossesse. De là à ce qu'un cercle vicieux s'installe, il n'y a pas loin. Il faut en outre savoir que les couples n'osent pas tellement aborder avec le médecin « cet aspect des choses », comme s'il était entendu une fois pour toutes que « tout a bien fonctionné ». Le médecin n'est d'ailleurs pas à l'aise non plus. Car ce n'est plus tellement de médecine qu'il s'agit ici. C'est seulement au cours d'entretiens psychologiques que l'on réalise la pauvreté, dans tous les sens du terme, de la sexualité du couple.

Pour peu qu'on y regarde de près, bon nombre de situations en matière d'infécondité confinent au même paradoxe : ainsi dans un autre registre, *le traitement médical de l'endométriose*. Cette maladie assez mal connue, altère la paroi de l'utérus, des trompes, des ovaires, voire les organes du voisinage, et paraît responsable de certaines stérilités féminines ; même si cette responsabilité est discutée, il est de fait que la guérison entraîne simultanément la disparition de nombre de stérilités jusque-là inexpliquées par d'autres causes.

Or le *meilleur traitement de l'endométriose consiste à bloquer l'ovulation* : poser ce diagnostic au cours d'un bilan d'infécondité, revient donc à prescrire une contraception hormonale pendant au moins six mois ; on a ainsi pu parler à propos de ce traitement de « délai cruel », paradoxal en effet pour une femme qui désire un enfant.

Les traitements chirurgicaux masculins

La cure chirurgicale du varicocèle

C'est le traitement chirurgical le plus souvent proposé aux hommes, d'abord parce que beaucoup d'hommes inféconds en sont porteurs, d'autre part parce que l'opération comporte peu de risques, enfin parce qu'il y a peu de raisons que la situation préexistante en soit aggravée. Mais nous avons vu que l'efficacité et donc les indications de ce traitement sont remis en question [1]. Dans ce cas encore, il conviendrait de peser soigneusement le prix (psychologique et économique) de cette intervention qui donne aux couples un espoir souvent déçu : le couple devra alors refaire une nouvelle fois le « travail de deuil » de la fertilité du mari. Il s'agit là d'une notion psychologique capitale et qu'il convient de ne pas manier n'importe comment. Il est peu habile de dire à un homme : « Vous êtes stérile » ; puis : « Voici un espoir non négligeable de guérison », pour devoir finalement ajouter : « Ça ne marche pas, vous n'avez plus qu'à recourir à l'insémination artificielle avec donneur. »

1. Voir p. 90.

Les opérations urogénitales visant à rétablir la perméabilité des canaux spermatiques

Le diagnostic clinique d'obstacle peut être fait très simplement. Quand à la fois l'examen (de l'homme) est normal, qu'il n'y a pas de spermatozoïdes dans l'éjaculat, et que la commande hormonale de la spermatogenèse est intacte (ce qu'un simple dosage hormonal précis peut affirmer), il s'agit alors d'une azoospermie excrétoire, c'est-à-dire qu'il existe un obstacle sur les voies excrétrices. L'exploration chirurgicale à visée diagnostique est alors nécessaire pour préciser la topographie des lésions ; celles-ci sont souvent malheureusement inaccessibles à un traitement (les obstacles situés dans le testicule lui-même ou à son voisinage immédiat ne sont en effet pas opérables). Les progrès les plus importants au plan de la fécondité ont été réalisés dans les opérations visant à reperméabiliser les canaux déférents d'hommes qui avaient été vasectomisés dans un but contraceptif ; à cet égard les techniques de microchirurgie (interventions réalisées sous microscope à l'aide d'instruments adaptés à un champ opératoire infra-visible) constituent un progrès certain, applicable à d'autres cas que celui de la vasectomie. Mais on observe dans bien des cas que reperméabilisation n'est pas synonyme de fécondité effective (la spermatogenèse ayant probablement été atteinte par la première opération).

Les traitements chirurgicaux féminins

La chirurgie réparatrice ou reconstructive des trompes

Il est probable qu'une grande partie de l'expérience acquise par les chirurgiens français tient à l'habileté dont ils ont su faire preuve dans le traitement des séquelles des avortements provoqués. Aujourd'hui la fréquence des étiologies des obturations ou altérations des trompes a quelque peu changé, et les maladies sexuellement transmissibles et les stérilets sont maintenant — hélas ! — les principaux pourvoyeurs de la chirurgie. Précisons donc au passage qu'il ne faut pas voir dans l'attitude de certains médecins réticents à la pose de stérilets chez certaines très jeunes femmes une atteinte à la liberté de la patiente à exercer un choix contraceptif, mais une forme de prévention de l'infection des trompes. La pratique systématique d'hystérographie, voire de cœlioscopie après la guérison clinique d'une salpingite, apparaît pour beaucoup de médecins une mesure prophylactique. Ce bilan, surtout s'il nécessite une hospitalisation, peut paraître lourd, tout particulièrement en l'absence manifeste de désir de grossesse. Mais en matière d'atteinte tubaire, la précocité d'un traitement chirurgical est parfois le meilleur garant de son efficacité. Poser une bonne indication chirurgicale, c'est savoir apprécier le risque pour la patiente qu'il y a à ne pas intervenir. Il faut savoir que sur les 500 000 couples français actuellement considérés comme stériles, *le quart le sont à cause d'une obstruction des trompes de la femme* ; 8 000 réparations tubaires sont traitées chaque année en France. Le taux de succès est environ d'un tiers [1].

L'induction de l'ovulation

La femme porte tous ses œufs dans son panier ovarien dès sa naissance et même avant [2]. Ces œufs sont stockés dans des sphères

1. Propos de M. Sournia, ancien directeur général de la Santé, *Le Monde*, 8 octobre 1982.

2. Le capital folliculaire va en s'amenuisant : la gonade de l'embryon contient environ 2 millions de follicules. A la naissance, l'ovaire du bébé fille en contient encore de 200 000 à 400 000. A la puberté et durant toute sa vie sexuelle, la femme ne « pondra » au maximum que 400 œufs.

creuses réparties à la surface des deux ovaires. Chaque mois, dès la puberté, une série de sphères se mettront à grossir, mais une seule sphère atteindra la taille d'une petite cerise enkystée sur la surface ovarienne : c'est le follicule qui, une fois mûr, éclatera tandis que l'œuf, libéré, sera aspiré par le pavillon, en forme de cornet, de la trompe voisine pour aller au travers de celle-ci à la rencontre d'un éventuel spermatozoïde. C'est ainsi que l'on observe « la ponte ovulaire » à travers l'oculaire du cœlioscope chirurgical. Certaines commandes qui président à ce phénomène sont maintenant bien connues, en particulier les boucles de contrôle qui à la manière de « circuits imprimés » unissent les ovaires (ou les testicules) au cerveau. La région du cerveau où sont branchés ces circuits est l'hypothalamo-hypophyse.

Ce poste de commande peut présenter des ratés, l'ovulation n'a pas lieu tous les mois. Or, depuis une quinzaine d'années on dispose de médicaments puissants capables de régulariser l'ovulation : ce sont les *inducteurs de première catégorie*, qui stimulent les structures existantes. Les troubles de l'ovulation sont fréquents, la plupart des *stress* émotionnels peuvent la perturber, c'est connu.

Mais le poste de commande hypophysaire peut aussi être totalement paralysé ; le médecin décide alors de « s'en passer » et d'agir directement sur les follicules ovariens, grâce à deux hormones de synthèse qui court-circuitent le circuit hypophyso-ovarien puisqu'il ne peut être réactivé par les inducteurs de première catégorie. On a même la possibilité de pratiquer l'induction complète de l'ovulation qui permet — en principe — de faire *ovuler une femme sur commande*, la commande médicale évidemment...

Comment procède-t-on ?

Deux hormones sont utilisées en séquence. La première, HMG [1], permet d'obtenir la maturation folliculaire, la deuxième, HCG [2], déclenche la ponte ovulaire. Le maniement de HMG-HCG n'est pas

1. Human menopausal gonadotrophine, hormone ainsi nommée parce qu'elle fut extraite pour la première fois dans l'urine de femmes ménopausées.

2. Human chorionique gonadotrophine, hormone présente en grande quantité dans le placenta, qui fut extraite d'abord dans l'urine de femmes enceintes.

simple : s'agissant d'une thérapeutique substitutive, faisant fi des mécanismes fins de régulation, *l'effet d'HMG-HCG est brutal et difficile à maîtriser*. La croissance folliculaire peut s'emballer, le follicule risque d'atteindre alors une dimension impressionnante (jusqu'à la taille d'un ballon) et de se rompre, nécessitant alors une hospitalisation en réanimation chirurgicale. Le nombre de follicules « recrutés » par le traitement est, de plus, presque toujours supérieur à un. Il y a donc également risque de fécondations multiples (cf. les naissances de triplés, voire de quintuplés périodiquement rapportées par la presse) ; et surtout, en cas de mûrissement de trop nombreux follicules, il arrive souvent qu'aucun n'arrive à maturation complète, c'est alors l'échec. Les risques restent identiques lors de la répétition du traitement le mois suivant. Il existe, heureusement, quelques « garde-fous ». Le gynécologue, grâce au toucher vaginal, peut apprécier la taille des ovaires et il utilise deux séries d'examens paracliniques pour éviter les accidents :

— les dosages hormonaux qui sont le reflet dans les urines ou dans le sang de la secrétion globale des follicules entraînés par le traitement ;

— l'échographie folliculaire [1] d'utilisation récente qui permet de voir le nombre et la taille des follicules au cours du mûrissement. Méthode ultra-sophistiquée, le « monitorage » de l'ovulation, c'est-à-dire la surveillance clinique et biologique minutieuse d'un *cycle totalement construit*, ne peut avoir lieu que dans une grande ville, équipée de laboratoires hautement spécialisés et d'échographistes entraînés, et à condition que le médecin et sa patiente habitent dans cette même ville... Quant au coût... Disons qu'il est très lourd pour la société et pour le couple.

Voyons dans le détail le scénario de fécondité à tout prix et partons de la case « départ ». Le début des règles, qu'il soit spontané

1. L'échographie est une méthode absolument indolore et sans danger connu d'enregistrement de la vitesse de propagation des ultra-sons dans différents milieux de densité variable : on peut ainsi mesurer puis « voir », grâce à la traduction électronique de ces mesures sur un écran, les différents organes du corps. Utilisée depuis plusieurs années en obstétrique, elle permet aujourd'hui dans certaines conditions de « voir » les follicules mûris à la surface des ovaires.

ou provoqué par un médicament, donne le « top » de la course de fond que va entreprendre la patiente. Comme le déroulement d'un film qui s'accélère jusqu'à la pantomime, toutes les étapes doivent rester synchronisées :

1. examen gynécologique au cabinet du médecin (ou à l'hôpital),
2. injection intramusculaire d'une certaine dose d'HMG,
3. dosage hormonal le lendemain à l'aube au laboratoire,
4. résultat transmis par téléphone à 17 heures au médecin,
5. prescription téléphonique de la dose à injecter à la patiente,
6. et la séquence recommence...

Puis on insère un plan supplémentaire : l'échographie. Le film dure alors douze jours, parfois plus :

1. Lorsque le follicule paraît mûr, bien préparé par un apport d'HMG, à point, pas trop gros, le gynécologue *décide* de le faire éclater grâce à l'injection de la deuxième hormone : HCG.

2. Il *prescrit* également à la femme d'avoir des relations sexuelles avec son mari de 24 à 36 heures après cette dernière injection.

3, 4, 5. La surveillance biologique et clinique continuera de la même façon, *les chances de succès augmentant* dans un premier temps au moins, *parallèlement au risque d'accident*...

Fin du film : la patiente épuisée mais euphorique viendra brandir sa courbe de température avec un plateau hyperthermique supérieur à vingt jours, et le gynécologue, satisfait, confirmera la grossesse par un énième toucher vaginal. On pense à la scène « d'amour » en accéléré dans *Orange mécanique* ! Quel amour en effet ! « Folamour » ?

Autre fin : c'est l'échec, pas de grossesse... Le même film va donc se dérouler le mois suivant. Remarquons que la lourdeur mais aussi la puissance du traitement *condamne* [1] littéralement l'*association médecin patiente à réussir*, c'est-à-dire à obtenir au moins une ovulation, et, pour peu que le mari (personnage très falot sur cette scène) ait pu accomplir sa « part de travail » comme prescrit, une

1. Avec toute l'ambivalence du terme.

grossesse récompensera le labeur de nos trois personnages, mais une grossesse chère [1]...

Il y a des cas mi-comiques mi-dramatiques ; des maris téléphonent, affolés, disant : « Je n'y arrive pas, docteur et ça va être trop tard... combien d'heures avons-nous encore pour que je puisse récupérer ? » Mais la défaillance sexuelle ne fait pas partie du risque programmé de l'induction d'ovulation...

Pour un peu, les gynécologues aimeraient bien se passer de ce personnage qui vient détraquer cette admirable mécanique ! Cela arrive d'ailleurs bel et bien : le médecin peut — il est parfois tenté de le faire — réaliser des inséminations avec donneur combinées à une induction d'ovulation. Les statistiques manquant, nous ne pouvons pas savoir quelle option est plus efficace. Gageons que les maris qui fonctionnent sur commande ont encore leur chance...

Il faut souligner avec fermeté que les traitements par HMG/HCG ne sont indiqués que pour un très petit nombre de femmes, dont l'activité ovarienne (décelable par les dosages hormonaux) est pratiquement nulle, et pour lesquelles tous les autres types de stimulation de l'ovulation ont échoué. Pourtant certains médecins n'hésitent pas à entreprendre de telles séquences de traitement dans le simple but d'améliorer l'ovulation de femmes *qui ovulent pourtant spontanément*. L'extension *abusive* de tels traitements nous paraît relever d'un acharnement thérapeutique dangereux, tant au plan physique qu'au plan psychologique.

Les médecins, d'ailleurs, ne s'y trompent pas : dans le « jargon-gynéco », on parle de « viol à l'humégon »... L'acharnement thérapeutique, on peut ou non le déplorer, est devenu banal en médecine : l'exemple des vieillards grabataires dont on prolonge la vie

1. Les résultats ne sont pas inintéressants dans l'ensemble : il y a environ 80 % d'ovulation, et 30 % à 40 % de grossesse. Cependant outre les risques d'hyperstimulation, le risque d'avortement spontané est majeur : une fois sur quatre en moyenne. Quant au coût financier, il est le suivant : une ampoule d'HMG coûte environ 46 francs, une injection comporte deux ou trois ampoules ; en moyenne quinze ampoules sont nécessaires, mais une dose de trente ampoules n'est pas un cas extrême. Cela donne — si l'on fait le calcul sur la base de 8 cycles — une somme de 60 000 francs : médicaments (remboursés à 100 %), frais d'analyses, honoraires des divers médecins, échographies, etc.

dans n'importe quelles conditions en est un exemple attristant. Mais, dans ces ovulations forcées, il y a pire que de l'archarnement. « Condamner » en effet une femme à ovuler, c'est refuser absolument de prendre en compte les raisons profondes qui sont à l'origine de cette anovulation, c'est nier les résistances inconscientes de cette patiente. Or, on le sait, nier les résistances de quelqu'un revient en réalité à les renforcer ou à les déplacer. A moins que, parallèlement, un travail d'élaboration mentale du fonctionnement psychique (et de sa traduction somatique) puisse avoir lieu.

Or ce n'est évidemment pas par hasard qu'une femme n'ovule pas (ou plus). Sans vouloir entrer dans le détail des interprétations psychanalytiques, constatons que, d'un seul point de vue phénoménologique, ces femmes qui n'ovulent pas et qui se font, dans le même moment, soigner pour stérilité sont dans une situation paradoxale : elles affichent bien haut leur désir d'enfant, font de nombreux sacrifices dans ce but, mais, en même temps, se comportent comme si elles n'en voulaient pas (s'il n'y a pas de ponte ovulaire en effet, il n'y a pas de « risque » de grossesse). Et c'est bien de *risque* qu'il s'agit en général pour ces patientes, risques ou peurs dont elles ne sont évidemment pas conscientes et pour lesquels il n'existe, au demeurant, nulle explication linéaire et simpliste du style de ces « interprétations sauvages » que l'on entend souvent.

Dans ces conditions, les faire ovuler malgré elles, c'est nier la réalité de leur conflit psychique, c'est renforcer leurs rationalisations conscientes et défensives. Mais c'est aussi, dans bien des cas, les condamner à un échec lourd et répétitif qui ne fera que les enfoncer dans leur cercle vicieux.

Quelle est en effet la suite du scénario de l'ovulation forcée ? Trois cas peuvent se présenter :

— après (x) traitements, il n'y a toujours pas eu ovulation ; la lourdeur du dispositif, de l'investissement des médecins et des patients, etc. constitue alors elle seule la signature de l'échec de l'association femme/médecin, « couple » qui se défait souvent à cette occasion. Mais cela prend parfois longtemps : nous avons vu des femmes qui continuaient la course de fond de l'induction d'ovulation pendant un ou deux ans avec le même médecin ;

— il y a des ovulations « anarchiques » et dangereuses (cf. p. 96), voire très dangereuses, que l'on peut comprendre comme un déplacement de symptôme (de l'anovulation à l'hyperovulation par exemple) ou comme un passage à l'acte auto-agressif ;

— il y a parfois une « bonne » ovulation qui donnera lieu à une fécondation (de 30 % à 40 % des cas, en taux cumulatifs, on l'a vu).

Mais l'histoire ne s'arrête pas là : une fois sur quatre, ce début de grossesse se solde par un avortement spontané, comme si la femme se refusait à cette « grossesse-viol ». Quant aux grossesses menées à terme [1], on peut nourrir quelques doutes sur les conditions dans lesquelles va pouvoir se faire l'investissement maternel pour un bébé conçu dans des conditions pour le moins bizarres. L'enfant ne risque-t-il pas de devenir le « mauvais objet », support tout trouvé des projections de sa mère, signature lui aussi de ces années d'échec et de refus de fonctionnement du corps. Lorsqu'on a une écoute analytique des femmes qui deviennent enceintes après de longues années de tentatives infructueuses, on entend parfois s'exprimer des sentiments peu amènes, voire agressifs à l'égard de ce bébé qui « en a tellement fait baver ses parents », « qui s'est tellement fait attendre ». Cela n'a rien d'anormal. Il n'empêche que la clinique pédo-psychiatrique des désordres psychosomatiques du nourrisson fait apparaître des anamnèses de la relation mère-enfant qui rencontrent celles de mères stériles traitées « avec succès »... [2] Coïncidence troublante et qui ne pousse guère à l'activisme. Les gynécologues qui écoutent un tant soit peu les couples inféconds qui viennent les consulter repèrent d'ailleurs très bien l'ambivalence des propos ou des conduites de leurs patients. Ils connaissent également l'influence des *stress* émotionnels, récents ou très anciens, sur le fonctionnement du corps. Tout cela n'a rien de mystérieux pour

1. Il y a aussi de ces grossesses qui se terminent par des accouchements prématurés. Nous manquons ici de données chiffrées.

2. Cf. L. Kreisler, M. Fain, M. Soulé, *L'Enfant et son corps*, Paris, PUF, 1978.

eux : rappelons ici ce qui a été dit plus haut sur le fonctionnement des « boucles de contrôle » qui unissent les ovaires au cerveau. Et pourtant, tout se passe comme si les médecins se trouvaient envahis par un fantasme mégalomaniaque qui les poussait à vouloir « débrancher », « court-circuiter » l'hypophyse, *transformant ainsi leur patiente de l'état de femme à l'état d'animal*, telle une poule pondeuse qui ovulerait au signal. Sorte de version moderne des contes de fées dans lesquels la fée (bonne fée, sorcière, ou « bon gynécologue » suivant les cas) transformerait selon son bon plaisir de jolies jeunes femmes en chien de Pavlov ou l'inverse ! Nous ne critiquons d'ailleurs pas le droit des gynécologues d'avoir des fantasmes. Mais ce qui nous semble ici étonnant, c'est le côté dérisoire et inefficace de cette volonté de toute-puissance : en dépit en effet des moyens les plus sophistiqués, on ne peut pas transformer contre son gré une femme en animal (chienne, poule ou vache, qu'importe). Il n'y a rien de plus résistant qu'un symptôme ; et l'anovulation en est un des plus coriaces !

Prenons, pour mieux comprendre ce qui se joue ici, un exemple tiré d'un domaine très proche : celui de *l'anorexie mentale* chez la jeune fille. L'anorexie, accompagnée le plus souvent d'aménorrhée (absence de règles) donc d'anovulation, a été très bien étudiée par pédiatres et psychiatres. Or si l'on se réfère à la clinique de ce symptôme, on peut comparer le scénario d'induction d'ovulation chez la femme à un scénario identique qui consisterait à intuber une adolescente anorexique que de cette façon l'on nourrirait de force. Quel médecin se permettrait, à l'heure actuelle, sauf cas très exceptionnel où un pronostic vital est en cause [1], une telle attitude ?

Les gynécologues auraient tout intérêt à renouer avec ce parallélisme anorexie/aménorrhée/anovulation : il donne beaucoup à comprendre.

L'intérêt d'un travail en équipe est précisément de traiter ces cas complexes avec des outils thérapeutiques adéquats. Pour notre part,

1. Il ne faut tout de même pas oublier qu'à la différence de l'anorexie mentale, la stérilité est une « maladie » particulière, car la vie de la patiente n'est pas en cause.

la collaboration gynécologue-psychanalyste que nous pratiquons nous a permis d'y voir plus clair et d'avoir des résultats intéressants.

Nous allons envisager maintenant une étape de plus dans la médicalisation de l'infertilité. Non que cette étape fasse appel à une technique plus complexe ; bien au contraire, on va le voir : tout cela « nage » dans la simplicité. Mais parce que, à notre sens, couple et médecin vont cette fois tenter de faire l'enfant ensemble, non plus seulement « à distance » comme dans les indications d'ovulation, mais « sous le même toit ».

Les inséminations artificielles intraconjugales (ou IAC)

Le principe en est simple. Le médecin inséminateur dépose le sperme du mari à l'aide d'une sonde ou canule très fine dans la glaire qui sourd du col de l'utérus au moment de l'ovulation. Auparavant le mari doit évidemment recueillir son sperme par masturbation dans un récipient. Ce recueil peut se faire au cabinet médical ou au domicile du couple si le délai pour acheminer le sperme est inférieur à deux heures. Imaginons cette fois une variante du film *la Traversée de Paris* : un couple, prenant bien soin de ne pas renverser le pot de yaourt qui contient la précieuse semence du mari, se hâte dans les embouteillages jusqu'au domicile du médecin. Un scénario (bis) est souvent recommandé : il faut alors recueillir le début de l'éjaculat dans un premier flacon numéroté à cet effet, et le reste dans le deuxième ; on obtient ainsi d'une façon simple (!) une meilleure concentration des spermatozoïdes dans la première fraction de l'éjaculat, le sperme du début de l'éjaculation provenant, dans la plupart des cas, des glandes de stockage les plus riches. Inutile d'insister sur le très grand *self-control* nécessaire à cette opération…

Grâce à la courbe de température, on détermine tout d'abord la période fertile en faisant la moyenne des « points bas » de la courbe de température de deux à trois cycles complets. Le « bon jour » est confirmé par l'examen au spéculum qui permet de voir le col bien ouvert et duquel sort une glaire claire et brillante ressemblant classiquement à un blanc d'œuf cru [1]. Le sperme est alors déposé au contact de la glaire et maintenu en place par une cupule en plastique qui vient adhérer au col de l'utérus. Cette cupule est munie d'un fil qui sort à l'extérieur du vagin à la manière de la cordelette d'un tampon périodique. Il permet à la femme de la retirer quelques heures plus tard. Comme la voûte ou le diaphragme vaginal contraceptif, cette cupule ne gêne en rien la marche ni aucune fonction naturelle. Si le repérage du « bon jour » n'est pas aisé, en particulier si la glaire du col n'apparaît pas de bonne qualité, on peut répéter l'insémination le lendemain, vingt-quatre heures d'abstinence étant nécessaires et suffisantes pour s'assurer d'un sperme de concentration à peu près identique en spermatozoïdes.

L'histoire ne dit pas comment l'homme et la femme du couple se débrouillent pour demander à tout bout de champ un congé d'une demi-journée à leur employeur. Ou plutôt disons qu'il existe deux cas de figure :

1. l'employeur sait tout (quelques autres personnes aussi) ; mais il faut pouvoir le supporter...

2. l'employeur ne sait rien et alors il faut avoir en réserve un stock d'histoires plus ou moins rocambolesques à raconter.

C'est une technique très simple, on le voit, que celle de l'IAC (si on ne tient pas compte des *impedimenta* que nous venons d'évoquer), répétable plusieurs cycles de suite en cas d'échec, et ne nécessitant dans la plupart des cas qu'un seul examen gynécologique par mois.

Quant à son intérêt théorique, il est assez pragmatique puisqu'il ne s'agit que de donner un « coup de pouce » aux spermatozoïdes du mari : le repérage assez précis de la période ovulatoire (courbe de température et examen au spéculum) permet donc de « pousser » de

1. On en revient toujours, dans le vocabulaire ou dans l'imaginaire, à l'équivalence femme/poule.

nombreux spermatozoïdes dans la glaire (surtout si l'on fractionne l'éjaculat) et de leur éviter l'acidité du vagin. On peut ainsi espérer qu'à la manière des saumons remontant une cascade, une équipe plus nombreuse de spermatozoïdes ira à la rencontre de l'ovule qui les attend dans la trompe [1]. Cette fois-ci, c'est Woody Allen qui n'est pas loin [2].

Les indications médicales sont *mal définies, probablement trop larges*, si l'on considère la mode dont cette technique fait l'objet actuellement. Elle a été remise en vedette par le développement des inséminations avec donneur dont elle utilise le geste technique. Pourtant, elle est sûrement pratiquée depuis très longtemps par des médecins qui, pour des raisons de prudence, n'ont pas publié de résultats (interdits religieux, etc.). Il est probable qu'elle a également permis certains « détournements » : (un éjaculat ressemblant fort étrangement à un autre éjaculat (!) : injection de sperme d'un amant par exemple, voire celui du médecin lui-même [3]. On peut passer ainsi, insensiblement et sans le dire au couple (ou en le taisant à l'un des partenaires *seulement*...) à l'IAD ; nous y reviendrons. Aujourd'hui, aseptisée et médicalisée dans le sillage de l'IAD, l'IAC revient au grand jour dépouillée de sa réputation quelque peu sulfureuse. Elle y perd de son mystère mais peut-être aussi de son efficacité thérapeutique. Elle garde toutefois son côté sportif pour le couple !

Les résultats d'IAC publiés sont contradictoires et décevants, en raison de l'hétérogénéité des couples traités. Dans les indications, on trouve tous les degrés d'insuffisance spermatique : du sperme pratiquement normal (et dans ce cas pourquoi le médecin propose-t-il des IAC ?), à l'azoospermie presque complète (alors si le mari est stérile, pourquoi ne pas le lui dire ?). A l'évidence, la majorité des

1. On peut inséminer « plus haut » directement dans l'utérus. Mais cette technique, quoique logique, ne donne pas de bons résultats. Outre qu'elle est douloureuse, elle présente des risques d'infection utérine possibles, pouvant déclencher un processus immunitaire d'autodéfense qui détruit les spermatozoïdes.

2. Cf. le film *Tout ce que vous avez toujours voulu savoir sur le sexe*...

3. Cf. le roman de Milan Kundera, *La Valse aux adieux*, Paris, Gallimard, coll. « Folio », 1976 ; ainsi que l'article scientifique de Grégoire et Mayer, « The impregnators », *Fert. Steril.*, 16, 130, 1965.

indications se situe entre ces deux extrêmes, mais cela n'apporte guère de clarté supplémentaire. De plus, on y trouve des indications féminines (celles qui concernent toutes les insuffisances de glaire dans lesquelles notre ignorance est presque aussi importante que pour toute l'infécondité masculine réunie), voire des indications masculines et féminines conjointes. Bref c'est un *« fourre-tout » thérapeutique*. Quand on ne sait pas quel traitement prescrire, on a tendance à proposer des IAC, cela va occuper le couple et le médecin pendant un moment, et des grossesses pourront survenir, on ne sait jamais... A telle enseigne que, pour notre part, après en avoir pratiqué beaucoup, nous avons l'impression (nos chiffres ne sont pas encore publiés) qu'il survient plus de grossesses *dans les mois qui suivent l'abandon des inséminations* que pendant la pratique de celles-ci... Cela fait penser à une sorte de « rite initiatique » qui permettrait à certaines grossesses de survenir. Nous n'estimons pas en tout cas que l'interprétation superficielle de quelques succès justifie l'espoir que certains couples mettent dans l'IAC, le vivant comme la panacée, le remède miracle, la « dernière cartouche » avant un verdict de stérilité.

Nous pensons au contraire que le principe même des IAC repose une fois de plus sur un *paradoxe* : au moment précisément de la période fertile du cycle, *le couple remplace les rapports sexuels par une intervention médicale*. De fait, de nombreux patients nous ont « avoué », souvent bien après les IAC, qu'ils s'interdisaient d'avoir des relations sexuelles juste après le moment où nous pratiquions les inséminations, les raisons invoquées étant la peur de faire bouger la cupule, et plus généralement, de « déranger quelque chose ». Soulignons au passage que, bien entendu, aucune raison médicale n'interdit les rapports, mais nous avons remarqué que, lors des séances d'insémination, les relations sexuelles sont rarement évoquées, aussi peu par les patients que par le médecin : autorisation ou interdiction, rien n'est dit. Silence très significatif : comme s'il était gênant pour tous les protagonistes de penser que cet enfant était tout de même le produit du couple. Et c'est ainsi que les candidats parents ne peuvent même pas se permettre de penser qu'ils font l'enfant tout seuls. L'agi tue le fantasme, on le sait, et la situation de l'IAC appartient par essence au registre de l'opératoire, lieu où ni la tête ni le sexe n'ont vraiment de place. Bizarre tout de même quand il s'agit de procréation !

Et curieux revers de la médaille que le cas de l'IAC qui se trouve tenir la place symétrique et inverse de celle de la contraception moderne : cette dernière avait en théorie permis de dissocier pratique sexuelle et idée, désir, ou peur de procréer. L'IAC, elle, a dissocié la procréation de l'idée même de sexualité.

Il existe un autre phénomène, spécifique de l'IAC. Pour peu que médecin et couple soient d'accord, cette situation peut permettre à un couple qui a un problème sexuel (vaginisme [1] chez la femme par exemple, impuissance ou éjaculation précoce chez l'homme) de le colmater — non de le résoudre — « à bas bruit » en offrant à autrui, et à eux-mêmes parfois, une sorte de gage de « normalité » : la procréation. Le « service » rendu alors par le médecin est pour le moins ambigu : il *entérine une situation* — le problème sexuel — qui ne sera que *confortée* par la naissance d'un enfant et dont, sauf aide ou événement extérieurs, le couple aura toutes « chances » de ne pas se sortir. Qu'on nous comprenne bien : il ne s'agit pas pour nous d'un fantasme de normalisation de la vie sexuelle des individus : c'est *la caution médicale à un aménagement personnel* (névrotique ou pervers, peu importe en l'occurrence) que nous mettons en cause.

C'est ainsi que certains médecins se laissent (trop) volontiers berner par l'astuce de certains couples. Donnons-en quelques exemples :

Le couple « Jet »

M. X est pilote sur long-courrier. Mme X, qui connaît apparemment bien les différents circuits de la « fertilité médicalisée », s'adresse à un CECOS (banque de sperme) en expliquant qu'elle

1. Contraction involontaire des muscles pelviens qui empêche toute pénétration sexuelle.

voudrait un rendez-vous pour son mari afin qu'il fasse un recueil de sperme, puis une congélation (nécessaire à la conservation). Elle précise qu'ils désirent un enfant, mais que, son mari étant souvent en voyage, il est exceptionnel qu'il soit là le « bon jour » et que les chances de fécondation sont donc archifaibles. Elle annonce qu'elle viendra chercher les paillettes de sperme de son mari et ira donc, seule, le « bon jour », chez le gynécologue pour faire pratiquer les inséminations. C'est ce qu'on pourrait appeler *l'IAC de convenance* [1], la congélation du sperme permettant, en outre, de différer *ad libitum* la date d'utilisation des paillettes [2]... En apparence, le raisonnement est logique, mais en apparence seulement. Qu'est-ce qui se cache en effet derrière cette pseudo-incompatibilité des calendriers ? Pour pouvoir évaluer ce type de demande, il faut d'abord voir *les deux membres du couple* et savoir les écouter. La médecine a-t-elle vraiment sa place dans cette affaire ? Qu'y a-t-il donc à soigner dans ce cas, sinon peut-être une mésentente conjugale ? Il s'agit ici d'un exemple parmi d'autres des écueils de la médicalisation à tout crin d'un acte a priori relativement naturel : la procréation.

Voici deux autres observations qui illustrent d'une manière différente le clivage sexualité/procréation induit par l'IAC :

Un mariage blanc

Un couple marié depuis 10 ans vint nous consulter. Lui était impuissant depuis environ 15 ans, elle était toujours vierge. Ils

1. Qui ressemble étrangement à l'IVG de convenance... On pourrait imaginer une histoire semblable : « M. X., pilote de ligne, a fait par hasard un enfant à sa femme parce qu'il était malheureusement là " le bon jour " et que celle-ci n'allait tout de même pas se contracepter pendant trois semaines pour un ou deux rapports sexuels. Le " caoutchouc " est peu prisé chez les *jet people* qui sont habitués à plus de confort ! Le couple demande donc un avortement, logique puisque précisément neuf mois plus tard ils doivent partir en vacances aux Seychelles... »

2. La femme ou le couple pourront décider d'attendre quelques mois ou années avant de faire pratiquer les inséminations, d'attendre, en somme, un « bon moment » qui risque de ne jamais se représenter... Les décisions rationnelles sont souvent un piège dans le domaine du désir d'enfant.

désiraient maintenant un enfant. Le mari était en psychothérapie, et son thérapeute, disait-il, ne s'y opposait pas. Après nous être nous-mêmes interrogés, nous acceptâmes la demande. Le sperme ayant été recueilli par masturbation, une seule insémination fut pratiquée. La grossesse suivit immédiatement et la patiente toujours vierge accoucha d'un beau bébé. Cette observation, survenue dans les débuts de notre expérience, fit naître en nous un certain nombre de questions ayant trait à notre pratique et marqua probablement le début de la réflexion qui sous-tend ce livre.

Colis cadeau pour couples en difficulté

Mme X désire un enfant. Son mari brillant homme d'affaires n'a plus de rapports avec elle, car « cela ne l'intéresse plus ». Pour se prouver qu'elle est encore désirable, Mme X « a pris un amant » ; curieusement celui-ci est pratiquement impuissant avec elle. M. et Mme X sont bien ensemble, c'est pourquoi ils désirent un enfant. « Je désire donc recourir à une insémination, on pourrait conserver le sperme de mon mari, cela lui éviterait de venir consulter. Je suis décidée et prête à aller jusqu'au bout, et si on pouvait utiliser un embryon congelé aujourd'hui, j'essaierais. » C'est ainsi que Mme X résume la situation lors d'un premier entretien. Nous avons demandé que M. X nous consulte. Mme X, surprise, a dubitativement promis de lui transmettre notre réponse. Il n'est jamais venu. Gageons que la proposition de rendez-vous ne lui a pas été transmise.

Mais il est aussi des cas où certains patients sont, à leur insu, manipulés par les positions personnelles des différents spécialistes. En voici un exemple :

IAC ou chirurgie ?

M. C, âgé de 36 ans, est divorcé depuis 4 ans (ses trois enfants sont à sa charge) quand je le vois à propos d'une demande d'IAC, envoyé par un médecin d'un CECOS qui s'interroge sur la démarche de cet homme. Son histoire est la suivante : peu après son divorce, M. C avait été vasectomisé car il ne voulait plus d'enfants (ses filles avaient à l'époque 7, 11 et 13 ans). Deux ans après, il a rencontré une jeune femme âgée de 26 ans, avec laquelle il vit maintenant et qui souhaite un enfant de lui, sachant que son compagnon avait fait un dépôt de sperme avant la vasectomie. M. C dispose en effet de plusieurs dizaines de paillettes de son propre sperme, au CECOS. Je vois ce couple [1], chacun séparément, puis ensemble, pour parler avec eux de ces IAC et du désir d'enfant de chacun d'eux dans ce contexte.

Les inséminations commencent ; cependant au bout d'un an, non seulement la compagne de M. C n'est pas enceinte, mais elle a en outre des troubles importants de l'ovulation au point de dysovuler complètement malgré les traitements. C'est alors que le médecin l'envoie à une « superspécialiste » de l'insémination artificielle.

Notons que personne ne songe à reparler avec elle (avec eux) de la signification de ce symptôme pourtant éloquent ! La gynécologue « superspécialiste » trouva, non sans raison, qu'il était ridicule de continuer les IAC dans ces conditions ; mais en fait, c'était de son aveu même, plus à la vasectomie qu'elle en avait qu'au symptôme : elle trouvait stupide que deux individus non stériles (ou ne l'ayant pas toujours été) aient recours à ce moyen artificiel pour procréer ; elle envoya donc derechef M. C chez un chirurgien — autre que celui qui avait fait la vasectomie — pour tenter une reperméabilisation des canaux déférents... Elle imposa donc à ce couple sa propre proposition antivasectomie, anticonservation, antiréutilisation de paillettes, mais prochirurgie « réparatrice », à un couple qui, depuis le début, suivait religieusement les avis des spécialistes. L'ennui est que chacun de ces médecins a réagi en fonction de son idéologie personnelle sur la question ou de ses angoisses propres (celle du CECOS étant peut-être de voir s'épuiser le stock de paillettes..., fantasme de banquier). Je n'ai personnellement appris tout ceci qu'après l'opération...

1. C'est la psychanalyste qui parle.

Les programmes de fécondation externe (FIVET)

Nous n'évoquerons ici que les possibilités médicales, les développements scientifiques induits par la fécondation *in vitro* en biologie sortant largement du cadre des applications actuelles de l'infécondité.

Les indications les plus fréquentes sont celles des premières patientes de Edwards et Steptoe : stérilité tubaire « isolée » de femmes dont les trompes ne sont pas réparables chirurgicalement et dont le reste de l'appareil génital est normal.

On fait en général une *première cœlioscopie de bilan* qui permet d'inclure ou non la patiente dans une tentative de fécondation *in vitro*, après avoir vérifié que le spermogramme de son compagnon est exempt d'infections. Le seul critère permettant de prévoir la qualité des follicules à ponctionner est l'âge de la femme. L'accord n'est pas unanime sur l'âge limite, mais vers 35 ans la question se pose avec acuité. Le chirurgien devra en décider, compte tenu de la lenteur des protocoles actuels (encombrements hospitaliers) et de l'échec encore si fréquent… (les meilleures équipes annoncent des taux de succès allant de 5 à 15 % ou, si l'on veut, des taux d'échec de 85 % environ !). C'est dire que, pour l'instant, il s'agit d'un espoir encore très limité et très onéreux [1]. Il n'empêche que tant l'aspect sensationnel de cette « nouvelle victoire sur la stérilité » que les horizons ouverts par les développements des programmes FIVET [2] donnent une ample matière à réflexion, centrale par sa problématique dans notre propre réflexion.

1. Le coût de la naissance d'un enfant à la suite d'une fécondation *in vitro* a été estimé autour de 13 millions de centimes (130 000 F), chiffre calculé en tenant compte du taux de réussite le plus favorable. A titre de comparaison, on peut prendre le coût de la technique microchirurgicale de reperméabilisation des trompes, soit 10 000 F (avec un taux de succès de 30 %), soit en réalité un investissement de 30 000 F par femme opérée avec succès. Il y a chaque année plus de 8 000 réparations tubaires effectuées en France.
2. FIVET : Fécondation *in vitro* et transplantation.

Il existe d'ailleurs d'autres indications que celles de la stérilité tubaire, notamment des *indications masculines*. Il est intéressant de déposer dans une « éprouvette », directement sur l'ovocyte, des spermatozoïdes à mobilité diminuée, ceci pour au moins deux séries de raisons :

— d'abord et avant tout pour tenter d'obtenir des grossesses avec un mauvais sperme (mais qui est celui du mari !) ;

— mais aussi, dans un but de recherche, pour mettre au point des critères objectifs de fécondation des spermatozoïdes, la seule épreuve de leur fécondance restant, on l'a dit, encore et toujours *la grossesse*.

En France, la plupart des chirurgiens gynécologues qui tentent la fécondation *in vitro*... sont « hospitaliers », « plein-temps » ou non. Ils réservent une partie de leur service à cette technique et doivent s'assurer la collaboration de biologistes compétents et disponibles qui se chargeront de la fécondation. Cela suppose l'existence d'« unités » capables de fonctionner 24 heures sur 24 pour réaliser ce qu'on appelle les programmes FIVET. Les patientes, « sélectionnées » à l'avance, sont donc incluses dans le projet suivant le protocole du moment (compte tenu de conditions encore expérimentales, les protocoles sont variés) pour tentative de fécondation *in vitro* et réimplantation utérine de l'œuf fécondé.

A l'hôpital, on induit et on contrôle la maturation folliculaire complète sous surveillance [1] hormonale et échographique ; 34 heures après l'injection d'HGC [2], le ou les follicules mûrs sont ponctionnés par cœlioscopie sous anesthésie générale. La fécondation a alors lieu en laboratoire, avec les spermatozoïdes du mari. Le processus de fécondation lui-même est maintenant bien au point (son rendement

1. L'induction systématique de l'ovulation est encore discutée dans ce cas mais elle permet de préparer le recueil de plusieurs ovocytes et présente l'avantage de programmer le mûrissement folliculaire et donc la cœlioscopie à quelques heures près, ce qui, surtout dans une structure hospitalière assez lourde, n'est pas négligeable (service de nuit etc.).

2. Cette injection est destinée à induire le corps jaune qui permettra le maintien d'une éventuelle grossesse. L'ovocyte étant prélevé, il faut que le cycle féminin soit toujours synchrone, c'est-à-dire que la muqueuse utérine soit « à l'heure » lorsqu'on lui « rapportera » un œuf fécondé à l'extérieur.

est d'environ 80 %). L'œuf commence à se diviser ; entre deux et huit cellules, il est alors prélevé puis, à l'aide d'une canule très fine, introduite par l'orifice cervical. Il sera soufflé doucement dans l'utérus : c'est la réimplantation. Si l'œuf, conformément à sa destination, se nide dans la muqueuse utérine, la grossesse débute. Elle est détectable dès ce stade par dosage hormonal dans le sang de la mère. Réimplantation, nidation, début de grossesse sont des étapes encore mal connues dont les « rendements » sont pauvres. Beaucoup de grossesses avortent rapidement. Celles qui arrivent à terme sont encore rarissimes [1].

Les services hospitaliers français où les programmes FIVET sont appliqués présentent une activité fiévreuse, comme une sorte de « mobilisation générale ». Un projet commun paraît animer infirmières, médecins et patientes. C'est un facteur de créativité. C'est toute l'équipe qui fait un enfant « à l'aide d'une patiente », mais bien peu connaissent le mari !

La femme est donc *hospitalisée pour être fécondée*. La fécondation a lieu dans « un lit d'hôpital », ce qui, sauf accident... n'est pas habituel. Le processus d'acharnement thérapeutique bat ici son plein. Les femmes hospitalisées « prêtent leur corps » à la science, espérant que celle-ci la « remplira » d'un bébé. Celui-ci sera conçu (comme dans l'IAC et l'IAD) sans rapport sexuel. Il n'y a même plus de « péché d'Onan », la masturbation masculine sert enfin à faire des enfants ! Tant d'efforts pour deux gamètes... Et pour un rapport coût/résultat encore très faible, on l'a vu.

C'est donc en grande partie à tort que les *media* ont agité le drapeau du sensationnel à propos de la fécondation *in vitro*, laissant supposer qu'il s'agissait là de l'aube d'une nouvelle façon de donner la vie. Si prouesse il y a, c'est *d'un exploit purement technique qu'il s'agit*, celui de la réimplantation de l'œuf, de sa nidation et de la menée d'une grossesse à terme, suivie d'une naissance normale. Il

1. Elles resteront sans doute rares : on se souvient qu'en fécondation naturelle près de 50 % (cf. IIe partie, chap. 2, p. 69) des œufs fécondés vont avorter. On peut donc prévoir à l'avance qu'il y aura un maximum de rendement qui ne pourra être dépassé dans les fécondations *in vitro*.

s'agit là pour l'instant d'une victoire uniquement médicale sur une pathologie de l'un des organes féminins de la reproduction : les trompes. Si le taux de succès de ces interventions augmente, il y aura alors un espoir réel pour les milliers de femmes dont les trompes sont obstruées. Ce sera un traitement chirurgical de plus dans l'arsenal de la chirurgie réparatrice féminine [1].

Mais il convient d'insister sur le fait que, mis à part ce brillant résultat technique, il n'y a rien dans ce mode de reproduction de l'espèce humaine qui ait quoi que ce soit de sensationnel. Ce sont les gamètes du futur père et de la future mère qui sont en cause. Il n'y a aucun soupçon d'apport « extérieur ». Tout est transparent. Quant à l'hypermédicalisation du système, on aurait mauvaise grâce à l'incriminer : elle est tout simplement indispensable et n'est en rien comparable à la situation des inductions d'ovulation ou des IAC, par exemple, situations dans lesquelles la médicalisation est discutable, au nom d'un activisme douteux. Une femme n'a pas forcément besoin d'inducteurs pour ovuler ; elle a en revanche forcément besoin d'une intervention médicale pour avoir une fécondation *in vitro* puis une réimplantation !

Gageons que c'est sans doute en raison d'une fantasmatisation science-fictionniste en matière de reproduction que les *media* se sont emparés du « bébé-éprouvette ». On est parti d'Aldous Huxley (sans toujours savoir ce qui est écrit dans *le Meilleur des mondes*) en y greffant un peu de l'histoire des « bébé-Nobel », pour annoncer une « révolution » dans la manière de faire les enfants !

Pour notre part, nous voyons dans cet engouement du public pour « Louise Brown, Amandine et quelques autres » la trace de ces histoires de naissances mystérieuses dont les différentes sociétés de la planète ont toujours été friandes ; telles celle d'Athéna naissant de la tête de Zeus, son père, ou de Moïse dérivant sur les eaux du Nil et adopté par une mère qui n'était pas « la vraie ». En somme c'est le

1. Certains avancent le chiffre de près de cent mille femmes souffrant actuellement en France d'une pathologie tubaire (déclaration du Dr Jean Cohen, in *Le Monde*, 8 octobre 1982).

drapeau du *roman familial* qui a été une fois de plus agité [1]. L'on sait bien que personne n'est en effet insensible à ces histoires de filiation extraordinaire : c'est la trame de bon nombre de scénarios.

Pourtant, longtemps avant la naissance du « bébé-éprouvette », il s'est passé bien des choses en matière de manipulation de filiation ; bien des cas où la transparence n'est pas de règle, et où, bien au contraire, un secret plus ou moins opaque pèse sur les « apports extérieurs » aux gamètes des deux parents. Nous pensons en particulier à l'insémination artificielle avec donneur (IAD) qui nous paraît une façon autrement « sensationnelle » que le procédé FIVET d'assurer une filiation à un couple. Bizarrement, pour des raisons que nous essaierons d'élucider dans la prochaine partie, l'IAD semble exciter moins l'imagination de nos contemporains. Mais nous pensons aussi à l'adoption qui garde encore, tout au moins en France, en raison de l'imperméabilité des dossiers de la DASS, une *aura* de mystère assez justifiée.

Ce qui reste vrai, en revanche, pour en revenir aux programmes FIVET, c'est qu'ils ouvrent la porte à toutes sortes d'éventualités concernant à la fois la filiation à tout prix et les manipulations diverses que l'on pourrait pratiquer à propos de descendance. Grâce, notamment, au stockage des embryons après congélation (qui existe depuis longtemps chez les bovins), différents cas de figure vont être possibles et, dans ce domaine, l'imagination peut se donner libre cours... On combine déjà IAD et FIVET lorsque le mari est stérile et que la femme a les trompes obturées...

Mais, avant de dresser le catalogue de ce qui existera peut-être, restons-en à *à ce qui se fait actuellement,* matière suffisamment ample à réflexion et analyse.

1. Scénario de modification des liens généalogiques que la plupart des enfants inventent pour eux-mêmes. Par exemple : « Je ne suis pas le vrai fils de mon père, mais le fruit des amours de ma mère et... du président de la République (ou de tel homme célèbre) ! » ou bien : « Je suis un enfant adopté, alors que mes parents ont toujours prétendu que j'étais leur enfant biologique ». Freud a montré les liens entre ce roman familial et le complexe d'Œdipe.

Les *surrogate mothers* ou mères d'emprunt

L'intervention médicale à proprement parler est minime dans ces situations, puisqu'il s'agit, comme dans l'IAD, d'inséminer une femme. Autre point commun avec l'IAD, nullement technique celui-là mais résultant d'une option délibérée : le médecin insémine une femme avec le sperme d'un homme qui *n'est pas son compagnon,* et qui est, de plus, *inconnu d'elle* et avec lequel elle n'a et n'aura pas de relations sexuelles. Là s'arrête toutefois la comparaisons avec l'IAD.

La *surrogate motherhood* représente une étape de plus dans la manipulation de la filiation, et une étape de taille... Il s'agit, en effet, dans cette pratique, d'inséminer une femme à priori fécondable avec le sperme d'un homme marié à une autre femme qui est, elle, stérile. Ce n'est donc pas un simple « envers » de la situation d'IAD puisque la *surrogate mother* inséminée se borne à prêter son utérus (pendant les temps des inséminations, de la grossesse et de l'accouchement), s'engageant en même temps à ne jamais être la mère de l'enfant qu'elle a conçu, et, ce, malgré précisément cette gestation. Elle devra donc rendre à la mère sociale un enfant dont elle accepte par avance qu'elle ne sera *que la mère porteuse.* Ce cas est très différent de celui de l'IAD : on ne peut pas, en effet, comparer le donneur de sperme, père biologique certes, mais qui ne vit rien de l'expérience concrète de paternité vis-à-vis d'un enfant qui ne naîtra qu'éventuellement grâce à lui [1], à la femme donneuse d'un de ses ovules, mais aussi prêteuse de son utérus porteur d'un fœtus *réel,* avec tout ce que cela signifie d'expérience vécue. Si nous insistons sur ces différences, c'est que l'amalgame est trop vite fait — et à tort — entre IAD et *surrogate motherhood.*

1. Éventuellement, parce que le donneur sait que le sperme qu'il donne ne servira peut-être pas à la conception d'un enfant, ceci en raison du taux d'échec élevé en IAD et dont nous parlerons dans la partie suivante.

Il existe cependant une situation à peu près symétrique de celle de l'IAD pour la femme, c'est celle, future, que nous examinerons plus loin, du don d'ovules (comparable, lui, au don de sperme) [1].

Précisons également que la pratique de « la mère porteuse » a, en théorie, et en laissant pour l'instant de côté les problèmes psychologiques et éthiques qui lui sont liés, un triple intérêt :

1. Elle permet à une femme définitivement stérile et pour laquelle aucune intervention ne peut être tentée (pas même la fécondation *in vitro*) *d'avoir un enfant de son mari.*

2. Elle permet au conjoint d'une femme stérile d'avoir, avec sa femme [2], un enfant dont il sera à la fois le père biologique et social.

Ces deux premiers aspects montrent qu'il s'agit ici, en outre, d'une éventuelle alternative à l'adoption (quand la cause de l'adoption est, évidemment, la stérilité de l'épouse). Est-elle plus condamnable que certains achats d'enfants déguisés en adoption (comme cela se passe aux USA ?). Ce n'est pas évident.

3. Cette pratique peut également permettre à un couple *où les deux conjoints sont stériles d'avoir un enfant.* Dans cette hypothèse, la mère porteuse est inséminée avec un sperme de donneur, comme dans l'IAD, mais avec la différence, évidemment, qu'elle rendrait l'enfant à ses parents sociaux qui auraient passé un contrat avec elle. C'est encore une autre alternative à l'adoption. Et, de même qu'on peut combiner IAD et FIVET (cf p. 114) on pourrait aussi combiner IAD et *surrogate motherhood !*

La location d'utérus existe sûrement en France de manière clandestine et illégale [3], mais probablement à une toute petite

1. Cette situation n'est qu'à peu près comparable parce que, comme nous l'avons vu, chaque femme possède un capital limité d'ovules. Chaque don représente en conséquence un appauvrissement (relatif). Tandis que l'homme a, lui, des réserves de sperme constamment renouvelées.

2. Puisque ce sera en effet elle la mère de cet enfant.

3. Mais, n'oublions pas que l'IAD également est illégale. Pour ne pas prononcer ce terme, on parle plus élégamment de « vide juridique ». Mais c'est bien d'illégalité qu'il s'agit puisque la pratique du don anonyme de sperme pour l'insémination est en contradiction avec la loi française de 1972 sur la filiation.

échelle [1]. Elle est un peu plus répandue en Angleterre puisque certains journaux font paraître des petites annonces à ce sujet. Nous avons nous-mêmes reçu ce type de demande sans y avoir, faute d'éléments suffisants de réflexion, donné suite. C'est une pratique beaucoup plus répandue en revanche aux USA où on estime qu'une centaine de bébés seraient déjà nés. Trois centres fonctionnent, le plus connu étant celui du Dr Levin, dans le Middlewest. Le système est autorisé par la loi dans certains États américains, l'argument juridique étant le suivant : le bébé est l'enfant naturel de son père et peut être adopté par sa future mère après abandon officiel de sa mère porteuse. Un des problèmes juridiques non résolus — toujours aux USA — vient du paiement d'une somme d'argent — importante — à la *surrogate mother,* de nombreux États américains l'assimilant alors à une vente d'enfants. Mais il semble se dessiner une tendance (parallèle à ce qui se passe en France pour le don d'organes) à un refus de dédommagement financier chez certaines femmes qui accepteraient de « rendre ce service » bénévolement (en France, rappelons-le, le don du sperme est lui aussi bénévole, tout au moins dans les CECOS). Quant aux sommes d'argent dépensées par les candidats parents, elles sont énormes (salaire de la *surrogate,* mais surtout frais d'avocats, de médecins, d'assureurs divers etc. : on les chiffre à 25 000 dollars environ [1]).

Terminons-en avec la pratique d'outre-Atlantique en disant que les autorités médicales, psychologiques, morales et juridiques prennent extrêmement au sérieux la *surrogate motherhood* au point d'avoir organisé un Symposium international sur ce thème, sous l'auspice d'une faculté de médecine [3]. Tout cela n'est donc en rien du

1. On peut en fait rapprocher du cas de la « mère d'emprunt » une pratique légale en France : celui de la femme qui accouche dans une maternité « sous le nom de X » ; la mère, ne voulant pas de l'enfant, celui-ci est, dès sa naissance, adopté directement par un couple demandeur prévenu à l'avance de sa naissance. Les seuls détenteurs du secret sont, outre les parents sociaux, l'accoucheur et le personnel de la maternité.

2. Chiffres donnés par le Dr Noël Keane dans son livre *Surrogate mother,* New York, Everest House, 1980.

3. *Interdisciplinary symposium on surrogate motherhood*, Wayne State University School of Medicine, Detroit, Michigan, novembre 1982.

domaine de la futurologie ou du folklore et c'est à ce titre que nous devons nous interroger sur ses implications psychologiques et sociales.

Nous analyserons dans le dernier chapitre les systèmes de représentations en cause dans l'emphase mise par notre société sur le vecteur biologique dans la filiation ; ainsi que sur les modalités proposées par les institutions (médicales ou sociales) pour le transgresser en cas de nécessité (par exemple le système de l'IAD mis en place pour pallier l'impossibilité masculine à procréer ou celui de la *surrogate motherhood* pour la stérilité féminine).

La pratique des « mères d'emprunt » n'est pourtant pas près d'être admise chez nous (ni par l'opinion ni par la loi) comme un mode possible de « contourner » la stérilité féminine [1]. Le refuge dans l'hypertechnicité (telle la fécondation *in vitro)* est préféré, dans notre culture, à toute forme de solidarité familiale ou sociale. Il s'agirait pourtant bien là d'une compréhension possible de ces « prêts d'utérus » : c'est à dessein que nous avançons cette idée de préférence à celle de « location », car c'est sur la question de la contre-prestation financière que cette pratique nous paraît mauvaise et condamnée en tout cas à une extension limitée. Nous y reviendrons à propos de l'évaluation du rôle de l'argent dans le don de sperme. Mais indiquons tout de suite que dans l'ensemble des sociétés traditionnelles (y compris actuelles), sociétés qui ont une *conception clairement sociale de la filiation*, il est tout à fait habituel que la « sœur classificatoire [2] » d'une femme stérile par exemple (ou la co-épouse du mari de cette dernière) puisse lui donner un enfant. La circulation des enfants dans la famille étendue est une forme d'adoption différente de celle qui existe chez nous. C'est un peu comme si, dans notre société, la sœur ou la cousine d'une femme

1. Le cas récent, dans le Midi de la France, d'une femme portant un bébé pour sa sœur jumelle a été reçu par les *media* avec les plus grandes réserves. Il s'agit pourtant de sœurs, jumelles de surcroît... Le lien de filiation est donc à peine « manipulé ».

2. Terminologie de parenté qui ignore la distinction entre parents en ligne directe et collatéraux. Par exemple, on ne distingue pas « mère » et « tante », ou bien « sœur » et « cousine », c'est-à-dire qu'on les désigne par le même terme. Nous y reviendrons dans la dernière partie.

stérile (qui aurait fait elle-même son « plein » d'enfants) acceptait de se faire inséminer avec le sperme de son beau-frère (ou cousin) et de donner ensuite l'enfant au couple [1]. Comme une sorte de contrepoint à la pratique du lévirat [2] ; ou comme un équivalent du don d'organes intrafamilial, tel celui permettant la greffe d'un rein de mère à enfant ou de frère à sœur.

A cela on objecte habituellement, comme si cela relevait d'une « évidence », l'argument selon lequel une femme prêteuse (ou loueuse) de son utérus le temps d'une grossesse, et donatrice de son « produit », le nouveau-né, s'amputerait ainsi d'un « bien » infiniment plus précieux qu'un organe, fût-il vital, tel le rein. Cette assertion repose en réalité sur deux postulats idéologiques :

— Elle implique tout d'abord un jugement de valeur extrêmement négatif à l'égard de ce qu'on baptise chez nous « abandon d'enfant », mais qui est aussi, d'un autre point de vue, un *don d'enfant.* Ce jugement revient à gommer d'étrange façon le fait que notre système d'adoption (lui, hautement valorisé) repose bel et bien sur un « abandon d'enfant », qui est en réalité bel et bien aussi un *« don »* (aban-don) de la part d'une mère (ou d'un couple). Il conviendrait de reconnaître dans toute sa dimension ce geste qui n'est pas toujours simple à accomplir, loin de là...

— Elle repose en deuxième lieu sur la notion d'« instinct maternel ». Nous ne voulons pas ici aborder cette question largement débattue. Soulignons seulement le point suivant, le seul qui soit pertinent pour cette discussion : condamner la pratique de la *surrogate motherhood au nom de l'instinct maternel,* c'est prétendre que l'attachement d'une mère à son enfant (et de l'enfant à sa mère) repose d'abord et avant « tout » sur l'idée que les neuf mois de gestation et l'expérience de l'accouchement seraient seuls à l'origine de ces liens affectifs. Cette théorie biologisante de l'amour maternel

1. Cas comparable, au point de vue formel, à celui, réel, que nous venons d'exposer.
2. Règle obligeant une femme veuve à se remarier avec un frère de son défunt mari, en général cadet.

est tout à fait contestable tant au point de vue psychologique qu'anthropologique [1].

Pour nous résumer, répétons que nous ne méconnaissons pas évidemment l'amour des parents pour leur progéniture ; mais faut-il encore que ces liens affectifs puissent se tisser entre eux. Or ces liens sont *avant tout sociaux,* résultats des échanges que crée la vie commune à partir de la naissance.

A l'évidence, et puisque c'est la condition même de l'existence de ce système, il n'existe rien de tel dans la pratique des « mères d'emprunt ». C'est ce qui rend à notre sens cette expérience envisageable, et moins « folle » qu'elle en a l'air. Nous ne prétendons nullement pour autant que le vécu de la grossesse pèse de peu d'importance dans l'histoire d'une mère. Bien au contraire ; mais il s'agit d'un vécu individuel pour la femme ou pour le couple, *dissociable* (et, de fait, souvent dissocié) de la relation ultérieure mère-enfant.

Il serait temps que l'Occident judéo-chrétien songe à élaguer les multiples fantasmes qui tournent autour de l'utérus maternel, ce fameux ventre ou « sein » qui est, en un sens, une simple « poche à fœtus »... Il n'a, en lui-même, pas plus de valeur que les autres organes du corps. La comparaison avec le cœur est très éclairante : pendant des siècles, on a fantasmé sur ce lieu d'élection des sentiments, de la conscience, etc. Maintenant, les progrès de la médecine aidant, on lui a rendu sa fonction de seule « pompe à sang ».

Ce n'est pas dans le ventre que se niche l'amour maternel ! Heureusement...

1. Et nous l'avons contesté. Voir sur ce point *La Part du père, op. cit.*, p. 279-305.

Les solutions futures ou « folles »

Si on marie la technologie du « bon » Dr Edwards (père du premier bébé-éprouvette) à l'album de famille de l'astucieux Dr Levin (avec son catalogue des *surrogate mothers*), en y ajoutant un emprunt de paillettes à une banque de sperme (celle des Nobel, à supposer qu'elle existe...), on arrivera encore et toujours à faire des bébés. Mais de qui seront-ils les enfants ? De quels fantasmes seront-ils issus ? Si la procréation de l'avenir consistait à choisir la catégorie désirée en pianotant sur un micro-ordinateur, ce serait mettre en acte un fantasme non « d'enfant » mais *enfantin* qui, selon les cultures, s'est appelé « cigogne », « facteur », « chou » ou « magasin des bébés ». Les enfants doivent grandir, les chercheurs aussi, et les fantasmes rester à l'état imaginaire... Sinon c'est la porte ouverte à un monde pour le moins inquiétant peuplé de grands enfants attardés, les différents « savants » et utilisateurs consentants faisant « joujou » entre eux... Ceci étant, nous n'en sommes pas là, et certaines solutions du futur immédiat semblent pour l'instant rester dans le registre de la « réparation » (d'une stérilité ou d'un couple).

Les solutions futures

— *Les greffes d'organes de la reproduction : La greffe de trompes* représenterait une solution idéale pour toutes ces femmes dont les trompes sont lésées et qui ont actuellement pour seul espoir la fécondation *in vitro* (ou la *surrogate motherhood*). Curieusement, les microchirurgiens ne s'y intéressent guère et, de ce fait, peu de progrès ont été réalisés dans ce domaine. Cela ne poserait pourtant aucun problème de manipulation de la filiation. Ce qui n'est pas le cas pour les greffes qui intéressent, elles, les chercheurs : celles des ovaires, pour la femme, et des testicules pour l'homme [1].

Ces deux dernières transplantations ont en effet des implications très différentes des greffes d'organes « ordinaires » : si l'on se souvient du fait que le capital d'ovocytes contenu dans l'ovaire d'une femme était déjà présent lorsqu'elle était à l'état de fœtus dans le ventre de sa mère, qu'il assure donc sans discontinuité le patrimoine héréditaire d'une lignée familiale, on comprend aisément que greffer un ovaire d'une femme à une autre n'est pas un acte neutre.

Notons que chez l'homme, la transmission du capital génétique est, contrairement à ce qui se passe chez la femme, *discontinue :* la production de gamètes masculins par les testicules ne commence en effet qu'à la puberté ; ces gamètes, véhiculés par les spermatozoïdes, sont donc toujours « jeunes » puisque constamment renouvelés. Le spermatozoïde d'un homme qui procrée à l'âge de 60 ans féconde un ovule féminin qui a, lui, l'âge de la femme (moins quelques mois *in utero*), tandis que ce spermatozoïde a zéro années...

Mais cette modalité différente de transmission ne change rien au fait que femmes et hommes transmettent par leurs gamètes le patrimoine génétique de leur famille. D'où le caractère particulier des greffes d'ovaires et de testicules. Ces tentatives représentent pourtant une piste intéressante pour l'avenir ; elles sont un contrepoint technique à ces solutions « autres » (du type de la *surrogate motherhood*) que nous avons évoquées.

— *Les dons d'organes de la reproduction :* Nous allons indiquer ici brièvement quelques combinaisons qui seront bientôt possibles si la technique de réimplantation d'embryons dans l'utérus commencée avec les programmes FIVET se perfectionne et devient courante.

— *Le don d'ovule excédentaire :* Une femme qui subit une cœlioscopie et à qui l'on prélève deux ovules, pourrait, par exemple,

1. Une greffe de testicules a été réussie entre deux frères jumeaux. Voir S.J. Silber, « Transplantation of a human testis for anorchia », *Fert. Steril.*, 30, 181, août 1978.

décider d'en donner un à une amie stérile pour qu'il soit fécondé avec le sperme du mari de cette dernière, puis réimplanté dans l'utérus de l'amie. C'est l'équivalent de l'IAD, avec l'anonymat en moins. Mais ce problème sera rapidement résolu par la *création de banques* (d'ovules ou d'embryons), elles existent chez les bovins. « L'adultère biologique » sera alors dans les mains du médecin qui pourra parfaitement réimplanter l'ovocyte fécondé d'une femme dans l'utérus d'une autre, par exemple dans celui d'une *surrogate mother* qui accepterait de porter le fœtus issu de la fécondation d'une femme donneuse d'ovule avec le sperme du mari de la femme stérile ; il y aurait en ce cas *un seul père* biologique et social et *trois mères :* la mère donneuse d'ovule, la mère porteuse, la mère sociale. On peut imaginer le même système pour un couple totalement stérile : le scénario serait identique, à ceci près que ce serait un sperme de donneur qui féconderait l'ovule de la donneuse. Le résultat donnerait donc *deux pères :* l'un biologique, l'autre social, et *trois mères* comme dans la première figure.

Les dons rendus possibles grâce à la banque d'embryons, puis d'ovules, congelés, seraient mis ainsi à l'abri du déroulement du temps, et pourraient en outre bénéficier d'un anonymat complet. On peut très bien imaginer un couple donnant, par banque interposée, un embryon à un autre couple (l'embryon étant réimplanté dans l'utérus de la femme du second couple). Le bébé qui naîtrait aurait, exactement comme un enfant adopté, deux géniteurs biologiques inconnus, et deux parents sociaux. Il s'agirait là d'une nouvelle forme d'adoption : l'*adoption biologique,* l'avantage, si l'on veut, étant que la mère sociale serait aussi la mère qui a porté l'enfant et en aurait accouché.

A partir du moment où l'on congèlera les ovules prélevés en surnombre (on le fait déjà), puis les embryons (on le fait couramment dans l'espèce bovine : on réimplante l'embryon d'une vache dans l'utérus d'une autre vache, jugée meilleure porteuse), toutes sortes de manipulations, bonnes ou mauvaises, selon le jugement que l'on porte, seront envisageables. Le prêt ou l'échange d'embryons de banque à banque (comme on le fait pour l'échange de paillettes de sperme entre banques) sera facile. Imaginons par exemple le cas d'une femme à qui l'on prélève plusieurs ovules qui, par chance, sont tous fécondés par le sperme de son mari. On lui en réimplante un et les autres sont congelés. Si son enfant naît, elle peut décider d'offrir « le petit frère congelé » de son bébé à quelqu'un d'autre, à sa sœur ou à une amie... Elle et son mari peuvent également décider de reprendre plusieurs années plus tard cet embryon congelé, jouant ainsi avec le temps : ils auraient alors des jumeaux (œufs fécondés le même jour) qui auraient quelques années de différence en âge réel... Mais toutes ces décisions risquent aussi d'être prises par les « banquiers » ; une femme est-elle d'ailleurs vraiment sûre qu'après une cœlioscopie on lui a prélevé *un ovule* seulement ? Rien n'empêche en effet, qu'on en prélève en surnombre et qu'on les fasse féconder par un sperme « quelconque », créant ainsi une véritable banque d'embryons aux multiples usages [1]. Les biologistes annoncent même une nouvelle prouesse technique : la fabrication de vrais jumeaux *in vitro ;* si on coupe en effet un œuf par le milieu, il devient « deux » et les jumeaux poursuivraient chacun leur développement [2]. Des manipulations en tous genres pourraient donc avoir lieu, les pires étant peut-être les transactions financières qui risquent de se passer à partir *d'un don* fait par une femme ou par un couple. Comme toujours, les progrès scientifiques sont à double tranchant. L'important est d'*avoir une « grille de compréhension »* des systèmes de représentations en présence, les faits techniques renvoyant évidemment à une vision du monde, à une anthropologie qu'il conviendrait de savoir interpréter. Sinon, on en revient comme toujours aux fantasmes enfantins. Mais si l'on joue, il faut savoir que l'on joue ; sinon, c'est de délire qu'il s'agit.

1. Politico-militaires par exemple ou bien pouvant donner matière à grand banditisme (style *Hold-up à la banque*) etc.
2. Voir l'article de J. Testard (un des « pères-médecins » d'Amandine), in *Le Nouvel Observateur*, 27 février 1982.

Les solutions « folles »

Dans les scénarios que nous indiquons maintenant, c'est effectivement de jeux dont on a perdu (ou jamais connu) la règle qu'il s'agit. Tant qu'on ne l'aura pas trouvée (ou retrouvée), il sera difficile d'en penser grand-chose, sinon, comme le font les adolescents, de s'émerveiller des exploits techniques... Que l'on se souvienne de l'engouement du public pour les *Tintins : Objectif lune* et *On a marché sur la lune,* dans la décennie cinquante. Mais, une fois que l'homme a réellement marché sur la lune, curieusement cela n'a plus intéressé grand monde, les institutions politico-militaires ayant trouvé que cette fantaisie était vraiment trop coûteuse (et éventuellement dangereuse). Se passera-t-il quelque chose d'analogue dans la reproduction le jour où il y aura une banque d'embryons dans chaque ville de moyenne importance ?

Un des avatars les plus « fous » de cette maîtrise à n'importe quel prix des techniques en matière de reproduction peut mener à inventer de véritables « listings d'ordinateurs » pour prêts, échanges ou ventes de paillettes de sperme, d'ovocytes ou d'embryons. On pourrait imaginer une pièce de théâtre, à la manière de celle d'Edward Albee que nous avons évoquée, dans laquelle un couple se lèverait tôt le matin pour acheter *la Centrale des gamètes particuliers* afin d'avoir la meilleure « affaire » de la semaine ! A moins que ce ne soit dans les petites annonces du journal *De spermatozoïdes particuliers à ovules particuliers* qu'on risque de la trouver... A quand *l'Argus des ovocytes ?* Tout ceci est moins futuriste qu'on pourrait le croire : sait-on que l'ordinateur d'une grande compagnie « gère » les organes des morts prêts à être réimplantés chez les demandeurs (yeux, cœurs, reins) ?

Il existe un autre volet de l'utilisation de ces techniques, aspect que l'on pourrait qualifier de marginal : il s'agit de la possibilité que la science a de court-circuiter, pour ainsi dire — car c'est au niveau psychologique seulement —, la reproduction sexuée chez les êtres humains. Les premières « bénéficiaires » pourraient en être les couples de *femmes homosexuelles* qui veulent un enfant, non seulement sans homme, mais encore comme un produit *d'elles deux*. Le scénario est réalisable dès aujourd'hui (à la seule condition de trouver un médecin compétent et consentant, et aussi d'avoir un peu de « chance ») ; c'est le suivant :

1. une des femmes du couple se fait prélever un ovule (ou plusieurs) sous cœlioscopie ;

2. l'ovule est ensuite fécondé avec du sperme de donneur préalablement congelé, ce qui élimine non seulement la présence réelle du donneur, mais son existence même : on peut en effet imaginer que l'on choisisse le sperme d'un homme mort depuis plusieurs années [1] ;

3. l'ovocyte est réimplanté dans l'utérus de *l'autre femme* du couple qui va donc porter l'embryon et accoucher d'un enfant qui sera, physiologiquement au moins, *l'enfant des deux mères*. Et, même si on imagine que l'une des femmes du couple ait une stérilité tubaire, ce n'est pas grave, il suffit que ce soit l'autre qui fournisse l'ovule...

Quant à la *femme seule et stérile qui veut tout de même un enfant*, qu'elle ne s'afflige pas : on pourra bientôt lui implanter dans l'utérus un embryon sorti tout droit de la banque, compatible avec son groupe sanguin, etc. Ce cher petit aura *trois parents biologiques*, mais la mère, elle, l'aura quasiment conçu par « parthénogenèse psychologique » !

Et les hommes dira-t-on ? Sont-ce les oubliés de cette merveilleuse technologie ? Non, ils en auront quelques miettes... Un homme célibataire peut déjà (on en voit raconter leur expérience à la télévision) s'entendre avec une mère porteuse qui accepte d'être inséminée avec son sperme (il s'agit d'une banale IAC) et de lui donner l'enfant après la naissance — s'ils s'entendent toujours — ! C'est d'ailleurs là *le hic*...

S'il s'agit d'un individu seul, mais en outre, stérile, il n'a qu'à faire de même avec une femme qui, par contrat passé avec lui, portera un

1. Le sperme se conserve *au moins* dix ans.

IV. L'exemple de l'insémination artificielle avec donneur ou Le paradoxe du père stérile

Pourquoi consacrer une partie entière à l'IAD, qui n'est qu'une des techniques relevant de ce que nous avons traité dans la partie précédente : la médicalisation des problèmes de filiation ? Il s'agit certes d'un cas du « Faisons un enfant avec les médecins » mais d'un cas très particulier, qui fait apparaître une série de paramètres d'un registre sensiblement différent de ceux que nous venons d'évoquer [1].

L'IAD, en effet, est bien autre chose qu'un traitement au sens médical du terme : ce qui est offert est une réparation d'un genre particulier puisque, au lieu de guérir une maladie (la stérilité d'un homme), *on en propose un « court-circuit »* en substituant à une production déficiente du corps d'un individu (un sperme inapte à la fécondation) le produit du corps d'un autre individu (un sperme censé être fécondant).

Il s'agit en réalité de la *transgression d'une règle,* celle de la filiation biologique paternelle, transgression opérée par surcroît par une institution médicale (les CECOS font partie de l'Assistance publique).

Ces données font de l'IAD un exemple privilégié de la volonté de faire naître un enfant à tout prix, volonté individuelle d'un couple, certes, mais aussi volonté sociale d'une institution qui a érigé cette pratique en système organisé avec ses règles, ses rites, sa déontologie.

1. A l'exception de la pratique de la *surrogate motherhood* qui est une sorte d'« envers » de l'IAD, cf. IIIe partie, chap. 2, p. 119.

Il existe une autre particularité qui justifie l'importance que nous accordons à cet exemple ; l'insémination avec sperme de donneur ne diffère, on l'a vu, que par une lettre (IA*D*) de l'insémination avec sperme du conjoint (IA*C*). Or, cette ressemblance dans les sigles est trompeuse puisque l'IAC ne signifie, elle, rien d'autre qu'une tentative d'amélioration de la fertilité *naturelle* d'un couple [1]. L'ambiguïté réside tout d'abord dans le fait que, *en pratique,* IAC et IAD se passent dans les mêmes locaux : les laboratoires d'histo-embryologie qui s'occupent de fertilité masculine. Mais l'équivoque la plus grande vient du fait, on l'a vu, que la plupart des infertilités masculines étant des oligospermies et non des azoospermies (où l'infertilité est totale) de nombreux couples passent par une période où l'on pratique des IAC avant de « passer », en cas d'échec, aux IAD. « Transition » un peu particulière qui, à la faveur d'un geste identique (celui de l'insémination elle-même), entretient une confusion potentielle entre les deux.

En un mot, *la pratique de l'IAD n'annonce pas franchement la couleur,* elle fonctionne souvent, à la faveur du rituel médical commun, comme un simulacre de fécondation naturelle, gommant de façon insidieuse ce fameux « D » qui n'est pas un « médicament » mais un tissu biologique émis et anonymement donné par un être humain, un père lui aussi, dont on parle bien peu.

A l'évidence, c'est un *problème de filiation* qui est posé dans l'IAD, mais de façon biaisée, donc significative : il est d'abord centré sur la prise en charge par la médecine d'une situation qui n'a, à priori, rien de médical, puisqu'en effet il n'existe aucun traitement chimique efficace de la stérilité masculine. Il s'agit d'autre part d'un problème de filiation masqué par un aspect technique : outre le geste de l'insémination, il est d'emblée question de courbe de température, d'ovulation etc., comme dans un cas « normal ». Or la technique, dans ce cas, c'est l'arbre qui cache la forêt.

Ce que nous voulons en outre souligner à propos du système de l'IAD dans son ensemble, c'est qu'il instaure, de façon institution-

1. Avec les réserves que nous avons faites sur l'artificialité et la médicalisation de cette pratique, cf. p. 106.

nelle, un clivage entre filiation biologique et filiation sociale. Il s'agit là d'une étape de plus dans la manipulation sociale de la fécondité, d'une seconde « révolution » à la suite de celle créée il y a 30 ans par la contraception : une fois acquise la *séparation temporaire entre sexualité et procréation,* on a cette fois *dissocié de façon permanente* [1] *filiation de procréation.* En IAD le père social n'est en effet *par définition* pas le géniteur, et le donneur de sperme, qui est, lui, le procréateur biologique, n'est pas *par définition* le père social. Système paradoxal aux yeux même de notre société puisque tout à la fois le pèrc social et le père donneur peuvent s'assurer une filiation bien que n'ayant que partiellement contribué à la procréation de l'enfant à naître.

Ces données quasi expérimentales constituent un *cas limite,* unique (l'on est sûr, pour une fois, que le géniteur n'est pas le père), dont l'intérêt est évident pour le propos de ce livre.

Formulons-le de façon schématique :

— Quel est le vecteur de la paternité en IAD, puisque le support physiologique masculin du conjoint de la femme inséminée est exclu, et puisque, d'autre part, le sperme de donneur utilisé est anonyme (tant pour le donneur lui-même que pour le couple [2])?

— Quelle est, d'autre part, la portée sociale de l'intervention médicale *et* institutionnelle de la technique de l'IAD qui permet de colmater la stérilité d'un homme par une sorte de duperie autorisée, un genre d'adultère médicalisé et a-sexualisé ?

— Quelle est enfin la signification de ce geste qui tend à banaliser une technique en en faisant un véritable système de reproduction de l'espèce ? Fxiste-t-il alors une véritable « pose d'indication » pour un ... ion avec donneur ?

... ıdication médicale, ne s'agit-il pas plutôt d'indication ... yant alors la balle dans le camp de celui qui prescrit, ... ı l'occurrence ? De fait, nous le verrons, le fonction-

... ıple donné.

... atisation du couple receveur à donneur n'est guère induite par le ... ples savent en effet que ce n'est pas le même sperme qui est utilisé à ... ation. Et comme de nombreuses inséminations sont la plupart du ... res...

nement de l'IAD nous amène à penser que le support de la filiation est surtout l'institution elle-même.

Que se passe-t-il en effet dans la pratique ? On parle du sperme de façon pseudo-rationnelle, comme si ces « doses »[1] provenaient d'une machine à fabriquer les paillettes, à l'instar d'un médicament fabriqué et conditionné dans un laboratoire pharmaceutique. Au niveau symbolique, c'est bien la « banque » qui stocke et distribue ce sperme, jouant elle-même le rôle de « donneur » vis-à-vis des couples receveurs. C'est elle qui devient sur-valorisée, investie d'un pouvoir quasi magique, capable en effet à elle seule de surmonter officiellement l'infertilité d'un couple, d'endosser la transgression sociale, de recréer un lien de filiation « naturel » entre l'enfant qui va naître et son père stérile.

Comme on le voit, ce n'est qu'en apparence seulement que l'exemple de l'IAD est un problème « pointu » qui ne serait limité qu'aux quelques dizaines de milliers de cas concernés. La façon dont, dans ce système, est *traitée* (dans tous les sens du terme) *la stérilité masculine* illustre très exactement la problématique de cet ouvrage : à quel prix sont conçus ces « enfants impossibles » ? Dans quelle mesure la médecine a-t-elle le droit de gérer la filiation des couples ? Quelle est la limite entre la prise en charge de lui-même par un individu et l'assistance offerte par la société ?

Autrement dit, a-t-on « droit à un enfant » comme on a « droit à un emploi » et est-il légitime, dans un cas comme dans l'autre, de se retourner vers des institutions sociales en demandant assistance ?

ASSEDIC et CECOS, est-ce véritablement le même combat ? C'est une question que nous allons analyser très sérieusement.

Pour ce faire, nous utiliserons un certain nombre de données chiffrées provenant de l'expérience mondiale, et notamment française, déjà très importante en ce domaine. Elle est intéressante par le recul dont on dispose : par exemple, les enfants nés par IAD au Japon ont déjà eux-mêmes procréé. En France, les données

1. C'est la terminologie officielle des banques du sperme. Vocabulaire particulièrement inducteur de l'idée de médicament, et même de médicament dangereux, cf. la drogue...

connues sont un peu plus récentes (une dizaine d'années), mais il existe des travaux sur les différentes phases du périple, depuis la période pré-insémination jusqu'à la petite enfance des rejetons par IAD.

Nous allons tout d'abord décrire brièvement le fonctionnement de cette « machinerie » dans sa quotidienneté, avant de proposer des repères pour l'interpréter.

1. Les réseaux et leur fonctionnement

L'idée d'une banque de sperme est attribuée à l'italien Paolo Mantegazza (Pavie) : en 1866, il créa une banque de sperme à usage vétérinaire et prophétisa qu'on pourrait conserver le sperme des soldats avant le combat afin qu'ils puissent engendrer après leur mort, et l'indication des banques de sperme fut donc d'abord « l'autoconservation » de sperme pour insémination *post mortem.* Ce point d'histoire ne nous paraît pas neutre.

Les banques de sperme se développèrent réellement une centaine d'années plus tard vers 1950, à la suite des travaux de Sherman (USA) [1] sur la congélation des spermatozoïdes à très basse température, dans un milieu glycérolé.

Aujourd'hui, qu'elles soient organisées en réseaux ou isolées, il en existe dans la plupart des pays dits « industrialisés », excepté les pays « de l'Est » dont nous ne savons rien.

Il y avait en 1979 onze banques de sperme répertoriées aux États-Unis, ce qui est peu en regard du chiffre de la population. Ces banques publient leurs résultats depuis 1977 : en moyenne 1 200 enfants IAD naissent chaque année. Rappelons que la majorité des IAD sont effectuées dans le secteur privé, la plupart du temps encore avec du sperme frais ; en fait, c'est le chiffre de 6 000 à 10 000 enfants IAD par an qui doit être retenu.

Dans des pays aussi divers que la Grande-Bretagne, la Belgique, le Canada, la Suisse, l'Italie, le Danemark, l'Espagne, les situations

1. R.G. Burge et J.K. Sherman, « Fertilizing capacity of frozen human spermatozoa », *Nature,* 172, 767, Londres, 1953.

sont les mêmes ; le statut légal est pratiquement inexistant, la pratique privée domine et les résultats publiés ne reflètent pas du tout l'importance qu'a pris l'IAD dans ces pays.

En France, en revanche, le système est particulièrement bien organisé du fait de la création en 1972, sous l'impulsion du Pr Georges David, des CECOS (Centre d'étude et de conservation du sperme humain). Il en existe en France quatorze qui constituent ce que l'on pourrait appeler un « réseau public du sperme ». Ces centres sont tous des laboratoires de recherche sur la reproduction humaine (masculine) et, à ce titre, sont amenés à congeler et à stocker du sperme selon les techniques mises au point en agriculture. Ce sperme « mis en banque » (c'est-à-dire dans des bidons d'azote liquide, une fois l'éjaculat réparti en « paillettes » ou « doses ») n'est pas seulement celui d'hommes donneurs en vue d'IAD.

La fonction des CECOS implique aussi l'autoconservation : c'est-à-dire la conservation *pour eux-mêmes* de leur sperme pour certains hommes (ceux qui vont subir un traitement anticancéreux stérilisant et ceux qui ont été vasectomisés, principalement). Ils pourront, grâce à cette conservation, recourir éventuellement, avec leur compagne à l'insémination artificielle avec leur sperme (IAC) dans un délai de dix ans — et peut-être plus — après le « dépôt ». A titre d'indication, les CECOS ont pratiqué 635 autoconservations en 1982.

En dehors de l'*étude* du sperme, ces centres agissent à la manière d'une banque, d'où l'appelation usuelle de « banques du sperme » : ils accueillent en effet les couples demandeurs (comme les clients d'une banque qui viennent solliciter un prêt) et leur fournissent des paillettes de sperme congelé adéquat ; adéquat en ce sens que telle dose est attribuée à tel couple en procédant à un appariement fondé sur le groupe sanguin d'une part (A, B, O, et le rhésus) et sur les principales caractéristiques morphologiques du couple receveur de l'autre, de manière à ne pas introduire chez les futurs parents de caractère nouveau.

Il n'existe aucun eugénisme dans la philosophie des CECOS : ni le milieu socioculturel ni une quelconque mesure de l'intelligence ne sont pris en compte pour le choix des donneurs. De même, les demandeurs ne peuvent formuler aucune préférence pour un sperme de « violoniste » ou de « polytechnicien »... Ce n'est pas le cas, on le sait, aux USA, où, en y mettant le prix, les demandeurs peuvent exiger un type de donneur précis, mais la pratique américaine est régie par les lois du marché. Et la politique des CECOS nous paraît, sur ce point, excellente puisque, de toute façon, ni l'intelligence ni les dons ne se transmettent par les gènes [1]. Terminons cette description des « banques nationalisées » en précisant que l'argent est curieusement évacué du système, tout du moins il ne circule pas directement : les donneurs ne sont plus payés depuis 1973, date de la loi sur le don des organes ; quant aux receveurs, ils paient 240 francs la dose de sperme, mais depuis la fin de 1981, ce « produit » leur est intégralement remboursé par la Sécurité sociale (cas unique dans l'histoire des remboursements !). Le sperme est ainsi propre et pur, lavé de toute sexualité et de toute vénalité. Là gît bien en effet un des fantasmes cecosiens.

A côté du secteur public, qui est, de loin pour l'instant, le plus important numériquement (4 000 enfants environ sont nés depuis la création des CECOS, et, pour la seule année 1981, près de 3 500 inséminations ont été pratiquées), il existe en France un secteur privé de circulation du sperme.

Deux centres, le CEFER à Marseille et la FRH à Paris (Fondation pour la recherche en hormonologie), utilisent du sperme congelé et fonctionnent à peu près comme les CECOS. La différence principale se situe dans le fait qu'ils dédommagent financièrement leurs donneurs (autour de 150 francs l'éjaculat), ce qui a une double conséquence : d'une part, ils en ont davantage..., et la liste d'attente du côté des receveurs est beaucoup moins longue — quelques mois —, d'autre part la sélection des donneurs ne se fait qu'en fonction de la seule qualité du sperme alors qu'au CECOS

1. Il existe de très nombreux travaux sur ce sujet. Signalons l'un des derniers, remarquable : « Enfants des travailleurs manuels adoptés par des cadres », travail collectif de chercheurs de l'INSERM, 1981, in *Cahiers Travaux et Documents de l'INED,* diffusé par les PUF.

interviennent certains autres critères, tels l'état civil (le donneur est censé être marié et père de famille, et avoir l'accord de son épouse). On limite également au CECOS le nombre de « visites » des donneurs à six fois [1], alors que les centres privés sollicitent au contraire très souvent les « bons donneurs » qui peuvent donc revenir pendant un temps assez long.

Terminons en disant un mot du circuit du sperme frais en France ; ce sperme « liquide », non conservé, non congelé, à consommer immédiatement, circule aussi associé à l'argent liquide... Cela se passe un peu comme dans un vaudeville : un gynécologue convoque par téléphone le donneur qu'il a sélectionné pour le couple qui l'a consulté ; le ballet doit être bien réglé, le donneur arrive par une porte, les receveurs (ou la femme) par une autre, le donneur se masturbe dans une pièce voisine et le gynécologue pratique immédiatement l'insémination. Gynécologue et donneurs sont bien rémunérés, tandis que les couples repartent avec espoir de grossesse mais avec un portefeuille moins lourd aussi. Certains couples y voient cependant l'avantage de garder l'anonymat de l'acte inséminatoire de façon plus efficace que dans le réseau public où le seul fait du remboursement par la Sécurité sociale risque — c'est exact — d'entraîner des fuites nombreuses de secret. Cette pratique repose, comme dans toute pratique libérale de la médecine, sur la confiance que les patients ont dans leur médecin (pour le recrutement du donneur notamment).

L'insémination avec sperme frais est sans doute un peu plus efficace que celle pratiquée avec du sperme congelé. Il est dommage que les gynécologues qui y recourent ne publient pas leurs résultats [2].

1. Les CECOS se préoccupent en effet, et à juste titre, de ne pas « inonder » la population du même sperme. Ils se fondent en cela sur des calculs de probabilité établis par des généticiens des populations.

2. En réalité des études comparatives précises sur de petites séries permettent de conclure que le taux de grossesses obtenu avec du sperme frais est très légèrement supérieur à celui obtenu avec du sperme congelé, mais surtout que les grossesses sont obtenues beaucoup plus rapidement : il faut en moyenne cinq cycles féminins pour obtenir une grossesse avec du sperme frais, et douze cycles avec du sperme congelé (ces chiffres sont des *moyennes* seulement) ; voir sur ce point : « Comparison of

Pour être complet, signalons enfin que certains gynécologues qui font beaucoup d'IAD se sont créés — pour peu qu'ils soient ferrés en congélation — leurs banques individuelles de sperme : ils ont un bidon d'azote liquide dans une pièce de leur cabinet, ce qui leur évite la scène vaudevillesque des rendez-vous entre donneur et receveurs. Dans ce dernier cas, seul l'argent reste liquide (le sperme ne l'est plus…).

Il y a peut-être de la place pour tout le monde sur le marché de l'IAD, tant la demande augmente. Il existe environ 40 % de demandes supplémentaires d'IAD chaque année. Au CECOS, on estime arriver théoriquement à un plafond de 6 000 à 7 000 demandes par an. Il faudrait une banque pour 2 à 4 millions d'habitants, soit vingt banques pour toute la France. Les CECOS ne peuvent plus faire face à la demande, eu égard à la difficulté de trouver suffisamment de donneurs, d'où une « saturation » actuelle qui explique l'allongement de la liste d'attente pour les couples (un an au moins, parfois plus).

Pourquoi cette augmentation ? Nous avons analysé plus haut comment l'enfant est devenu un *must.* Mais il existe d'autres raisons, propres à l'IAD : les difficultés actuelles de l'adoption légale ne sont pas étrangères au choix que certains couples font, de façon négative (dans ce cas), de l'IAD. A un autre niveau, nous avons vu que le fonctionnement de la spermatogenèse est connu depuis peu, depuis peu également est déterminé avec précision le seuil au-dessous duquel un homme est considéré comme stérile, relevant donc potentiellement de l'IAD.

Mais n'oublions pas aussi qu'il y a encore une dizaine d'années, nombre d'hommes se seraient refusés à ce que leur sperme soit même examiné. D'abord parce que la technique de recueil les révoltait, ensuite parce que le risque d'un verdict éventuellement mauvais les angoissait. L'équation virilité/fertilité est d'ailleurs

results of AID with fresh and frozen " semen " », by E. Steinberger, L.J. Rodriguez-Rigau, K.D. Smith, in *Human artificial insemination and semen preservation,* ed. George David et Wendel Price, New York, Plenum Press, 1980, p. 283-294.

encore présente dans les mentalités, seulement de façon un peu atténuée à l'heure actuelle.

Les réseaux où l'on pratique l'IAD sont, on le voit, divers, régis par un certain pragmatisme. On trouve même, ici ou là, dans des maternités d'hôpitaux en général, des petites banques de sperme congelé créées à l'initiative de chefs de service. Ce pragmatisme repose néanmoins sur un consensus commun de base que l'on repère malgré les idéologies différentes des « banquiers » : personne, par exemple, ne remet en question l'anonymat du donneur vis-à-vis des receveurs et réciproquement. Tout le monde s'accorde sur le fait de ne pas dire à un donneur s'il a contribué à la procréation d'un, de six ... ou d'aucun enfant. Tout le monde apparie donneur et receveurs de la même façon. Tout le monde patauge dans le même vide juridique gênant dans lequel s'inscrit la pratique de l'IAD.

En effet, par une curieuse coïncidence de l'histoire (sur laquelle les sociologues de la connaissance ne manqueront pas de s'interroger dans quelques années), la création des CECOS, donc l'officialisation de l'insémination articielle, s'est faite en 1972, année où a précisément été promulguée la loi sur la filiation. Or, cette loi consiste en un infléchissement du code Napoléon (article 312 du Code civil : *Pater est quem nuptiae demonstrant,* qui signifie que tout enfant conçu chez un couple marié a toujours pour père le mari). Cette *conception sociale de la filiation* (cela revient à dire : « peu importe qui est le géniteur, l'important est de savoir qui est le père ») a été infirmée par la loi de 1972 qui, elle, remet la paternité dans le camp de la biologie : est déclaré père, en effet, l'homme qui peut prouver, à l'aide d'expertises fondées sur l'étude des groupes sanguins notamment, que c'est bien lui le géniteur. Au moment même donc où on élaborait tout le système de l'IAD sur la construction d'une cloison étanche entre la paternité biologique (du donneur) et la paternité sociale (du père stérile), la législation reperméabilisait la cloison... Et la jurisprudence eut tôt fait de donner corps à cette mesure législative à propos d'un procès de divorce après IAD [1].

1. Tribunal de grande instance de Nice, 30 juin 1976. Un père-IAD a obtenu gain de cause dans son désaveu de paternité.

Et pourtant… bien des cas d'IAD témoignent qu'il vaut souvent mieux ne rien savoir du tout. Tel cet exemple que nous connaissons personnellement : il s'agit d'un couple d'enseignants demandeurs d'IAD. Mme C a été enceinte de jumeaux au bout d'une dizaine d'inséminations ; en fait, il s'est avéré qu'au moment de l'insémination supposée fécondante, elle a eu un rapport unique avec un partenaire de passage… Elle m'avait demandé alors si elle devait interrompre sa grossesse ; je lui avais répondu de façon neutre. Par une « ironie du sort », un des jumeaux était mort-né à l'accouchement ! M. et Mme C sont aujourd'hui heureux, élevant une belle petite fille. Il semble que M. C n'ait jamais été au courant de rien. Nous pourrions intituler ce cas : *Né de père reconnu…*

Mais ce consensus de base est fragile, on l'a vu, lézardé par des divergences idéologiques très profondes sur le rôle de l'argent par exemple ou sur la fonction d'assistanat que doivent ou non remplir les institutions sociales. Également, nous allons le voir, sur les « indications », ou types d'individus qui peuvent entrer dans le circuit IAD : les uns en excluent les mères célibataires, les autres ne veulent retenir que des donneurs mariés et pères de famille, les uns refusent les femmes si elles ont ne serait-ce que 38 ans *et un mois,* les autres les admettent jusqu'à 40 ans et plus. Les uns se bornent à l'aspect technique du processus, les autres insistent également sur l'aspect moral et normatif de cette pratique.

C'est pourquoi nous examinerons avec soin le paramètre institutionnel (caché sous l'anodin fonctionnement quotidien) en envisageant le poids respectif des différents protagonistes concernés — la banque, les spécialistes, les « consommateurs » et producteurs —, tous ces personnages qui, avec leur bagage scientifique mais aussi leurs références personnelles, pèsent d'un grand poids dans cette filiation assez particulière qu'est la descendance par IAD.

2. Les indications de l'insémination artificielle avec donneur

Toutes sortes de spécialistes ont à s'occuper de l'insémination avec donneur :

— les médecins inséminateurs,

— les biologistes de la reproduction,

— les médecins spécialistes de l'infécondité,

— les dirigeants des banques de sperme, voire d'ovocytes, les généticiens, les cancérologues,

— les psychologues, psychiatres, psychanalystes,

— les pédiatres, les juristes, les sociologues.

La liste n'est pas limitative ; et chacun ayant sa « philosophie » de l'IAD, les poses d'indication sont donc variables et variées. Cependant, on peut à grands traits en décrire les principales qui paraissent résulter d'un certain consensus parmi les « spécialistes » que nous venons d'évoquer :

L'IAD est proposée à des couples qui en font la demande, et chez lesquels l'homme présente une altération profonde de la spermatogenèse, tandis que la femme, elle, a un bilan médical « normal » ou facilement corrigible.

En France, le bilan global des demandes acceptées au 31 décembre 1978 s'établit comme suit dans les CECOS [1] :

altérations profondes de la spermatogenèse (azoospermies)	54 %
causes génétiques	2 %...

1. Cf. note 2, p. 143.

incompatibilité sanguine Rh	0,5 %
divers	16 %
oligoasthenospermie	26 %

Ce tableau nécessite quelques commentaires : on voit que, outre les altérations de la spermatogenèse qui constituent les principales indications, il en existe d'autres, à une fréquence moindre :

— les causes génétiques (2 %), où existe un risque que l'homme transmette une maladie héréditaire grave à un enfant ;

— les incompatibilités de rhésus graves (0,5 %) : l'union des époux risque d'aboutir à des fœtus qui meurent *in utero* ;

— les troubles de l'éjaculation qui, eux, ne sont pas chiffrés, mais sont répartis dans le groupe « divers ». Il s'agit d'hommes anéjaculateurs, éjaculateurs précoces, voire impuissants (mais qui peuvent se masturber en laboratoire pour fournir du sperme en vue de l'IAC).

Il est évident que ces derniers cas ne relèvent de l'IAD que si les médecins les acceptent. En règle générale, les CECOS ne considèrent pas la demande de ces couples comme recevable.

26 % des demandes acceptées concernent donc des couples où l'homme présente une oligoasthenospermie, un sperme dans lequel les spermatozoïdes sont insuffisants en nombre et en mobilité. Mais le concept d'oligoasthenospermie est variable d'une « école » médicale à l'autre, et nous avons vu les variations très larges de la fécondabilité naturelle d'un couple. De même l'appréciation de la « normalité » du bilan féminin est très dépendante de l'expérience et de l'opinion des médecins qui reçoivent les demandes. Si on ajoute les 16 % de « divers » (26 % + 16 % = 42 %), on remarque que dans près de la moitié des cas, *l'indication médicale de l'IAD reste imprécise*.

Le réseau CECOS dans le même bilan précise que sur 6 385 dossiers 290 ont été refusés, soit 4,5 % ; les motifs ont été [1] :

1. Symposium international sur l'insémination artificielle humaine et la conservation du sperme, Paris, 9-10-11 avril 1979, Palais des congrès, POSTER CECOS.

stérilité masculine non certaine	58 %
stérilité tubaire (donc féminine)	7 %
âge de la femme (+ de 32 ans)	12 %
anomalie du caryotype	6 %
troubles psychologiques graves du couple	10 %
troubles sexuels masculins	3 %
troubles graves de l'ovulation	4 %

On voit donc que les médecins qui accueillent les couples au CECOS ont *opéré eux-mêmes une autre sélection* que celle qui avait déjà été faite par le confrère qui leur avait adressé les couples.

Certes l'imprécision des indications tient en grande partie et avant tout à l'insuffisance des connaissances en matière d'hypofertilité masculine, mais ce « flou » favorise certainement des *indications inadéquates*. Ainsi on signale périodiquement des naissances naturelles dans des familles où il y a eu des enfants IAD. En Belgique, le Pr Schoysman, pionnier européen de l'IAD, rapporte une fréquence de 2 % de grossesses « spontanées » par an dans ses « listes d'attente » de couples demandeurs d'IAD [1].

D'autres indications apparaissent *abusives* : la demande des patients apparaît parfois superflue ou dangereuse aux médecins qui les reçoivent (voir les règles du CECOS déjà citées). En France, par exemple, les demandes d'insémination des femmes seules ou des couples homosexuels féminins sont rejetées par le réseau public des banques de sperme, c'est-à-dire par une équipe de médecins, généticiens et psychologues. Mais il semble bien que la plupart des demandes de ce type soient satisfaites dans des réseaux privés.

A l'inverse, compte tenu de la longueur de la liste d'attente, il arrive qu'aux CECOS on impose à un couple demandeur une série d'inséminations avec le sperme du mari tout peu fécondant qu'il soit, en attendant... Et, ce, même si la femme a 35 ans.

1. Congrès déjà cité — comptes rendus publiés in *Human artificial insemination and semen preservation, op. cit.*

L'« IAD-médicament » fait en tout cas son chemin dans l'esprit des patients, mais aussi dans celui des médecins. A telle enseigne, et ce n'est pas une des moindres retombées de cette technique, que les médecins n'hésitent plus à annoncer rapidement et clairement à un homme qu'il doit être considéré comme stérile (comme pour le cancer) : « Compte tenu de l'état actuel de la science, monsieur, vous êtes stérile, mais vous pouvez recourir à l'insémination artificielle avec donneur, puisque le bilan de votre femme est normal. »

On généralise, on banalise…

3. Épidémiologie, résultats

Le centralisme jacobin et l'hégémonie parisienne ont, dans ce cas, des côtés bénéfiques. Depuis la création en 1972 par le Pr G. David du premier CECOS, les résultats sont en effet régulièrement publiés. Ce sont les résultats de ce réseau (quatorze banques) que nous allons rapporter. Ils ne concernent que les IAD réalisées avec du sperme congelé, ce qui représente la très grande majorité des cash en France, on l'a vu.

Pour la seule année 1981, le réseau CECOS a reçu 2 957 demandes d'IAD ; ont été inséminées 37 858 paillettes ; 1 503 grossesses ont été obtenues, avec un taux de fausse couche de 16 %, identique à celui observé en fécondité naturelle.

Comme nous l'avons vu, le *taux de succès par cycle* est beaucoup plus précis, il tourne autour de 8 % (rappelons que le taux moyen par cycle en fécondité naturelle est de 25 % par cycle).

Point important, ce taux de 8 % est *constant pour chaque cycle*, et on obtient à douze mois un taux cumulatif de grossesses voisin de 50 % ; on voit donc que les chances de grossesses restent égales à chaque cycle d'insémination. En un an, le « rendement » de la méthode, égal à 50 %, n'est pas mauvais. Par ailleurs selon les mêmes méthodes de calcul, le taux de succès par cycle des femmes traitées pour obtenir un deuxième ou un troisième enfant, est de 16 % par cycle [1].

1. G. David, F. Czyglik, D. Schwartz, M.J. Mayaux, art. cit., p. 211. Il y a eu, en 1982, un peu plus de 400 demandes pour un deuxième et troisième enfant adressées aux CECOS.

Fait curieux, au 30 septembre 1980, le calcul du taux de succès par cycle a montré que celui-ci était passé de 10 % à 8,5 % par cycle. Cette chute de l'efficacité de la méthode n'a pas reçu pour le moment d'explication satisfaisante [1].

Quels sont les principaux facteurs influençant le taux de succès ?

Tout d'abord, on l'a vu, s'il s'agit d'une deuxième ou d'une troisième grossesse, les chances sont considérablement augmentées [2]. L'âge de la femme est également un facteur déterminant. Le taux de succès par cycle passe de 13,8 % par cycle pour les femmes de 25 ans, à 5,3 % pour celles âgées de plus de 35 ans.

La fertilité féminine naturelle est également un facteur important. Le taux moyen de succès par cycle de l'IAD est de 6 % lorsque le mari est oligozoosperme, alors qu'il est de 10 % lorsque le mari est azoosperme (pas de spermatozoïdes) [3].

La technique de l'IAD est également déterminante et en particulier, on l'a vu, le jour du cycle où l'insémination est effectuée (le taux de grossesse par cycle est maximal si l'IAD est effectuée aux jours : -3 et -1) [4]. Les calculs statistiques ont enfin montré que le succès était maximal lorsque l'on pratique *deux* inséminations par cycle. Les multiplier ne sert donc à rien.

Si l'indication médicale de l'IAD a été bien posée et si l'inséminateur est expérimenté, le taux de succès est important, et ce système réalise incontestablement une alternative efficace à l'infécondité masculine. Ceci, bien sûr, sur un plan purement « technique ». Or, nous allons le voir, l'IAD n'est que très partiellement « affaire de cuisine ».

Un dernier mot à propos du recrutement des donneurs, point névralgique de tout l'édifice IAD, car faute de donneurs, il n'y a plus d'IAD. Tandis que la demande augmente considérablement chaque

1. Ou plutôt une seule réalité paraît en être responsable : la moins bonne « qualité » des spermes de donneurs depuis quelques années…

2. Preuve, parmi les plus évidentes, de l'influence énorme de l'état psychique des femmes (et des couples) sur la conception par IAD.

3. Cf. p. 92, n. 1, à propos des femmes hypofertiles.

4. Cf. p. 72, à propos de la programmation des rapports sexuels.

année, le nombre des donneurs, reste, lui, sensiblement constant ou en faible progression, dans les CECOS. A titre d'exemple, voici le nombre de donneurs « utilisables »[1] sur une période de quatre ans :

1978 : 342 *1979* : 324 *1980* : 349 *1981* : 464

Précisons que tous ces hommes font une démarche qui leur coûte (ainsi souvent qu'à leur épouse) puisqu'ils doivent s'engager à venir six fois, sans contrepartie, se masturber dans un hôpital... Voici leur mode de recrutement pour l'année 1981 :

démarche personnelle	167 hommes
adressés par un couple demandeur	300 hommes
vasectomies	123 hommes
autres (principalement adressés par le corps médical)	107 hommes

Ce tableau appelle quelques commentaires : le chiffre le plus important (300) montre que les couples demandeurs d'IAD sont souvent sollicités, de façon pressante, par les médecins des CECOS pour « motiver » quelqu'un de leur entourage à être donneur de sperme. Au CECOS de Bicêtre, il est dit aux couples que, s'ils amènent un donneur, « le délai d'attente avant de commencer les IAD peut être notablement réduit[2] ». Bien sûr il est exclu que le donneur amené soit utilisé pour le couple, mais, dans le fantasme, il se crée tout de même un lien[3]... Précisons que sur un échantillon de 107 couples (chiffres du CECOS de Lyon en 1979), 33 ont refusé de tenter un recrutement, et 58 l'ont fait pour obtenir une priorité « à tout prix » !

Si l'on ajoute que les couples qui essaient de trouver un donneur

1. Ceci veut dire que tous les donneurs qui se présentent ne sont pas acceptés. En 1981, sur 707 donneurs qui se sont présentés aux CECOS, 464 seulement ont été retenus. La raison principale de leur « élimination » tient au fait d'un sperme pas assez bon ou qui ne supporte pas la congélation.

2. Cette phrase provient du fascicule de renseignements aux couples demandeurs d'IAD donné dans ce CECOS. Concrètement, le délai peut passer de 18 mois à 6 mois (si le couple amène *deux* donneurs).

3. Cf. p. 158.

essuient un refus *presque une fois sur deux* (dans 43 % des cas) on réalise la pression psychologique pénible que l'institution exerce sur eux.

Quant au chiffre qui concerne les vasectomies, il peut aussi surprendre : il n'est pas évident en effet qu'un homme (un couple en général) voulant interrompre définitivement sa descendance soit en même temps motivé par le fait d'aider autrui à faire des enfants. Ce n'est en effet pas souvent le cas..., mais, là encore, certains médecins des CECOS exercent une pression sur ces hommes qui viennent à la banque de sperme pour faire un dépôt *pour eux-mêmes* avant l'opération, les incitant à faire *également* des dons pour d'autres, ce qui signifie, sur le seul plan matériel (sans envisager ici le plan psychologique) de venir cinq ou six fois de plus à l'hôpital et de retarder d'autant la stérilisation [1]. Bien sûr, ces pressions sont faites « pour la bonne cause » : trouver des donneurs ; mais, là encore, on peut se poser la question du coût : coût psychologique pour ces couples (les demandeurs d'IAD comme les demandeurs de vasectomie) qui ne sont pas dans une situation psychologique très confortable à ce moment de leur vie (c'est le moins qu'on puisse dire !), et coût psychologique pour les donneurs qui ne sont pas des « taureaux à sperme »...

Ce que nous contestons ici, c'est le fait qu'au nom de présupposés idéologiques propres aux médecins ou à l'institution (avoir un important stock de sperme, mais aussi avoir du sperme « gratuit », avoir du sperme d'hommes mariés avec enfants etc.), toutes options d'ailleurs défendables et dont nous ne suspectons ni l'honorabilité ni la cohérence, l'on manipule des individus qui n'ont rien à voir avec ce type de problématique. De nombreux couples qui demandent une IAD n'ont par exemple aucune préférence sur la provenance du sperme qui leur sera attribué : ou plutôt si, ils ont une demande et une seule, c'est que ce soit du « bon sperme » ; le fait que le donneur soit marié ou non, qu'il ait été dédommagé financièrement ou non leur importe souvent peu, voire pas du tout. Quant aux couples qui

1. Là encore, cela dépend des CECOS : cette pratique, habituelle dans certains CECOS de province, est exceptionnelle dans ceux de Paris.

veulent une vasectomie, ils ont en général un souci urgent, c'est d'obtenir dans les meilleures conditions cette opération qui n'est déjà pas si facile à faire pratiquer en France (étant donné qu'elle est interdite officiellement par l'Ordre des médecins). Leur demander « un petit geste » avant l'opération relève clairement d'un chantage... Et d'ailleurs, ce qui signe de façon formelle le fait que, sous couvert de médecine, il s'agit en réalité de la philosophie personnelle de chaque individu, c'est de voir que les différents médecins du CECOS ont des « religions » très variées en la matière : certains font du recrutement à tout prix, d'autres font pression sur certains couples demandeurs d'IAD seulement, ceux qu'ils jugent « aptes », d'autres sollicitent clairement les demandeurs de vasectomie mais s'abstiennent de toute pression sur les premiers. Ces divergences sont naturelles, mais ce qui nous paraît quelque peu gênant, c'est d'imposer sa propre vision du monde au travers d'un pouvoir décisionnel sur autrui et, en outre, par le biais d'une institution médicale. Qu'on nous comprenne bien : nous ne voulons pas dire que ce soit « mieux » de payer les donneurs et ainsi de ne pas avoir de difficultés de recrutement ; bien au contraire, payer le sperme, induire la vente de produits du corps (que ce soit le sang ou le sperme) pose d'autres problèmes [1]. La question n'est pas là : elle réside dans le fait que des individus (couples, amis donneurs) engagés dans le système de l'IAD se trouvent automatiquement pris dans un débat idéologique qui leur échappe et dont on ne leur communique même pas les données. Elle réside surtout dans le fait que la recherche (le recrutement...) de donneurs *n'est pas un problème médical*, mais *un problème de société* et que, faute de le placer à son véritable niveau, les institutions qui traitent de l'IAD sont les agents inconscients d'enjeux idéologiques qu'ils n'ont pas les moyens de traiter (ou qu'ils refusent de se donner).

1. On sait, par l'exemple de la vente du sang, que les individus qui sont fortement dédommagés financièrement (cas de l'Amérique centrale) fournissent des produits biologiques de mauvaise qualité (ils deviennent d'ailleurs exsangues !). Voir l'ouvrage de Richard Titmuss, *The Gift Relationship*, Londres, George Allen and Unwin, 1971. Voir aussi l'affaire récente du plasma américain, à l'origine de la « cabale SIDA »

Si nous insistons sur l'élément « D » de l'IAD : trouver des donneurs, c'est qu'à travers ce point on voit clairement comme avec une loupe tout le système de représentations véhiculé par le système. Dire en effet : « Il faut à tout prix trouver des donneurs si l'on ne veut pas fermer boutique », c'est postuler par définition que l'IAD, telle qu'elle est pratiquée actuellement, est le meilleur ou le seul système pour pallier un problème de stérilité masculine dans un couple. Bizarre présupposé... A-t-on attendu l'année 1972 pour songer que cette situation pouvait exister ? Toutes les sociétés du monde ont eu à traiter du problème de la stérilité et toutes y ont répondu à leur façon : on le voit à travers les romans où c'est un thème classique [1]. Mais c'est également un sujet largement étudié par les ethnologues de différentes cultures [2].

Nous verrons au chapitre suivant que c'est d'abord la question *de la circulation des enfants dans une société* qui est inhérente à l'IAD. On peut la poser dans les termes suivants : « Comment un couple stérile (peu importe à la limite que ce soit l'homme qui en soit la cause, c'est toujours *le couple qui ne peut pas avoir d'enfants*), et qui veut *absolument* avoir une descendance, peut-il faire pour en avoir ? » Répondre à cette question en proposant comme seule alternative réaliste (étant donné l'extrême difficulté d'adopter un bébé) le système institutionnel de l'IAD, avec son aspect obsessionnel, rigide, asexué, etc., c'est voir les choses par le petit bout de la lorgnette... Un problème de société ne peut être traité par la seule médecine, et par un seul type de médecins.

1. Voir *L'Héritage* de Maupassant (in *Contes et Nouvelles*, Paris, Gallimard, « La Pléiade », t. II) parmi d'autres, ou *La Valse aux adieux* de M. Kundera *(op. cit.)* qui aborde directement la question de l'insémination.

2. Voir les références données dans la Ire partie, en particulier les travaux de F. Héritier sur une population d'Afrique de l'Ouest. Voir aussi l'ouvrage de Maurice Godelier, *La Production des grands hommes*, Paris, Fayard, 1982, qui traite notamment de la question du don de sperme, de la paternité et de la sexualité, dont nous reparlerons. Mais disons tout de suite qu'un système, tel l'IAD, *qui a pour but de « faire des enfants » et où nulle hétérosexualité n'existe* (la seule sexualité dont il est question, c'est l'autosexualité du donneur qui se masturbe) pose tout de même quelques problèmes !

4. « Le système D »

Car enfin, il faut bien admettre qu'on ne peut impunément faire l'économie de la question : « Qu'est-ce que le sperme ? », ou plutôt : « Quelle est la signification socioculturelle de ce seul sperme fécondant dont la valeur est accentuée dans l'IAD de façon hyper-emphatique ? » Si l'on ne donne pas une réponse cohérente à ces questions, ce gigantesque système — l'IAD — reste inintelligible car complètement *paradoxal.*

D'une part, en effet les données scientifiques incontestables [1], tant génétiques qu'anthropologiques, ont montré et *prouvé* que l'hérédité psychologique (c'est-à-dire l'intelligence, la culture, etc.) ne se transmettent pas par le capital génétique (par les chromosomes). D'autre part, et c'est là le nœud du paradoxe, le système de l'IAD est construit sur une véritable négation de ces données : il feint de croire en effet que le problème de la stérilité d'un homme qui veut être père est tellement grave qu'il faut à tout prix la colmater, la « faire disparaître », faire « comme si » la descendance du couple était « naturelle » [2]. Mais la contradiction la plus évidente encore réside dans la volonté farouche, à tout prix encore, de gommer l'identité du donneur, de dépersonnaliser le sperme en en faisant un simple produit de remplacement, en sorte que ni le producteur, ni les

1. Et nullement contestées par les dirigeants des CECOS qui sont des hommes de science.

2. Les données génétiques ont, par ailleurs, montré à quel point il était intéressant, pour une famille, d'avoir des « apports génétiques » extérieurs. La diversité est source d'enrichissement. Argument supplémentaire en faveur du caractère bénéfique pour la descendance de l'apport d'un donneur.

consommateurs ne vivent à aucun moment *une quelconque expérience humaine commune.* Or cet évitement quasi obsessionnel est contradictoire lui aussi avec les données scientifiques montrant que le sperme, en dehors de sa seule valeur biologique, est un *produit banal,* autant que peut l'être le sang par exemple, voire la salive [1], ou les cheveux... Vouloir cacher *à tout prix sa provenance* revient à lui donner une valeur magique : gommer le donneur, c'est accorder à son sperme une importance infiniment précieuse, hors de prix (dans tous les sens du terme), tellement « chère » qu'elle en devient tabou et qu'il faut canaliser de façon autoritaire la circulation de cet « or blanc » (nom argotique du sperme dans la terminologie de l'argot bancaire !). Et pourtant le sperme est précisément le tissu biologique le plus gaspillé de toute l'espèce humaine.

Avec l'accord de l'auteur, nous allons citer ici quelques pages d'une des seules réflexions menées (à notre connaissance) par une femme sur le sperme. Le détour en vaut la peine [2].

Le sperme

Le sperme, dira-t-on, mais lequel ? Bonne question à poser d'emblée. Il s'agit en effet d'un tissu biologique que notre Bonne-Mère-Nature a accordé de façon très généreuse aux individus de sexe masculin : quels veinards, ces hommes qui — presque comme dans *Tintin*, de 7 à 77 ans — produisent au cours de leur vie, le jour, la nuit, volontairement, involontairement, des litres de sperme [3], des milliards de spermatozoïdes. Chacun peut fantasmer sur ces chiffres à sa guise ; il

1. Métaphore très commune, comme en témoigne l'expression : « c'est son père tout craché » (c'est-à-dire « tout éjaculé »).

2. Isadora Donon, « Propos sur le sperme ou l'art d'accommoder les spermatozoïdes », in *Autrement,* n° 35, 1981.

3. Autour de trente-cinq litres par vie. Il s'agit d'une moyenne. Ce n'est pas une mesure encore « étalonnée » !

n'empêche que le sperme est véritablement un organe très riche (composé du liquide spermatique + (×) millions de spermatozoïdes), et fantastiquement gaspillé ; il s'agit même là d'une fabuleuse gabegie. Pensons-y : le Français moyen qui, à l'heure actuelle, a 1,8 enfant dans sa vie — en moyenne — produit environ 2 000 milliards de spermatozoïdes ! Et seuls, *deux ou trois d'entre eux* auront « servi à quelque chose », auront fécondé un ovule [1]. Qu'en conclure sinon se rendre à l'évidence qu'il n'y a pas un seul sperme, *il y en a au moins deux :* le sperme fécondant (avec une sous-catégorie : fécondant exprès et pas exprès), organe rarissime, donc précieux (cf. l'adage « tout ce qui est rare est cher » [2]) et, par ailleurs, une deuxième catégorie, c'est-à-dire tous les autres spermes, ceux de la vie quotidienne et nocturne.

Or, dans notre société, quand il s'agit de paternité, on attache une importance tout à fait extraordinaire à ce fameux sperme fécondant. Inversement, on dramatise à l'extrême son absence : soit que le géniteur ne soit pas le mari de la mère : c'est l'histoire du bâtard ; soit que ledit mari ne puisse donner la preuve que ce spermatozoïde super-rapide qui est arrivé le premier, c'est bien lui qui l'a fabriqué : c'est l'histoire des hommes *stériles ou supposés* stériles.

Ce ne sont pas des histoires drôles pour les héros. Laissons le bâtard à son triste sort (puisqu'il sort du sujet) et revenons au parcours du combattant de ces hommes stériles : les « azoo » comme le disent parfois de jeunes carabins, ou les « oligo » ou les « terato-oligo-astheno » [3]. De ces hommes à

1. En comptant une FC voire une IVG.

2. En réalité, d'un accord tacite, il semble que les pays du Marché commun et les USA se soient retrouvés sur un prix de marché commun, autour de 150 francs l'éjaculat. En France, il n'y a plus que le sperme pour la recherche qui soit payé, tout au moins dans les banques nationalisées. Le tarif est le même pour la recherche (cas rare...) : entre 150 francs et 200 francs selon les centres. Il s'agit d'un prix brut : les « retenues » ne sont pas évaluées, il n'y a donc pas de « net ».

3. Il est indispensable d'avoir fait du grec pour comprendre quelque chose à la spermatogenèse ; de même qu'il faut être ferré en mythologie pour parler psychanalyse...

qui *quelque chose* manque (du « bon sperme ») et à qui *quelqu'un* manque (un enfant). Un enfant, on comprend très bien. En revanche, c'est plus difficile de comprendre ce qui leur manque exactement « en matière de sperme » [1].

Que disent-ils eux-mêmes ? D'abord qu'ils ont passé un examen (le spermogramme) ; ils ont été collés, ils n'ont pas reçu le certificat de fécondité-normalité dont sont implicitement ou explicitement gratifiés ceux qui sont reçus et a fortiori les donneurs. Or, ces hommes-qui-veulent-être-pères, intériorisant et fantasmant le discours des médecins, disent que leurs spermatozoïdes sont absents, nuls, impuissants, mal formés, trop lents, trop pauvres, pas assez virulents [2] ! Il arrive souvent que, prenant la partie pour le tout, ils se métonymisent en spermatozoïdes...

C'est vraiment dommage que notre idéologie sur la reproduction induise cette fantasmatique. Qui, de nos jours, dirait à un aveugle que sa cécité est peut-être bien le fruit de la transgression de l'interdit œdipien (l'inceste) ? Qui reprocherait à un chauve sa calvitie ? Qui tiendrait rigueur au porteur d'un groupe sanguin rare (par exemple AB rhésus négatif) ? Ah ! bienheureux moment que celui où on ne savait pas qui, de l'homme ou de la femme, était « responsable » (comme on dit) de l'infécondité du couple ! C'était moins culpabilisant — on pouvait incriminer ses parents, grands-parents, aïeux divers, la guerre, les maladies, les temps...

Mais Dieu merci, la Bonne-Mère-Médecine dont la fille aînée est, en France, l'Assistance publique, après s'être montrée très sadique avec ces candidats à la paternité (puisqu'on leur dit — pour les cas IAD — que ce n'est même pas la peine qu'ils se représentent à l'examen), leur offre une solution de remplacement : la banque qui, moyennant finan-

1. La stérilité est en effet une bien curieuse « maladie » : elle *n'apparaît* que si un individu vit en couple et se met à désirer des enfants !
2. Ils disent du « bon » spermatozoïde qu'il est, en revanche, « agressif ». Les connotations de ce vocabulaire sont lourdes à porter.

ces [1] et patience, leur fournira des paillettes de bon sperme, produit surgelé et conservé dans d'excellentes conditions, et dont l'usage après décongélation pourra, dans le meilleur des cas, donner lieu à la naissance d'un enfant dont ils seront les pères. C'est donc un sperme réparateur, véritable lait [2] que l'*Alma Mater* dispense aux canards de sa couvée.

Comme on le voit, l'histoire se termine bien parfois, en dépit du fait qu'avec l'insémination de la femme on a inséminé à l'homme le doute sur sa paternité : entrer dans le système en effet pour un individu, c'est reconnaître officiellement qu'il n'est pas le père biologique, c'est obérer sa paternité future sous prétexte qu'il y aura toujours un non-dit (et un non-fait) entre les parents et l'enfant. Alors qu'on devrait dire à ces hommes que la coïncidence entre paternité biologique et paternité sociale est un *épiphénomène culturel actuel*, et que c'est assez rare, dans l'histoire et dans la géographie, que ça se soit passé de la sorte ! Sperme du coït fécondant et paternité n'ont pas des rapports de filiation évidents...

Mais revenons aux donneurs. Une part de l'ombre du doute qui plane sur le couple receveur vient en effet du donneur qui reste dans l'ombre (puisqu'il est anonyme). Dans l'adultère, c'est beaucoup plus simple : il y a un amant, un mauvais objet (mauvais sujet aussi) qu'on peut vilipender, haïr, etc. Dans l'IAD, impossible puisque le donneur précisément est généreux, altruiste, donnant (il est aussi d'Onan, ce qui complique les choses...) : il ne peut donc servir de support de projection.

Il faut alors se poser la question : qu'est-ce que le sperme du donneur ? Et à qui le donne-t-il ? Pour répondre à cette

1. Depuis 1980, les paillettes sont remboursées. Il est clair, cependant, qu'on n'a pas encore trouvé le bon « filon » ! Ce qui veut dire que l'enfant IAD est désormais « remboursé » par la Sécurité sociale (autre image maternelle !). Que de mères autour du berceau de ce futur enfant, ou que de fées ! Espérons en tout cas que ce ne sont pas des sorcières (ou des apprentis sorciers)...

2. L'équivalence lait/sperme est bien connue. C'est d'ailleurs le même mot en arabe, en argot espagnol, etc.

question, nous allons mélanger ce que disent les biologistes et ce que disent les donneurs :

1. *C'est du bon sperme* : « ils » sont supernombreux, supernormaux, supermobiles.

2. *C'est un de ces spermes très rares* (de notre deuxième catégorie) : un sperme qui ne va servir qu'à la fécondation, c'est en tout cas sa finalité explicite ; si l'insémination rate, ce ne sera pas de son fait. En un mot, il est tout le contraire du sperme gaspillé, celui « de tous les jours ».

3. Ce qui le rend encore plus exceptionnel, c'est qu'il est *dissocié de l'hétéro (ou homo) sexualité*, il relève uniquement de la sexualité infantile (prégénitale pour parler « psy »). Et encore cette masturbation est-elle purement fonctionnelle car on n'a pas encore trouvé d'autre moyen pour aller le chercher, ce sacré sperme. C'est, de l'avis des donneurs, un sperme sans plaisir, un sperme « bon à donner » comme on signe un « bon à tirer ».

A qui est-il donné ? On retrouve là un schéma plus classique : à une femme ; pas à la compagne du « producteur », mais à d'autres, ce qui nous oblige à lui trouver une quatrième caractéristique :

4. *C'est un sperme donné par une femme à des femmes.* Expliquons-nous : le « propriétaire » du sperme n'est pas forcément le producteur (ou pas seulement) ; ce serait plutôt... la consommatrice. Tout fonctionne en effet comme si c'était la femme qui était la plus « attachée » au sperme de son compagnon, qui l'investissait plus que celui-ci. Exemple : l'idée d'avoir des rejetons biologiques dans la nature est souvent une idée agréable, voire drôle pour les donneurs ; beaucoup moins pour leurs épouses ! Bizarre, peut-être, mais

c'est comme ça. Dans le don du sperme, c'est donc d'une certaine façon une femme qui donne, qui accepte que son mari soit donneur. Or, ce sperme, ledit donneur (ou son épouse) en fait don, non à une seule femme, mais à deux :

a) à la « banquière »,

b) à la femme receveuse, celle qui est inséminée. Elle vit en couple, certes, mais c'est néanmoins elle qui reçoit physiquement la paillette.

Une fois « liquidés » les différents aspects de ce sperme de donneur, nous nous acheminons vers sa cinquième et dernière caractéristique, non la moindre :

5. Il s'agit d'un *sperme donné.* Je sais, on l'avait déjà compris. Mais il y a plus à comprendre. Lorsque l'émetteur remet son éprouvette dûment remplie à la laborantine ou à la banquière, celui-ci ne lui appartient plus, il abandonne définitivement tout droit de propriété — actuelle et future — sur cette partie de lui-même. Il s'agit d'un legs (d'un prêt) en somme (ou d'une somme ?), que le donataire peut faire fructifier comme il l'entend (et, il le fera, bien entendu, comme toute banque qui se respecte) ! Mais commence alors pour cette « dose » de sperme une vie nouvelle, « bien au froid ». L'éjaculat va en effet être très rapidement figé, congelé, restant ainsi éternellement jeune, gardant l'âge qu'il avait le jour de son émission (c'est le « spermatozoïde année zéro », selon l'expression d'un homme), et ce, tandis que son « ancien propriétaire » (le donneur) vieillira, lui, d'un jour tous les jours, comme tout un chacun... (Voir sur ce point Edmond About, *l'Homme à l'oreille cassée*, Bibliothèque verte). Ainsi, le donneur, nouveau Prométhée des temps modernes, peut-il défier le temps : donner, c'est prendre une option sur l'éternelle jeunesse... Et c'est exact : tel homme qui donne du sperme à l'âge de 20 ans pourra « avoir » un enfant 10 ans plus tard, alors qu'il aura, lui, 30 ans, enfant fait avec du sperme qui « aura toujours 20 ans » ! Ceci se généralisera

peut-être [1] dans un avenir proche : il n'y aurait plus que des « enfants faits par des individus jeunes » ; dans le « système DSI » (don-stérilisation-insémination), tous les hommes seraient donneurs (à la fois pour eux et pour autrui) avant l'âge de 25 ans, puis vasectomisés, et, s'ils souhaitent une paternité plus tard, ils n'auraient qu'à recourir à l'insémination avec leur propre sperme qui serait resté, lui, toujours jeune et à l'abri du temps [1].

Il faut se rendre à l'évidence : chez nous, le sperme, ce liquide si banal, si richement prodigué par la nature, si peu utilisé en même temps dans sa capacité fécondante, si gaspillé, est pourtant considéré par nombre de nos concitoyens comme une voie lactée — le sperme des Dieux — tapissée de diamants... Peut-être devrait-on exposer au Louvre une paillette de chaque homme célèbre ? C'est peut-être parce que Jésus n'a jamais utilisé le sien ??? Ne nous égarons pas [2]...

Nous proposons, pour notre part, au nom des femmes, que l'on crée un musée de l'Ovule où chacune pourrait, à titre de simple gratification ou pour le plaisir de l'œil, déposer un de ses 700 000 ovules, histoire d'aller le voir de temps en temps ; satisfaction bien légitime, puisqu'en tout cas nous ne voyons jamais rien, nous [3] (tout se passe à l'intérieur). Décidément, quels heureux mortels que ces hommes : ils voient leur sperme, ils peuvent même s'amuser à regarder leurs spermatozoïdes au microscope (c'est très gratifiant — avis aux donneurs en puissance !).

Pour terminer, nous nous permettons de vous recommander un bon cadeau de Noël pour vos fils de 11 à 14 ans : *Sperme 2000*. C'est un jeu sans danger, bon marché, et éminemment éducatif ; sont fournis un petit microscope, des lames de verre

1. Comme l'imagine astucieusement le Dr Alain Céminé dans son très bel article, « Des points d'or sur un fond mauve », *Autrement*, n° 30, mars 1981.
2. C'est d'ailleurs en partie inexact — voir sur ce point ce que les folkloristes disent de la mandragore.
3. Œdipe ne pouvait être qu'un homme. C'est « aveuglant » d'évidence !

et quelques préservatifs ; vos fils pourront ainsi observer leurs propres spermatozoïdes [1].

Au fond, et pour conclure, mieux vaut les musées que les banques.

Que l'on nous pardonne cette longue enclave : mais l'humour manque tellement en IAD qu'il ne nous a pas semblé inutile de livrer ces réflexions dont la verdeur ne doit pas occulter la finesse. Il est clair, en tout cas, que ce remarquable « analyseur » [2] qu'est le don de sperme donne beaucoup à comprendre du système de l'IAD. Sans entrer ici dans les détails, on peut néanmoins repérer *l'aura* mythologique qui entoure ce sperme rare qui ne peut servir qu'à la fécondation : « bon sein », bon lait, mais aussi produit ambivalent, plein d'éléments virulents et agressifs ; substance que l'on veut à tout prix purifier (pas de sexualité, pas d'argent), et, ce, de façon tellement obsessionnelle que l'on se demande quelle dynamite il s'agit de désamorcer [3] !

Le « D » vu de l'IA [4]

A la lumière de ce qui a été exposé du système IAD, il n'y a pas lieu de s'étonner du peu de chose à dire des couples sur la manière dont ils imaginent le donneur. Il n'est guère évident de fantasmer sur une paillette, surtout congelée... à moins d'avoir un goût prononcé pour la science-fiction ! Il est d'ailleurs impressionnant, lorsqu'on a l'occasion de s'entretenir longuement avec ces

1. Ce jeu est éducatif en ce sens qu'il représente la meilleure sensibilisation à la contraception qu'on puisse créer chez un jeune garçon. En plus, cela déculpabilise la masturbation. Détail que nous tenons à signaler : si vous possédez déjà un microscope, il existe un modèle simple de ce jeu, sans microscope. (En vente partout à Noël 1983.)

2. Au sens d'analyse de contenu.

3. Voir sur ce fait notre article « Donneuses et donneurs de " fils " », sous presse in *Le Nouveau Roman familial*, ouvrage collectif sous la direction du Dr M. Soulé, Paris, ESF.

4. A ne pas confondre avec *L'Homme-Dé*, de Luke Rhinehart, Paris, Seuil, 1973. L'auteur, psychanalyste « fou », joue toutes les actions de sa vie aux dés...

candidats parents de réaliser à quel point toute dimension humaine est occultée en ce qui concerne l'homme — les hommes — qui vont éventuellement leur permettre d'avoir un enfant. La reconnaissance qu'ils expriment est pour la « banque » et la « bonne-mère-médecine » qui leur fournit gratuitement ce « médicament miraculeux et estampillé » ; le « bon sperme ». C'est bien, comme nous le disions précédemment, l'institution qui est devenue le donneur.

Pour notre part, en tant que thérapeute, nous estimons nécessaire de restituer la triangulation dans cette conception ; faute de quoi, on reste au stade d'un fantasme infantile magique et mégalomane, où la conception se fait par l'« opération du saint-esprit ». Ces naissances miraculeuses (Jésus-Christ né d'une fécondation par l'oreille de sa mère-vierge [1], ou Bouddha né de la pénétration du flanc de sa mère-princesse par un éléphant blanc pendant le sommeil de cette dernière) ont fait les beaux jours de l'histoire des religions. Ce n'est pourtant pas un héros fondateur de civilisation que l'on veut faire naître en IAD, mais un enfant aussi *lambda* que possible... C'est donc à dessein que nous parlons du donneur et des donneurs à ces parents-IAD : le fait de nous être personnellement entretenus avec un grand nombre d'entre eux nous rend cette démarche très naturelle [2].

Une catégorie de couples échappe toutefois à ce flou artistique concernant les donneurs : ce sont ceux qui ont tenté (qu'ils aient ou non réussi) de motiver des hommes ou des couples à venir donner. Nous pensons en particulier à ceux qui ont sollicité un frère ou un cousin du mari, mettant en acte, sans le savoir, un fantasme proche de celui du lévirat [3]. Le problème, pour eux, réside précisément dans

1. Cf. sur ce point Ernest Jones, « La conception de la vierge par l'oreille », in *Psychanalyse, Folklore, Religion*, Paris, Payot, 1973. Ce remarquable texte date de 1914 : le psychanalyste Ernest Jones y analyse l'esthétique chrétienne du souffle fécondant (l'Esprit saint personnifié par la colombe, le fameux « petit oiseau »).

2. L'un de nous — la psychanalyste — a reçu plus de 50 donneurs, ayant fait des dons remontant à plusieurs années (recherche financée par le ministère de la Santé, 1979).

3. Voir p. 123, n. 2. C'est le fantasme de toute façon le plus habituel dans notre société. Nous l'avons très souvent rencontré (cf. *La Part du père, op. cit.*). D'autres psychanalystes également (cf. A. Clamar, « Psychological implications of donor insemination », in *Am. J. of Psychoanalysis*, 40, 2, 1980).

le fait que, ne sachant pas qu'il s'agit d'une pratique non seulement culturellement admise, mais souvent *préconisée comme la meilleure*, ils développent le plus souvent un fantasme incestueux, éminemment culpabilisant et non exprimable, qui risque en outre d'entraîner un certain nombre de complications ; ceci bien que, dans la réalité, l'insémination soit pratiquée avec un autre sperme que celui du parent en question [1]. Le fait d'en parler dédramatise souvent ces situations bloquées et peut lever certaines inhibitions. Mais, nous le répétons, cette pratique (suavement appelée par les CECOS « don de couple à couple ») nous semble un mauvais *artefact* qui n'a, encore une fois, pour seule justification qu'un argument économique (trouver du sperme) ; gros problème pour les banques, certes, mais qui ne devrait pas retomber insidieusement sur les couples.

Il n'en demeure pas moins que le psychisme humain normal étant caractérisé par sa *souplesse de fonctionnement*, nombre de pères-IAD, pour peu qu'ils trouvent un lieu d'expression pour leur fantasmatique, peuvent, de façon très structurante, développer une identification aux donneurs, souvent — et pourquoi pas ? — *à travers le geste même du don.* Il est d'ailleurs de fait que la majorité des donneurs de sperme sont aussi donneurs de sang [2], d'organes, mais aussi de temps... (don qui est peut-être le *plus important* en l'occurrence !) ; or il se trouve, et ce n'est évidemment pas dû au hasard, que bien des futurs parents-IAD sont souvent eux-mêmes donneurs de ces mêmes éléments (sang, temps, etc.), sauf de sperme bien sûr, mais est-ce si important ? Et pour peu qu'on offre une connotation positive à cette identification, un aménagement fantasmatique de bonne qualité peut alors exister et faciliter, non des conceptions à tout prix, mais des compromis névrotiques « nor-

1. Le CECOS interdit bizarrement aux couples d'amener à la banque comme donneur un frère ou un beau-frère du mari. Les cousins, eux, sont admis... Dieu sait sur quoi repose cette pseudo-distinction !

2. 60 % de donneurs de sperme sont aussi donneurs de sang, contre 0,8 % de la population masculine en général. Ce chiffre concerne les donneurs non rétribués ; cf. « Les donneurs de sperme », par Ch. Da Lage, M.O. Alnot, Ph. Granet et G. de Parseval, paru in *Les Pères aujourd'hui*, Colloque international, Paris, INED, 1982.

maux » débouchant sur des naissances d'enfants « normaux » (c'est-à-dire des bébés qui ne se trouveront pas d'emblée dans la catégorie « enfants à risques »).

L'IA vue du « D »

A la différence de ce qui vient d'être souligné il y aurait beaucoup à dire sur les fantasmes des donneurs à propos de ce qui se passe « de l'autre côté de la cloison étanche ». Ces hommes sont en effet dans une situation particulièrement frustrante puisqu'on ne leur dit rien (on leur fait une rapide description du système), pas même si leur sperme dont ils font don servira même à la naissance d'un seul bébé : étant donné, d'ailleurs, le fort taux d'échec en IAD, il n'est pas exceptionnel que le sperme — même très fécondant — d'un homme ne donne lieu à aucune conception. Rien d'étonnant alors à ce que ces hommes fassent marcher le « petit vélo » du fantasme, à commencer par le moment où il doivent se masturber sur commande dans un cagibi peu gai de l'hôpital. Ceci étant rappelé ici sans ironie aucune, et par pur souci de vérité, toute prosaïque qu'elle soit.

Comme le dit avec humour Isadora Donon [1], les donneurs fantasment tout naturellement sur leur sperme, liquide grouillant de spermatozoïdes bien vivants qu'ils ont, pour la première et sans doute unique fois de leur vie, l'occasion de voir au microscope, dans certains cas. Légitime bénéfice secondaire que celui-là (pas toujours accordé par les banquiers cependant)... Ceci, plus le caryotype [2], constitue un certificat implicite de normalité génétique, pâture dont les donneurs devront se contenter, à moins que leur imagination ne les entraîne à fantasmer sur une progéniture nombreuse, la descendance d'Abraham, ou une généalogie de patriarche, dont certains,

1. Cf. p. 158.
2. Image « photographique » des paires de chromosomes.

fort rares d'ailleurs [1], se plaisent à se doter. Les autres, la majorité de la « légion donneurs », se contentent d'être des donneurs de « fils » [2], vecteurs ténus qu'ils confient à la banque (toujours elle !) pour le meilleur usage possible. Ils ont peu de sentiment d'appartenance au « système IAD » bien qu'à l'évidence ils en constituent le pilier. Ce n'est pas là le moindre des paradoxes de cet édifice qui en compte déjà beaucoup, nous l'avons vu !

On ne peut cependant pas dire que ce soit un geste neutre pour ces hommes, tant s'en faut. Notre expérience personnelle de « suivi » de certains de ces hommes plusieurs années après leurs dons fait apparaître des « retombées » psychologiques qui ne sont pas forcément positives. Ce sont elles qui constituent *le prix, pour le donneur, du système IAD.* Or, ce prix, l'institution s'en désintéresse royalement, *il faut le déplorer.* Tout se passe, malheureusement, comme si, une fois en possession de ce bon sperme, la banque oubliait totalement le donateur. Bizarre logique bancaire, quelque peu usurière en fait : il n'existe pas en effet d'« intérêts » versés à celui qui a donné ou « prêté » à autrui. Un sourire, une poignée de main (pas toujours), voilà ce que, dans la réalité, récolte le donneur. Les CECOS pourraient reprendre à leur compte le slogan publicitaire lancé par une banque, il y a quelques années : « Votre argent m'intéresse. » Si le mot ne demeurait pas tabou, on pourrait légitimement inscrire au fronton des CECOS : « Votre sperme m'intéresse »...

Très significative, à cet égard, est la terminologie : il est question de sperme, de don, mais *jamais de père.* C'est comme si, dans le champ sémantique de l'IAD, il n'y avait nulle référence à la paternité : ce terme n'est dit (ou écrit) ni d'un côté ni de l'autre de la barrière : pas plus en effet du côté donneur, que nous proposons pour notre part d'appeler le « père-D », que du côté du receveur,

1. Voir sur ce point *La Part du père (op. cit.)* : nous avons rapporté et analysé quelques entretiens avec des donneurs d'où il ressort notamment cette *faible* fantasmatisation sur les enfants nés par IAD.

2. Au sens de « liens », mais aussi de « filiation ». Voir notre communication à la journée scientifique du Centre de guidance infantile, mars 1983, sous presse in *Le Nouveau Roman familial, op. cit.*

homme que l'on appelle habituellement « mari de la femme inséminée » ou « conjoint stérile », et que nous avons proposé d'appeler le « père-IAD »[1]. Ce vide dans la terminologie revient à l'évidence à faire endosser la paternité par l'institution et ses représentants : nombreux parmi eux reconnaissent d'ailleurs volontiers qu'ils ont des fantasmes paternels à l'égard de ces enfants qu'ils font naître. Les plus honnêtes l'écrivent[2]. Les autres se contentent de le penser. Ces fantasmes sont d'ailleurs partagés par les patients en IAD (surtout par les patientes) qui ne peuvent, non sans malaise parfois, occulter les sentiments qu'elles portent à leur gynécologue... Mais nous en connaissons d'autres qui fantasment sur la banque, prenant par exemple fait et cause pour son fonctionnement, s'identifiant aux banquiers[3], etc. Toute cette fantasmatique, on le voit, court-circuite totalement les hommes, les donneurs, qui posent un acte profondément humain et passablement complexe.

Les promoteurs de l'IAD, tout pris qu'ils sont par leur politique du rendement et de l'efficacité, ont tendance à « oublier » l'aspect humain. C'est fâcheux pour une institution médicale qui travaille à un but humanitaire et généreux. Il est facile d'être généreux sur le dos d'autrui... comme en témoigne l'exemple suivant :

Le « père-D » devenu « père-IAD »

M. et Mme G forment un couple uni et parfaitement fertile, mais ils ne peuvent pas avoir d'enfant ensemble. Mme G a été enceinte trois fois de son mari, mais les fœtus sont toujours morts *in utero*, vers 7 mois de grossesse, par suite d'incompatibilité sanguine impor-

1. Cf. G. Delaisi de Parseval et A. Janaud, « Le père-IAD ou le père qui venait du froid », in *L'Information psychiatrique*, n° 10, décembre 1981.
2. Cf. Anne Cabau, Madeleine Dayan-Lintzer, « Le gynécologue et l'IAD : les difficultés, les joies, les peines », *Médecine et Hygiène*, n° 36, 1978. Les auteurs concluent leur article par cette phrase : « Mais pour une femme-médecin quelle puissance et quel plaisir de faire un enfant ! »
3. L'association ANDRIAH fonctionne un peu de cette façon. (Association nationale pour le développement de la reconnaissance de l'insémination artificielle humaine). C'est une association de « consommateurs » (loi de 1901).

tante et spécifique entre les époux. Ce qui avait conduit à leur proposer des IAD avec un donneur ayant un groupe sanguin différent ; c'est ainsi qu'ils sont arrivés à notre cabinet, envoyés par le CECOS. Cette honorable institution, toujours pratique, avait parallèlement « proposé » à M. G d'être donneur (pour d'autres couples), en échange de paillettes pour le sien propre, ce qu'il avait évidemment accepté ! Bel exemple de chantage cecosien... M. G a ainsi pu « blanchir son sperme meurtrier ». Au fil des mois, les inséminations de Mme G se répétaient jusqu'au jour où nous avons abordé la question de leur situation de couple, tellement paradoxale, ainsi que celle de leurs rapports sexuels. M. et Mme G avaient en effet cessé toute sexualité, obsédés par le fantasme d'une grossesse vouée à la mort (M. G ayant de plus été, comme on l'a vu, nanti par le CECOS d'un « label » de fertilité). Ce jour-là, l'entretien avec le couple fût chargé d'une exceptionnelle intensité, du fait que nous les ayons aidé à verbaliser cette peur. Le mois suivant, l'IAD réussit enfin. Mme G, après avoir accouché, put enfin reprendre la pilule et avoir une vie de couple heureuse.

Si l'on veut que le marché soit honnête vis-à-vis du « père-D », il convient à notre sens de faire apparaître les *coûts psychologiques et sociaux* du geste de ces hommes qui sont la clé de voûte du système que l'on devrait d'ailleurs appeler IASD (avec *sperme* de donneur).

Mais faire apparaître la face cachée de ce bel édifice ne serait-ce pas aussi le *démédicaliser* quelque peu ? Nous le pensons. On verrait alors que l'institution ne joue, en l'occurrence, qu'un simple rôle de « magasin » qui stocke et distribue le sperme, c'est-à-dire un rôle tout ce qu'il y a de moins médical ! Il est au demeurant incontestable que le lieu où les CECOS jouent leur vrai rôle médical, c'est moins dans leur aspect bancaire (celui qui concerne l'IAD) qu'en raison de leur véritable « casquette » : Centre de recherches sur le sperme.

Mais — et nous en resterons là pour l'instant — nous estimons qu'il n'appartient pas à un *Centre de recherches médicales de se poser en institution gérant la filiation.* Ou alors il faudrait y mettre le prix, c'est-à-dire poser sur la table toutes les cartes du jeu de la parenté, jeu qui, à l'évidence, a d'autres enjeux, d'autres ramifications, d'autres implications que des manipulations d'épiciers.

Mais nous n'avons pas, nous non plus, oublié le donneur. Voici un résumé rapide du devenir d'un « père-D », vu 10 ans après ses dons.

M. C était étudiant en médecine en 1970 ; il avait 22 ans. Ayant vu à la faculté une petite affiche d'un laboratoire de l'hôpital demandant des donneurs de sperme, avec contrepartie financière à la clé [1], il se présenta. Le biologiste trouva qu'il avait un « sperme superbe » (*sic*) qu'il lui montra d'ailleurs au microscope et le fit revenir une quinzaine de fois pour donner ; il était payé à l'époque 50 francs l'éjaculat (équivalent de 150 francs maintenant). Cet étudiant trouva sur le moment la chose plutôt drôle et valorisante, et la contrepartie financière plutôt utile... Le seul détail qui, me dit-il, l'avait choqué était que le médecin de la banque lui serrait la main en arrivant mais pas en partant, car, en partant précisément, l'étudiant lui tendait l'éprouvette remplie qui était saisie de la main droite par ledit médecin et n'était alors plus libre pour le *shake hand*...

Anecdote très significative à deux points de vue : elle montre tout d'abord le peu de cas fait par ce médecin de l'aspect humain ; c'est le sperme qui l'intéresse, non le geste de celui qui le donne. Cela montre d'autre part à quel point ces hommes qui donnent une partie de leur corps sont choqués — et c'est normal — par le fait qu'on puisse les confondre avec ce qu'ils donnent. Il ne sont évidemment pas des « taureaux » et sont profondément blessés que l'on s'intéresse précisément à cette partie de leur individu qui est, pour eux-mêmes, si accessoire et banale.

Ceci est un premier point. L'autre est le fait que M. C s'est marié à l'âge de 30 ans avec une femme de 28 ans. Il était entre-temps devenu médecin. Après un an de contraception, le couple a voulu avoir un enfant. Comme au bout de quelques mois il n'y avait toujours pas de conception (et comme, *in petto*, le couple avait des raisons de

1. C'était avant la création des CECOS. C'était également avant la parution de la loi interdisant le paiement des organes.

supposer que ce n'était pas du fait de M. C — qui avait mentionné à sa future femme en se mariant qu'il avait été donneur), les investigations furent vite commencées. Elles durèrent 4 ans et montrèrent que les deux partenaires étaient en « parfait état de fonctionnement ». Il se trouve que c'est à ce moment que j'ai vu le couple, M. C dans un premier temps, puis Mme C. Je ne cherche à tirer aucune autre conclusion de ce cas que ce que m'a dit ce couple : il en ressort que, dès le début des examens médicaux, Mme C a développé le fantasme selon lequel la stérilité ne pouvait venir que d'elle, son mari étant un véritable *label* ambulant de fertilité. Cette crainte — puis cette réalité — de rendre un donneur (son mari) stérile alors qu'il avait peut-être une dizaine d'enfants dans la nature a très fortement, et de plus en plus, culpabilisé Mme C, qui s'est déprimée. Pour sa part, M. C, catholique fervent [1], a vécu cette stérilité de couple comme une punition de son geste de l'époque qu'il a ressenti comme une transgression de règles morales et religieuses qu'il aurait violées. Ceci en toute « bonne foi » si l'on se reporte à son raisonnement au moment des dons : il m'a dit qu'il considérait que c'était un acte d'altruisme que d'aider les autres en leur permettant d'avoir des enfants (ce qui est loin d'être faux !).

Bref, ce couple s'est peut-être stérilisé (ou a été stérilisé)... Les dernières nouvelles que j'ai d'eux m'indiquent en effet qu'ils faisaient une demande d'adoption en empruntant la voie la plus aride et la plus longue, alors même que du fait de l'insertion professionnelle de M. C (que la nécessité du secret m'empêche d'indiquer ici), cette adoption aurait pu aller plus vite et de façon plus « réparatrice ». Mais ce couple était irréparable...Coût élevé dans l'économie du système de l'IAD : grâce à cet homme, plusieurs couples ont sans doute pu avoir un enfant ; quant à lui, il n'en eut pas...

Ce cas n'est pas unique. Bien d'autres exemples pourraient être cités de donneurs mariés et pères de famille au moment des dons,

1. Contrairement à ce qu'on pourrait penser, on dénombre de nombreux chrétiens pratiquants, tant du côté des donneurs que de celui des receveurs (plus de la moitié de ces derniers d'après l'étude hollandaise la plus récente).

ceux notamment amenés par un couple ami, demandeur d'IAD ; ce sont souvent aussi des exemples de coûts élevés pour le donneur et son épouse, mais aussi pour *l'amitié* entre les couples qui s'altère ou se transforme de façon pénible : parfois le couple-IAD se croit « obligé » de demander au donneur amené pour autrui, ou à sa femme, d'être parrain ou marraine de leur enfant ; comme si cet enfant n'était pas vraiment le leur... Situation peu propice à des aménagements ultérieurs de bon aloi. On va voir, au demeurant, qu'accepter un cadeau n'est pas anodin, et que l'on devient effectivement l'« obligé » du donateur. Avec toute l'ambivalence de ce terme.

L'IAD vue du don

Tout se passe en effet comme si, dans notre société, l'on ne voulait retenir qu'un seul aspect dans le geste de donner : celui d'un acte altruiste, « gentil » et totalement désintéressé. Comme si aucune contre-prestation n'existait et ne devait exister. Or, et c'est de façon volontairement provocante que nous l'exprimons ainsi, *il n'y a rien de plus agressif que le don* ; la langue française ne s'y trompe pas qui laisse entendre que l'on « oblige » quelqu'un en lui faisant un cadeau, qui, s'il est accepté, fait effectivement de celui qui le reçoit un « obligé ». Obligation bien concrète : accepter un cadeau, c'est s'engager moralement à le rendre par un contre-cadeau (en nature, en « renvoi d'ascenseur », etc.) [1]. Marcel Mauss, dans l'analyse étymologique de ce terme, montre que dans un grand nombre de langues le mot « don » ou « cadeau » a le *double sens* de *don*, d'une part, *poison* d'autre part. En allemand par exemple, *die gift*, c'est le cadeau ; *das gift*, c'est le poison. Et, en français, lorsqu'on parle de

1. C'est le fantasme de certains patients qui font des cadeaux en nature au médecin inséminateur « pour que ça marche », avant l'insémination... J'ai ainsi reçu une cage à oiseaux... sans oiseau !

dose (dans le sens de : « il a eu sa dose »), il est clair que ce terme a une signification pour le moins ambiguë. Combien lourd est à cet égard le langage des CECOS qui nomme « dose » le contenu de la paillette de sperme ! Ce don que l'on veut si soigneusement laver, c'est peut-être parce qu'il est — comme tous les dons — un cadeau empoisonné...

Dans d'autres sociétés d'ailleurs, c'est l'aspect agressif du don qui, au contraire de ce qui se passe chez nous, est mis en avant ; cela va jusqu'à ce fameux *potlatch* des Indiens de la côte nord-ouest américaine qui se font, au sens propre du terme, une *guerre à coup de cadeaux*, jusqu'à épuisement total des protagonistes [1].

Ce qui ressort à l'évidence des travaux des anthropologues sur ce sujet, c'est qu'à une prestation correspond toujours une contre-prestation : chaque fois qu'il y a don, il existe forcément quelque part contre-don. Cette pratique, sociale par excellence, est ce que M. Mauss appelle *l'échange-don.* On ne voit pas pourquoi le don d'organes, tel le don de sperme, en serait exclu. Il convient donc, si l'on veut assainir véritablement l'IAD (autrement qu'en tentant de purifier le sperme avec un filtre idéologique), de faire apparaître en clair les *contre-dons* que les individus donateurs *ne peuvent pas ne pas retirer* de leur acte. Les « bénéfices secondaires » dont est censé se payer inconsciemment le donneur ou son épouse devraient, à notre avis, devenir « primaires »... [2] et officiels. Nous avons — avec une équipe d'un CECOS — esquissé un travail dans ce sens [3].

1. Voir Marcel Mauss, « Essai sur le don » (1925), in *Sociologie et Anthropologie*, Paris, PUF, 1950.
2. Nous ne parlons pas ici spécifiquement d'argent.
3. Cf. « Sperme, don, contre-don », in *Le Concours médical*, n° 18, 1982.

5. L'insémination au quotidien

Le geste technique

Comme nous l'avons souligné, la technique de l'insémination artificielle avec donneur est simple, « trop simple » peut-être : c'est exactement la même que celle utilisée pour inséminer le sperme du mari. C'est probablement une des raisons de ce passage trop facilement proposé de l'IAC à l'IAD. Du « C » de conjugal au « D » de donneur, il n'y a qu'une lettre de l'alphabet. Attention ! « Un donneur ! »

Les *impedimenta*

Ceux-ci sont nombreux et fort encombrants... mais n'ont jamais fait reculer un couple vraiment motivé. Lorsque le moment *ad hoc* arrive, la banque délivre des doses de sperme pour le couple inscrit : celles-ci sont disponibles sous forme de petites pailles de plastique, en général multicolores, de treize centimètres de long, scellées à une extrémité contenant un quart de millilitre du sperme sélectionné (environ 15 millions de spermatozoïdes), concentré théorique au moins de ressemblance avec les parents (couleur de la peau, des yeux éventuellement, groupe sanguin). Le conditionnement permet de stocker facilement les doses dans de grandes marmites ; lorsque les patients viennent chercher « leurs » doses, ils observent un bouillonnement de vapeurs blanches d'azote liquide passant de - 180 ° à la température ambiante (« les sorcières de Macbeth », nous a dit une patiente).

La paillette est ensuite transportée par le couple dans une bouteille thermos contenant un peu d'azote liquide, jusqu'au cabinet du médecin inséminateur. Parfois, si le moment de l'ovulation est difficile à repérer, il faudra refaire ce même trajet le jour suivant pour aller chercher une deuxième paillette. D'où, au moins dans la région parisienne, d'innombrables trajets en automobile dans les embouteillages de la capitale ; sans parler des nombreux couples qui en train ou en auto « montent » à Paris pour la circonstance. Ici, comme ailleurs, l'automobile, omniprésente, est un « symptôme » très utilisé. Mais il existe aussi des scènes héroïco-comiques de containers [1] transportés dans le métro ou l'autobus...

— *Observation n° 1 : les « Embarras de Paris » ou les inséminations de M. et Mme A*

M. A est chauffeur routier, tous deux habitent en province. M. A vient rarement me voir, car il est toujours sur les routes. Mme A vient donc seule depuis trois ans que nous pratiquons des IAD sans succès (il y a de nombreuses périodes d'interruption). Elle a passé son permis de conduire et arrive donc seule souvent très énervée par les embouteillages des boulevards périphériques. D'abord débutante, la conduite à Paris l'inquiétait, maintenant elle arrive à faire des « chrono » car elle connaît le chemin... Chaque mois où on ne fait

1. Récipient, de plus grande taille qu'un thermos, contenant de l'azote liquide. Il peut permettre de transporter deux ou trois « doses » et de les conserver jusqu'à cinq jours (dans sa version « longue durée »). Les couples qui se font faire l'insémination en province avec du sperme *made in Paris,* devront réexpédier les containers par la poste. Gageons que les PTT aussi sont le vecteur involontaire de nombre de scénarios « fumants » !

pas d'insémination, elle téléphone le lendemain du rendez-vous prévu en expliquant que la voiture était en panne, ou qu'elle a eu un petit accident de voiture ou bien qu'elle a dû « aider » son mari sur son camion... Mme A deviendra peut-être aussi chauffeur routier, grâce à l'entraînement que constituent les trajets de son domicile à mon cabinet, mais elle n'est toujours pas enceinte...

Habituellement et traditionnellement, dirait-on, le mari stérile est le chauffeur-livreur, c'est lui qui va chercher le container et qui le dépose chez le gynécologue. Au fil de notre expérience, nous nous sommes aperçus que certains maris restaient dans le salon d'attente ou plus souvent au parking voisin, voire au « café d'en face » plutôt que d'assister aux inséminations : ce rôle de *chauffeur-livreur-de-paternité* n'est d'ailleurs pas toujours choisi délibérément par les maris mais parfois « imposé » par leur épouse, même si celle-ci allègue au gynécologue des impératifs d'emploi du temps pour expliquer l'absence de leurs maris à la consultation [1].

Soulignons tout de même que ce type de situation est favorisé par le CECOS-Bicêtre qui se contente de délivrer le sperme et ne pratique que très peu d'inséminations. D'autres banques à Paris [2] ou en province pratiquent les inséminations sur place. Gageons que les praticiens de ces centres ont d'autres histoires à raconter.

Le temps des inséminations

La période des inséminations peut aller de un mois (= un cycle) à plusieurs années. La technique est contraignante pour le médecin et les patients. Un rituel s'installe : il faut et il suffit de repérer le jour « J » de l'ovulation (col ouvert + glaire), d'aller chercher la

1. Voir sur ce point notre article « Le père-IAD ou le père qui venait du froid », in *L'Information psychiatrique, op. cit.*
2. Le CECOS-Necker qui fonctionne en liaison avec le service de gynécologie voisin dans le même hôpital.

paillette de sperme et de l'introduire, moyennant quoi on obtient une grossesse (en théorie).

Telle est la pseudo-équation que tente de résoudre le triangle médecin-couple infécond. Le médecin doit être disponible « le bon jour » quelle que soit l'importance de sa consultation mais c'est également le cas des patients. Dans les cas où l'échec s'installe, l'attitude du gynécologue peut aller de l'abandon des IAD à des traitements de plus en plus complexes pour essayer de « débloquer » cette stérilité. Si les choses se prolongent, la situation se dégrade et, pour peu que le couple paraisse peu sympathique au médecin, une certaine agressivité s'installe de part et d'autre.

Citons ici le cas d'un couple de nos patients, M. et Mme B : c'était mon cauchemar [1] quand je venais les chercher dans mon salon d'attente ; beaux, grands, sportifs, tous deux professeurs de mathématiques, ils arrivaient avec des courbes de température tirées comme des épures d'architecte... A chaque IAD j'étais impitoyablement interrogé sur les causes possibles de l'échec du mois précédent. Toute mon imagination se mobilisait pour leur fournir une raison vraisemblable... Je me sentais menacé. Enfin, au bout d'un an, ils disparurent sans explication. Je fus soulagé.

Le rôle des « psy »

Qu'en est-il des attitudes et contre-attitudes des « psy » en la matière ? Dans les CECOS, il est demandé aux couples d'avoir un entretien avec un « médecin psychologue habilité » (là aussi il y a une liste officielle [2]). Bien des couples ne voient pas l'intérêt de cet entretien, tout pris qu'ils sont par l'aspect « opératoire » du système :

1. C'est le gynécologue qui parle.
2. Dont fait partie l'un des auteurs de ce livre, l'autre faisant, lui, partie de la liste officielle (ou préconisée) des gynécologues compétents pour faire les inséminations.

inscription, pièces à fournir, délai, recherche éventuelle d'un donneur, prise de contact avec le gynécologue, « formule d'entente préalable », à faire viser par la Sécurité sociale, etc. Ils arrivent donc à l'entretien avec pour seule préoccupation (et c'est assez compréhensible) d'apparaître aux yeux du « psy » comme de bons « candidats parents » à IAD, et tentent d'offrir l'image d'une « normalité » aussi parfaite que possible... En outre, le début effectif des IAD leur semble encore loin (il l'est, en fait, de plusieurs mois, vu le délai d'attente), ils ont donc une attitude le plus souvent très « défendue » (au sens psychologique).

Pour les « psy », cette consultation, du fait qu'elle est obligatoire, n'est pas très mobilisante non plus. La condition *sine qua non* en effet pour une consultation psychologique réside dans la réalité d'une *demande* formulée par une personne ou couple qui souffre d'un symptôme. Ce n'est pas vraiment le cas ici. Néanmoins l'intérêt de ce type d'entretien le plus net pour nous réside dans le fait que le couple, s'il a eu un bon contact avec le psychologue ou le psychiatre, sait qu'il pourra éventuellement revenir le voir au cours des inséminations (par exemple après cinq ou six tentatives infructueuses).

C'est à ce moment-là en effet [1] que, la réalité et les fantasmes ayant pris corps, il peut exister une souffrance authentique et une véritable demande, donc un levier effectivement mobilisable au point de vue psychologique. C'est à ce moment que l'on peut proposer à l'un ou à l'autre membre du couple, ou aux deux à la fois, une prise en charge psychothérapeutique brève qui donne souvent d'excellents résultats.

Le but de ces entretiens « exploratoires » pré-IAD est pour nous de faire circuler davantage d'affects, des fantasmes de meilleure qualité, plus riches, ce qui pourra faciliter ultérieurement une gamme plus étendue d'actions psychologiques et stratégiques (par ce dernier terme, nous entendons les solutions diversifiées qui pourront apparaître plus tard, telles que grossesse, arrêt des IAD,

1. Ceci correspond à notre expérience personnelle en tant que « psy ».

séparation, adoption, etc.). En termes psychologiques, ces entretiens visent à aider les couples aux émergences de leur inconscient individuel et familial.

Abordons brièvement la conception éthique que nous avons de notre rôle dans l'IAD. Il est très facile et tentant pour le thérapeute de projeter, dans ces entretiens, sa conception personnelle, sa vision propre de l'IAD. Il ne s'agit évidemment pas ici d'une consultation psychologique ordinaire puisque les psy sont *de facto* pris dans le système lui-même. Nous sommes censés « aider » les couples, mais les aider à quoi ? A accepter les données de départ, à trouver par exemple « naturel » que la stérilité du mari soit ainsi camouflée ou réparée ? Certes non. Et le danger est grand que des connaissances psychologiques soient mises au service d'une quelconque idéologie. Nous pensons également que le thérapeute doit se garder d'imposer sa conception normative implicite (favorable ou non au système) : son rôle est de permettre aux couples qui sont en face de lui de découvrir eux-mêmes les solutions qui leur sont propres. Ceci est, bien sûr, une position idéale car il est impossible de rester à l'extérieur du système ; le thérapeute se trouve inévitablement pris dans le champ de forces des règles suscitées par ce système. D'où l'importance pour lui de savoir analyser ses propres présupposés et les rôles qu'il ne pourra s'empêcher de jouer. Tout son art consistera à utiliser cette position particulière qui est la sienne pour permettre au système — et au couple — d'évoluer.

Tous les thérapeutes analystes sont formés, bien sûr, à ne pas projeter leurs problèmes dans ceux de leurs patients. Mais ce qui biaise la question ici, c'est que les *couples et les psy* font *tous deux* partie de « l'institution-IAD », avec ses rites, ses codes, ses lois (dont celle par exemple d'aller voir, avant les inséminations, un « psy » de la liste !). D'où la nécessité pour lui, mais en même temps la difficulté (parce qu'il est moins formé à cette discipline) d'analyser à la fois son rôle institutionnel et ses contre-fantasmes, ceux-ci étant moins suscités par les problèmes psychologiques des patients qu'il a en face de lui que par leur articulation avec la solution institutionnelle envisagée (l'IAD).

Citons ici ce que nous considérons comme un bon exemple d'intervention psychologique brève au cours d'IAD. Il s'agit d'un couple que le gynécologue (AJ) a envoyé à l'analyste (GDP) au bout de 25 inséminations infructueuses. L'analyste les voit deux fois ; la première l'épouse seule, la seconde le mari seul. Ils reviendront tous les deux chez l'analyste près de trois ans plus tard, pour un deuxième enfant..., dans le cadre de l'entretien obligatoire pré-IAD, qui, pour une fois, sera très détendu !

Mme R ou la « femme-mec », épouse d'un « homme-mère » [1]

Entretien avec Mme R

Il s'agit d'une femme fort intelligente et décidée. La stérilité, dit-elle, c'est son affaire ; dès la première insémination, elle a pensé que le problème de son mari *était réglé,* puisqu'elle prenait tout sur ses épaules : « je suis de taille » à la supporter, dit-elle. *Dénégation* absolue que la connaissance de la stérilité de son mari ait posé un problème quelconque : de toute façon, dit-elle, les femmes font l'enfant seules ; les hommes ne sont en effet nullement concernés par la grossesse et l'accouchement, donc la stérilité ne change rien. (Je lui demande à qui elle se réfère pour parler ainsi : il s'avère que c'est à son père qui ne s'est intéressé à elle qu'une fois grande.) La question du donneur en conséquence ne se pose pas : « elle est seule avec la paillette », mathématique (courbe-ovulation + paillette = grossesse). Son mari l'accompagne aux IAD, mais, dit-elle, comme chauffeur seulement. Elle bute évidemment sur cet *échec personnel* qui est le premier de sa vie, véritable blessure narcissique qu'elle combat par des défenses maniaques (« un enfant, ça se fait seul »), elle qui a pourtant l'habitude de « prendre les tâches à bras de corps » et qui réussit toujours mieux que les autres.

Mme R se récupère aussi en *abrasant tout fantasme :* de même

1. C'est l'analyste qui s'exprime ici.

qu'elle nie toute réalité au personnage du donneur, elle n'imagine pas d'enfant (ce qu'elle veut, c'est une réussite arithmétique : une grossesse). Seule image d'enfant qu'elle puisse avoir : celle d'une petite fille de 4-5 ans, à son image, qu'elle voit comme une poupée à qui elle « mettrait de jolies fringues ». Sa réplique « en-petit »... et elle a aussi de jolies fringues... Mais, une poupée, c'est un « enfant très abstrait », ce n'est pas un fantasme très dynamique !

Elle ironise même sur les gens qui ont des fantasmes (sur ceux, par exemple, qui font l'amour juste avant ou après l'insémination pour jouer à se dire dans un coin de leur tête que l'enfant pourrait être du mari). Elle se garde d'agir ainsi.

Le seul fantasme actif (mais c'est un fantasme de déni, encore une fois) est que, si un jour, ils sont obligés d'en parler, elle dira que c'est elle qui est stérile (ce qui est d'ailleurs le cas en ce moment) *pour protéger son mari* de l'équation que font les gens entre fertilité et virilité. Elle le protège aussi contre ses propres parents (à lui) qui seraient consternés s'ils l'apprenaient. Tandis qu'elle, on la plaindrait, c'est tout, et cela, elle l'assumerait.

Dernier fantasme, mais qu'elle repousse aussitôt : ça marcherait peut-être si elle prenait un amant...

Tout mon travail interprétatif dans l'entretien consiste à essayer de lui faire prendre conscience du caractère défensif de son attitude (et de sa stérilité). Tout d'abord sur la raison qui la pousse à protéger son mari : je lui interprète qu'*a contrario,* si elle était enceinte, elle imagine que celui-ci serait renvoyé à sa propre stérilité. Ensuite, être enceinte « signerait » le fait qu'un enfant, ça ne se fait pas seul, qu'il y a quelqu'un d'autre, ne serait-ce qu'un donneur... Tandis que dans son fantasme mégalomane, la femme fait tout. Je lui demande si elle est prête au fond à se dessaisir de cette toute-puissance ? Je lui demande aussi où elle voit la place du père : elle répond qu'elle imagine très bien son mari en père *après la naissance,* moment où elle ne s'imagine absolument pas mère (elle dit qu'il pouponnera très bien, chose dont elle se sent incapable, ne s'intéressant, elle, qu'aux enfants plus grands) — comme son propre père, lui dis-je. Mme R. parle de son mari comme d'un homme féministe (mais peut-être féminin... dans son fantasme à elle), qui partage tout avec elle, « compensant beaucoup au niveau des tâches ménagères, notamment les jours de l'IAD ».

Elle semble très frappée par ce que je lui dis sur le fait qu'elle protège son mari de sa stérilité et préfère se rendre stérile, elle, parce qu'elle se sent la plus forte des deux. Elle dit alors que ce serait bien si son mari venait me voir (c'est d'ailleurs lui qui avait pris le RV pour elle).

Par ailleurs, mon travail consiste à la faire s'intéresser à son fonctionnement mental au lieu de s'installer dans ce mouvement de déni permanent (qui est une sorte d'« acting » puisqu'elle fait « échouer » chaque IAD), je lui dis qu'à mon avis, un enfant, ça se fait à deux, dans tous les cas, même dans l'IAD, ce qui la stupéfie !

Entretien avec M. R

Il part de l'interprétation que j'ai donnée à sa femme sur le fait qu'elle le protégeait en étant stérile, et dit que lui aussi la materne, la sécurise en l'accompagnant. « C'est l'amour, dit-il, nous sommes un peu les enfants l'un de l'autre... » Il accepte cependant mon interprétation car, dit-il, il parlerait volontiers de sa stérilité, idée qui fait bondir sa femme qui ne supporterait pas qu'on puisse penser « des choses déplaisantes sur lui ». Il envisage maintenant de le dire, y compris à ses parents.

L'IAD ne lui pose, dit-il, aucun problème car il s'identifie très bien au donneur, homme qui a été sensibilisé au problème qu'il a, lui. Par ailleurs, étant donné ses conceptions sur la paternité (un homme n'est jamais sûr d'être le père) (cf. l'histoire de son père à lui), et aussi le fait qu'il a toujours pensé qu'est père celui qui est présent, qui éduque, le fait qu'il soit un « père-IAD » ne change rien finalement.

Ici intervient l'histoire de M. R qui n'est pas pour rien dans ses idées et dans ce qui se passe : fils unique de parents déjà assez âgés, il a eu, à l'âge de 10 ans, un petit frère qu'il a complètement pris en charge, élevé pour ainsi dire, ses parents le lui « laissant » (il parle longuement et avec beaucoup d'émotion des premiers mois et années de ce bébé). Il se voit parfaitement bien recommencer avec une petite fille qui ressemblerait « comme deux gouttes d'eau à sa femme » ; lui, à la différence de sa femme, imagine un enfant concret avec un père expérimenté (lui) !

L'on voit que ce fantasme d'un « enfant qui serait à lui sans être à lui » (comme il a été « père » d'un enfant qui n'était pas vraiment le sien, son petit frère) renvoie étonnamment au fantasme symétrique et complémentaire de Mme R (un enfant parthénogénétique, petite fille de 4-5 ans qui « lui ressemblerait comme une sœur »)... M. et Mme R forment, on le voit, un couple très profondément uni.

Ceci étant et malgré ce fonctionnement presque symbiotique, leur désir commun et la circulation fantasmatique induite par les entretiens a porté ses fruits : deux mois après, Mme R était enceinte. Elle a accouché d'un petit garçon !

Le temps des IAD

« On entre en IAD » comme on rentre en religion ou en psychanalyse : on sait quand on commence, mais on ne sait pas quand on en sortira ni comment... La date « d'entrée » est facile à repérer : elle coïncide la plupart du temps avec l'inscription au CECOS, c'est-à-dire avec le moment où le couple a pris sa décision et où, du point de vue psychologique, le travail de deuil de la fertilité du mari est censé être fait. Censé seulement parce que le moment le plus difficile à vivre est celui qui suit la révélation de l'infertilité du couple imputée au mari. Moment d'autant plus pénible et décourageant qu'il se situe après des mois ou des années d'explorations, d'opérations chirurgicales et parfois de traitements, chez l'homme, mais parfois aussi pour *les deux partenaires*. Il n'est en effet pas évident que l'hypothèse de la stérilité de l'homme soit venue tout de suite à l'esprit des différents médecins consultés par le couple ; combien de femmes ont subi des traitements divers avant que l'on découvre finalement que c'est leur mari qui était stérile !

Le couple doit donc d'abord faire son deuil de ce qu'il vit comme des années gaspillées. Le parcours banal du futur couple-IAD est souvent le suivant : formation du couple en premier lieu, désir d'enfant ensuite qui est souvent différé pour des raisons matérielles ou psychologiques, d'où (x) années de contraception, puis arrêt de la contraception et mise en acte du désir, attente en vain d'une grossesse, premières consultations au bout de (x) mois ou années, puis examens divers qui amènent finalement au « verdict ». Il n'est pas rare que ces couples aient alors une trentaine d'années, et tout le monde sachant maintenant que la fécondabilité d'une femme décroît avec l'âge, ce n'est pas le moindre facteur d'angoisse pour eux (surtout pour les femmes). Le « facteur temps » explique alors partiellement pourquoi les paroles qui se veulent apaisantes d'un médecin [1] : « Vous êtes stérile, monsieur, mais ne désespérez pas, il existe la solution de l'IAD », sont souvent reçues comme le traitement salvateur, véritable *deus ex machina* qui possède l'*aura* de la réussite tant espérée. Bien sûr, il ne s'agit pas chez ces patients d'une absence de compréhension du principe de l'IAD : ils ont bien « quelque part » enregistré que la paillette, c'était du sperme de quelqu'un d'autre [2], mais toutes les vérités ne sont pas agréables à entendre (surtout quand elles sont « enrobées », dans leur présentation, d'une terminologie vague : dose, paillette) . Ou plutôt certaines vérités sont agréables à oublier ; le proverbe : « il n'est pire sourd qui ne veut entendre » est malheureusement souvent vérifié dans le long parcours de l'IAD. Il arrive par exemple qu'un couple

1. Apaisantes pour le couple, mais aussi pour le médecin qui a tout de même quelque chose à proposer et n'est ainsi pas renvoyé à sa propre « impuissance »...

2. Pas tous les couples cependant. Nous en voyons relativement souvent qui, après six ou huit mois d'inséminations, parlent encore de « traitement », de « médicament », voire de « piqûre » à propos du contenu des paillettes. Et il ne s'agit nullement d'individus particulièrement peu évolués...

finisse, au bout d'un an d'inséminations, par « oublier » de quoi il s'agit, plongé dans la routine : repérage de l'ovulation, prise de rendez-vous, transport du container, insémination, attente (de la grossesse en principe, mais la plupart des femmes disent, de façon ambiguë, qu'elles « attendent » leurs règles [1]...).

Certes, si le deuil de la fertilité du mari a vraiment été fait, ce genre de « malentendu » risque moins d'arriver, mais ces couples sont souvent peu aidés pour faire ce deuil, l'institution ne le favorisant guère : nous avons déjà dit à quel point nous semblait néfaste, eu égard à ce travail de deuil, la pratique, en cas d'oligospermie du mari, consistant à commencer par des IAC avant de faire des IAD. Cet exemple, dont la finalité pour le CECOS est *purement bancaire* (avant de donner les précieuses paillettes et de risquer de les gaspiller, il faut encore faire quelques essais avec le sperme du mari, même si l'on sait fort bien que les chances de succès sont extrêmement faibles et que le couple va encore perdre du temps), montre à quel point l'institution pèse lourd dans la balance, à quel point l'enfant désiré par le couple se fera non plus à deux, ni à trois (si l'on inclut, dans le meilleur des cas, le personnage fantasmé du donneur), mais *à quatre,* le *quatrième étant la médecine* c'est-à-dire la banque dispensatrice de la manne fécondante, sans oublier le gynécologue inséminateur. Il convient d'ajouter, à propos de la « transition IAC-IAD », qu'il y a une certaine mauvaise foi à créditer un couple, infertile depuis quelques années, d'une possible fécondation pendant quelques IAC alors même que les travaux épidémiologiques ont prouvé que les épouses d'hommes oligospermes avaient, elles-mêmes, une fertilité relativement faible [2].

Nous avons eu l'occasion de suivre, sur le plan psychologique, plusieurs de ces couples passés d'abord par les IAC. Nous pensons à l'un deux : les deux conjoints nous ont dit, chacun de leur côté, à l'occasion de vacances du gynécologue (et donc de l'interruption des

1. Comme si la véritable attente était celle de l'échec de l'insémination, et du départ d'un nouveau cycle.
2. Voir sur ce point, « Insémination par donneur et fertilité féminine », par J.-C. Emperaire, E. Gauzère-Soumireu, A. Audebert, in *Les Facteurs de la fertilité humaine, op. cit.*, p. 461-465.

inséminations), qu'ils avaient un espoir que « ça réussisse hors insémination », ceci après plusieurs mois d'IAD, preuve évidente que le deuil de la fertilité du mari n'était pas fait, pas plus chez l'homme que chez son épouse qui n'avait pas, elle non plus, complètement renoncé à avoir « un enfant de son mari » (elle voulait dire enfant biologique, évidemment). Inutile de dire que ce couple en est à plus de deux ans d'IAD sans succès [1].

Mais revenons à l'« entrée en IAD ». Nous avons dit qu'elle se faisait au moment de la décision, puis de l'inscription au CECOS. C'est alors, rappelons-le, que l'on annonce au couple un délai supplémentaire (un an ou dix-huit mois) avant de commencer, délai durement vécu car souvent ignoré ; c'est alors aussi le moment de la « pression pour amener un donneur » dont nous avons parlé plus haut. C'est alors, enfin et seulement, que le couple va commencer à attendre cet enfant « accordé » par la médecine. Certains, on s'en douterait, ne vont pas jusqu'au bout et se découragent (ou se séparent [2]). A moins que ce moment pré-IAD ne soit utilisé autrement, de manière plus ou moins consciente : certaines femmes prennent un amant-géniteur, d'autres « tombent » enceintes spontanément (de leur mari ou non, on ne le saura jamais, surtout quand il s'agit d'un homme azoosperme, ce qui arrive !). Mais la plupart repartent dans le parcours du « vaillant petit soldat du couple qui veut un enfant à tout prix et comme tout le monde ».

Nous ne voulons évidemment pas le moins du monde ironiser sur le désir de ces couples. Nous serions en revanche plutôt enclins à sourire de ce fantasme de « normalité » induit par notre société et qui se traduit par un désir d'avoir chacun son bien : appartement, voiture, chaîne Hi-Fi, etc., mais hélas aussi parfois « son » enfant... En ce sens, il existe incontestablement un *aspect « petit-bourgeois »*

1. Cette patiente, revue récemment, nous disait (après six mois d'IAC et deux ans d'IAD) : « Je crois que j'aime trop mon mari », ceci pouvant expliquer, d'après elle, l'échec persistant.

2. Ces abandons sont plus fréquents chez les couples dont le mari présente une oligospermie que chez ceux dans lesquels le conjoint a une stérilité totale. Il en va de même pour les échecs une fois les IAD commencées. Toujours en raison de la fragilité psychologique plus grande de ces couples qui n'ont pas tout à fait renoncé à l'espoir.

dans l'IAD, aspect sans doute quelque peu favorisé par une institution telle que les CECOS...

Les chiffres donnés par la médecine sont effectivement, en ce qui concerne l'espoir de réussite, alléchants, mais il sont aussi trompeurs. Il est par exemple écrit dans la brochure remise à chaque couple : « Le pourcentage de succès à chaque cycle varie de 12 à 20 % [1]. Ainsi, les chances d'obtenir une grossesse dès le premier cycle sont-elles réduites. Et, si plus de la moitié des succès est obtenue en moins de six cycles, il faut parfois persévérer bien au-delà [2]. » Formule pudique qui masque le chiffre (officiel, celui des CECOS eux-mêmes) de 50 % de grossesses, en taux cumulatifs, obtenues au bout d'un an. *Quant au 50 % d'autres cas* — les échecs —, il leur faudra en effet persévérer un an, deux ans, parfois cinq ans, ou renoncer. Mais bien sûr, les couples s'imaginent plus volontiers dans « la moitié obtenue en six cycles » !

C'est ce qui nous amène à conclure ce point sur une évaluation de ce qu'est, en IAD, le « succès » ou l'« échec ».

Du point de vue des médecins, surtout de la plupart des gynécologues, le succès, c'est la grossesse. Difficile de le leur reprocher puisque tel est aussi le désir le plus cher de leurs patients(es). C'est aussi le cas des épidémiologistes, ceux qui recensent et analysent les données numériques. C'est un petit peu moins vrai du point de vue des « psy » qui sont amenés à comprendre plus profondément le fonctionnement individuel de chaque couple, ce n'est pas toujours aussi vrai non plus pour les chercheurs qui s'intéressent au devenir des enfants nés par IAD. Non pas forcément que les choses se passent mal, une fois l'enfant né : mais l'expérience montre simplement que l'équation succès = grossesse n'est pas aussi simple.

Inversement, et ce point est très important à souligner, l'échec des inséminations ne signifie pas forcément échec du désir d'enfant ou

1. Ce pourcentage indiqué dans la brochure (mouture 1981) est sensiblement plus élevé que celui communiqué dans les réunions scientifiques : 8 à 10 %, ou plutôt 10 % à 8 % ! Voir p. 153.
2. Brochure destinée aux couples inscrits, p. 1.

échec du couple. Certains peuvent justement après (x) années d'échec faire une demande d'adoption, voire de parrainage (exemple de sublimation particulièrement réussie du désir d'enfant, nous semble-t-il). D'autres couples se séparent, ce qui n'est pas forcément la pire des solutions : les spécialistes de l'insémination n'ont pas pour but, que nous sachions, la stabilité du taux des mariages... D'autres couples encore (et c'est peut-être là la plus intéressante réussite) font leur deuil d'enfant et peuvent se réorganiser avec d'autres buts dans l'existence. D'autres enfin « s'arrangent autrement » (conceptions par un amant en chair et en os, sorte d'insémination naturelle par donneur, IND pourrait-on dire sous forme de boutade — nous rendons la paternité de cette expression au Pr Georges David !), conceptions qui sont parfois suivies d'IVG, avortements qui peuvent eux-mêmes donner lieu à d'autres aménagements, etc. Nous ne connaissons guère l'avenir de ces couples que, dans les études épidémiologiques, on nomme : « les perdus de vue »... sauf quand ils reviennent nous consulter plus tard pour... contraception, pour le suivi d'une grossesse, ou tout simplement pour faire le point.

L'échec de tentatives répétées d'IAD nous questionne sur le désir de procréation de nos patients : problématique de l'échec pour le praticien d'abord qui perd toute sa puissance à faire des enfants mais surtout pour les couples qui reprennent le chemin du cabinet médical après avoir une fois de plus surmonté la déception consécutive à l'apparition presque fatale des règles. Il est pourtant des échecs qui entraînent des réparations « réussies ». Nous avons « assisté » à des divorces puis à la formation de nouveaux couples parmi certains de nos patients. A l'inverse certaines grossesses obtenues ont eu des conséquences dramatiques, voire tragiques. Tel mari, apprenant la réussite de l'IAD, quitta son épouse le jour même, celle-ci fit ensuite une fausse couche spontanée, le couple divorça. Tel autre mari, après avoir obtenu un premier enfant par IAD, fit au cours d'une deuxième série d'IAD de graves tentatives de suicide ; sa femme se sépara de lui, et lui interdit de voir son enfant, le couple aussi a divorcé.

Mme C, après trois ans d'IAD sans succès, vient m'annoncer qu'elle a adopté un enfant de sa propre famille. Elle vient pour un bilan gynécologique de routine après un an d'absence, souriante, bien plus détendue que lorsque nous pratiquions des IAD, elle me confie d'ailleurs qu'elle est enfin « soulagée » de ne plus avoir à « subir » ces inséminations.

Mme D, après plus d'un an d'IAD sans succès, vient après quelques mois d'absence constater sa grossesse. Elle est très contente et m'apprend que le mois précédent au moment de l'ovulation, elle a eu recours à un partenaire « de passage » choisi à l'avance et avec l'accord de son mari. Un seul rapport a été nécessaire et suffisant. Mme D ne « supportait plus » les inséminations et, quoique d'un naturel très réservé, a préféré cette solution.

Penser l'IAD en termes échec/réussite synonyme de grossesse n'est qu'un *war game,* jeu de la guerre pour stratège en chambre ou pour praticien toujours en première ligne, mais trop occupé pour vouloir ou pouvoir analyser sa propre pratique [1].

La « fabrication » de grossesse, voire de bébé, par IAD est selon nous une des plus grandes tentations de pouvoir pour les médecins inséminateurs. Aussi longtemps que cette situation restera réduite à un match pour déterminer « qui aura le plus gros pénis », c'est-à-dire qui sera le plus fort, du gynécologue (homme ou femme), ou de la patiente, la question se posera toujours de savoir qui sont les « parents » réels de ces « enfants venus du froid ». C'est peut-être grâce aux « pères-IAD », surtout parmi les plus malheureux (ceux qui durent par exemple surmonter une impuissance sexuelle survenue à cette occasion), que l'abord de l'infécondité des couples sera le mieux appréhendé dans sa dynamique physique et psychologique.

Ce domaine est décidément moins simple que l'aspect « Recette

1. Soulignons un détail piquant, qui montre combien les CECOS aiment comptabiliser les grossesses obtenues avec « leurs » paillettes et encouragent ainsi l'omnipotence médicale : au CECOS-Bicêtre, les gynécologues sont *notés :* les meilleurs, les plus gros, les plus grands, sont ceux qui ont obtenu le plus grand nombre de grossesses… (compte rendu de la réunion interne du CECOS, 2 décembre 1981). Les « bons élèves », bien vus des professeurs, sont ceux qui obtiennent des grossesses à tout prix ; c'est clair… Sont ainsi bien connus certains « ténors » ou « divas » de la gynécologie parisienne !

technique pour avoir un enfant quand on a un mari stérile » ne le laisserait croire...

En témoigne le cas suivant : *Trois morts par IAD,* où l'on voit comment certains couples se trouvent entraînés dans un engrenage fatal et mortifère faute d'une parole qui puisse circuler. Nous recevons un jour un couple-IAD, d'un bon niveau de compréhension, venu par le circuit CECOS. Pendant trois ans, Mme A est régulièrement inséminée ; elle se trouve trois fois enceinte : la première fois, elle fait une fausse couche spontanée, la deuxième fois, c'est une grossesse extra-utérine, la troisième, c'est une mort *in utero* inexpliquée à quatre mois et demi de grossesse... Elle ne dit pas grand-chose pendant tous ces épisodes. Au bout de ces trois ans, elle arrive un jour pour une insémination, un petit peu « éméchée », à la suite, nous dit-elle, d'un apéritif qu'elle vient de prendre ; quoi qu'il en soit, l'alcool lui ayant peut-être permis de s'exprimer, elle me dit qu'elle ne supporte plus les inséminations. Elle y a dès lors renoncé. Précisons qu'elle n'a pas semblé intéressée par le fait d'aller en parler avec un « psy ». Elle ne se souvenait d'ailleurs même pas en avoir jamais vu aucun avant les IAD (l'entretien avec un « psy » est pourtant obligatoire dans le protocole CECOS).

Pourquoi infantiliser les couples en banalisant le processus de l'IAD comme s'il s'agissait d'un projet de grossesse « comme les autres » ? Nous en voulons pour preuve la brochure de CECOS, bréviaire du parfait couple-IAD ; on y lit dans le chapitre « Résultats » cette phrase encore une fois ambiguë : « Bien entendu, à partir du début du traitement, les doses seront fournies chaque mois jusqu'à ce que l'on aboutisse à un succès... ou à un abandon ; car malgré les données favorables de l'examen gynécologique, *on se heurte, dans certains cas, à une stérilité d'origine féminine* [1]. »

La duplicité de ces propos réside dans le fait qu'est complètement évacuée, gommée, niée, la réalité bien connue pourtant des médecins, à savoir qu'il existe des résistances à l'IAD, résistances psychologiques profondes qui feront que telle femme ne sera *jamais*

1. C'est nous qui soulignons. Brochure 1982.

enceinte par IAD même si elle est parfaitement fertile. Vérité qui est d'ailleurs implicite dans ces phrases puisque l'on y parle des abandons ; mais il est feint de croire que ces abandons ont pour *seule origine une stérilité féminine !* Difficile à admettre quand, nous venons de le voir (p. 146), on voit des femmes qui deviennent enceintes en cours d'IAD lors d'un *rapport unique* avec un amant ou qui débutent une grossesse *un cycle seulement après avoir arrêté les IAD ?*

Difficile à admettre aussi pour n'importe quel spécialiste de l'infertilité (indépendamment des IAD), gynécologue, chirurgien ou psychologue, confronté à longueur de temps à des phénomènes qui laissent entendre clairement que les êtres humains ne sont pas des machines à se reproduire. Heureusement ! D'ailleurs les biologistes des CECOS le savent, tout comme les autres évidemment, ils ont même souvent encore plus de raisons que les autres de le constater. Citons ce passage d'un article scientifique écrit par le Pr Czyba qui dirige le CECOS de Lyon : « L'IAD ne nous paraît pas totalement " réussie " lorsqu'est obtenue la naissance d'un enfant normalement constitué, si désiré soit-il. Il faut également que le père stérile puisse prendre place dans le rapport de filiation non seulement institué mais aussi symbolique et imaginaire [1]. » Certes, ce ne sont pas des phrases que l'on peut écrire dans une brochure pour grand public. Il n'empêche que les couples qui ont la maturité suffisante pour se lancer dans l'aventure de l'IAD méritent mieux qu'un discours double, tellement à double tranchant qu'il est paradoxal. L'IAD est-elle un *double bind ?* Nous serions tentée de l'interpréter ainsi, telle en tout cas qu'elle est institutionnellement présentée.

Concluons sur le paramètre succès/échec en IAD, et rappelons qu'au seul niveau des chances de fécondation l'efficacité du système est faible (10 % par cycle en moyenne), chiffre à comparer à celui de 25 % en milieu naturel [2]. En réalité, l'écart entre les deux résultats est plus important encore puisqu'en IAD tous *les paramètres sont*

1. In *Psychanalyse à l'Université,* n° 28, septembre 1982.
2. Voir plus haut, p.41.

soigneusement contrôlés [1] (tant les « bons jours » pour les inséminations, que l'état gynécologique de la femme, et que la qualité du sperme du donneur), alors qu'en milieu naturel, ce n'est évidemment pas le cas. C'est donc, à travers cette relative bizarrerie de fonctionnement (nous voulons dire qu'en bonne logique technique l'IAD devrait être bien plus efficace que la fécondation naturelle) que ce système nous interpelle : chaque discipline devrait tenter de proposer un *modèle d'intelligibilité* capable de rendre compte de cette « anomalie ». Et si la clinique de l'IAD offre un terrain privilégié pour apprécier les données du « devenir parent » dans notre société, c'est qu'à travers son faible taux de « réussite », ce système pose problème au niveau *le plus pertinent :* celui des coûts, psychologiques, sociologiques, économiques [2] et, de façon plus large, au niveau de *l'anthropologie du lien de filiation.*

Ce lien est-il ou non *artificiel* comme le laisserait supposer l'intitulé de l'IAD ? Nous le verrons dans le chapitre suivant.

1. Voir sur ce point, G. Delaisi de Parseval, « Intérêt de l'abord systémique de la stérilité du couple », sous presse in *Dialogue*, n° 81, octobre 1983.

2. Le coût de l'IAD sur une durée d'un an (paillettes + honoraires gynéco + examens préalables de l'homme et de la femme + traitement) se situe autour de 30 000 francs par an, somme entièrement remboursée par la SS.

6. La famille-IAD

Mais envisageons maintenant les données dont nous disposons sur un autre paramètre, et non des moindres, propre à évaluer le fonctionnement de tout l'édifice : la famille-IAD (devenir du couple après la conception, puis la famille avec un, deux, trois enfants, et le développement des enfants nés de cette façon).

Depuis une vingtaine d'années, les médecins qui pratiquent des IAD ainsi que ceux qui sont amenés à suivre des couples pendant les inséminations (gynécologues et psychologues principalement) publient régulièrement leurs travaux. Les premières études (remontant à la décennie 1960-1970) ont été effectuées par des équipes américaines, japonaises, israéliennes et anglaises [1]. Ces dernières années, d'autres travaux français, hollandais et polonais ont été publiés [2].

1. USA : B. Rubin, « Psychological aspects on human artificial insemination », *Archives of General Psychiatry,* 137, 1965.

Japon : R. Iizuka, R. Sawada, Y. Nishina, et U. Oshima, « The physical and mental development of children born through artificial insemination », *Int. J. of Fert.,* 13, 1, 1968.

Israël : G. Langer, E. Lemberg et M. Scharf, « Artificial insemination. A study of 156 successful cases », *Int. J. of Fert.,* 14, 3, 1969.

Angleterre : M.H. Jackson, « Artificial insemination (donor) », *The Eugenic Review,* 48, 4, 1957.

2. France : G. Semenov, R. Misès, J. Bissery, « Attempt at follow-up children born through IAD », in *Human artificial insemination and semen preservation, op. cit.*

Cette étude exploratoire a été menée par la première équipe « psy » qui s'est occupée d'IAD en France (elle porte sur la période 1973-77). Trente familles ont été revues après la naissance ; les enfants avaient de quatre mois à trois ans. Les résultats,

Le problème méthodologique le plus épineux pour ce qui est de la fiabilité de ces études réside dans le fait qu'elles sont pour la plupart fondées sur des données impressionnistes et limitées, provenant de questionnaires (plus rarement d'entretiens) remplis par les seuls *couples* qui ont choisi de *garder un contact* avec le médecin ou avec le Centre où l'insémination a été pratiquée. Or, étant donné le secret absolu dont la majorité d'entre eux (près de 80 %) souhaitent entourer l'IAD (tant au niveau des inséminations elles-mêmes que sur ce qui sera dit à l'enfant), il est évident qu'il existe un taux de non-réponses ou « perdus de vue » très important (même si les questionnaires sont renvoyés de façon anonyme).

Il est clair également que les couples qui répondent ou acceptent un entretien ne sont pas « n'importe lesquels » : ce sont en général des couples qui sont très satisfaits de l'IAD, et notamment ceux qui reviennent pour une demande de deuxième ou de troisième enfant (la moitié environ des couples qui ont eu un enfant par IAD cherchent à en avoir un second, voire un troisième ou quatrième) [1].

Pour effectuer une évaluation rigoureuse des résultats de l'IAD, il

---

favorables dans l'ensemble, ont encouragé les biologistes du CECOS à persévérer dans la mise en place de l'organisation de l'IAD au niveau institutionnel.

— J.C. Czyba, et M. Chevret, « Psychological reactions of couples to artificial insemination with donor sperm », *Int. J. of Ster.*, 24, 1979 ;

— C. Manuel, M. Choquet, J.C. Czyba, « Devenir père par insémination artificielle avec sperme de donneur (IAD) », *Médecine et Hygiène*, n° 40, 1982 ;

— et mêmes auteurs, « La filiation du père stérile à l'enfant né par IAD », in *Aspects psychologiques de l'insémination artificielle*, coll. « Biologie et psychologie », Lyon, Simep, 1983.

Hollande : J. Kremer, B.W. Frijling et J.L.M. Nass, « Psychosocial aspects of parenthood by AID. The result of an anonymous investigation in 153 Dutch couples », sous presse, in *Archives of Andrology* (1983).

Pologne : O. Torbus, L. Cwilik, W. Nawrocki, J. Zbieszyk, « Health state, somatic and psychomotor development of children born after heterogeneous insemination », *Ped. Pol.*, LV, 2, 1980 (en polonais).

1. Il faut noter que le fait que les couples fassent une deuxième ou troisième demande est, dans toutes ces études, considéré *comme un signe évident de « succès »* de l'IAD. Or, nous avons vu précédemment qu'il convient de distinguer « succès » et « enfant », les deux réalités ne coïncidant pas forcément. D'autres travaux d'ailleurs font état de naissances qui équivalent à des « échecs ». Cf. par exemple J.C. Pénochet, « Complications psychiatriques liées à l'IAD », in *Annales médico-psychologiques*, 137, 6, 7, 1979.

conviendrait donc d'une part de pouvoir examiner soigneusement le *biais* dû aux non-réponses [1], d'autre part d'apparier le groupe de familles-IAD étudiées avec des groupes de contrôle, c'est-à-dire avec des familles « témoins ».

Il faut signaler ici l'étude française [2] qui a élaboré les résultats d'un questionnaire posé à 73 familles ayant un bébé âgé de 3 mois né d'une IAD, familles qui ont été « appariées » à 73 familles « témoins » (âge de la mère, rang de naissance et niveau socio-professionnel étant équivalents, et, bien sûr, l'existence d'un bébé de 3 mois dans les deux groupes à qui le même questionnaire a été donné). Cette recherche s'est ensuite étoffée par des questionnaires posés à des familles ayant des enfant nés par IAD vus à l'âge de 18 mois puis de 3 ans (94 enfants en tout). Les auteurs ont enfin comparé, toujours à l'aide d'un questionnaire, 77 enfants nés par IAD à un « petit groupe témoin » (22 familles) ayant des enfants nés après un traitement de stérilité masculine suivi de la naissance d'un enfant conçu naturellement. Ce dernier « groupe témoin » est évidemment très intéressant à comparer avec le groupe de famille-IAD : il permet en effet de cerner « au plus près » le paramètre « apport d'un donneur » en *le distinguant le plus possible du paramètre « stérilité masculine »* qui est en effet présent dans les deux groupes (avant la prise de décision de l'IAD dans un groupe, avant le traitement dans l'autre groupe).

Un troisième groupe « témoin » serait également très intéressant à apparier, c'est celui des familles qui ont eu un enfant après traitement de stérilité *en général* (que celle-ci vienne de la femme seule, ou du couple).

Pour en finir avec les caractéristiques des différentes études, précisons que c'est un travail hollandais récent qui rend compte du nombre le plus important de familles-IAD : 134 couples sur 153 ont répondu à un questionnaire extrêmement détaillé. Signalons que

1. Ce biais sera moindre à l'avenir au fur et à mesure que le secret semblera moins indispensable aux couples concernés, tout du moins, nous l'espérons.
2. Voir référence bibliographique page précédente. Il s'agit d'un travail mené par le CECOS de Lyon.

toutes les inséminations avaient été faites avec du sperme frais (pratique la plus habituelle en Hollande). Quant à l'étude polonaise, également très récente, elle analyse l'état de santé physique et psychologique de 34 enfants nés par IAD, ayant entre 3 mois et 7 ans et demi.

De manière générale, un optimisme assez grand se dégage de ces travaux quant à la valeur estimée, tant par les couples que par les médecins, de la décision d'IAD d'une part (pour la femme comme pour le mari), du développement des enfants d'autre part.

Nous allons revenir sur quelques moments précis du « parcours », en gardant toutefois en mémoire la réserve faite plus haut, à savoir qu'aucune de ces études n'est parfaite du point de vue méthodologique. L'étude française semble une des plus fiables sur le plan statistique, malgré le nombre faible des familles du groupe de contrôle (22 cas seulement d'enfants nés après traitement de stérilité masculine), et surtout malgré le taux important des non-réponses, (30 %). Mais cette recherche est encore en cours.

Il n'est pas neutre non plus de préciser que les résultats les plus optimistes sont tirés d'études menées par des gynécologues ou des urologues praticiens, qui s'attachent peut-être davantage aux aspects manifestes, factuels et conscients de l'histoire de leurs patients. Les psychiatres et surtout les psychanalystes ont, de manière générale, une position beaucoup plus réservée à l'égard de l'IAD, mais, ici encore, convient-il de nuancer : les évaluations des analystes sont évidemment fondées sur les cas cliniques dont ils ont eu à s'occuper, c'est-à-dire le plus souvent des cas « à problèmes ». Ainsi le psychanalyste américain, G. Gerstel, analyse-t-il cinq cas de mères-IAD qui ont eu des troubles graves du *post-partum* et d'autres cas de familles pour lesquelles les suites de l'insémination se sont mal passées [1]. Les travaux psychologiques portent une très grande attention à la dynamique qui entoure le secret, aux fantasmes à propos du donneur ainsi qu'à toute la problématique du roman familial en IAD. Ils s'attachent à évaluer les rôles et fantasmes

1. G. Gerstel, « A psychoanalytic view of artificial donor insemination », *Am. J. of Psychotherapy*, 17, 1, 1963.

paternels, les aménagements pulsionnels que l'homme stérile est amené à faire tant vis-à-vis de son épouse que vis-à-vis du donneur, que vis-à-vis de son enfant [1]. Et ce n'est évidemment pas un hasard si les évaluations les moins enthousiastes sur le fonctionnement de l'IAD proviennent précisément de sources « psy ».

Grossesse, accouchement, *post-partum* [2]

Les grossesses à la suite d'une IAD sont, plus que d'autres, des grossesses à problèmes médicaux (traitements, hospitalisations) et psychologiques (fatigue, vomissements, insomnies). Paradoxalement, elles sont bien supportées par les mères qui n'en gardent pas de mauvais souvenir, soutenues par la joie de réaliser enfin leur désir d'enfant. Les futurs pères investissent beaucoup ce moment, soutenant et « maternant » passablement leurs épouses. Même son de cloche pour les accouchements : ils ne se passent pas très bien sur le plan obstétrical. C'est le moins qu'on puisse dire, puisque près de 50 % des femmes ont une délivrance artificielle (forceps ou césarienne) ; quant aux autres ils sont longs et compliqués (plus que la moyenne, c'est-à-dire plus que ceux des femmes du groupe apparié). Mais, après coup, les mères estiment dans leur ensemble que l'accouchement s'est « bien passé », expliquant que l'important était que « l'enfant soit là, bien vivant et normal »... Quant aux pères, ici encore, ils sont très présents, assistant et participant à la naissance, de façon plus importante numériquement et qualitativement, que dans le groupe témoin [3].

Tout se passe au fond comme si les parents (surtout les mères)

1. Voir notamment notre travail sur ce point in *La Part du père, op. cit.* De façon lapidaire, on peut dire, en adaptant une formule célèbre du Pr J. de Ajuriaguerra : « En IAD, c'est l'enfant qui fait le père ».

2. Nous résumons ici les points marquants du travail de l'équipe lyonnaise.

3. On trouve après la naissance les pères se comportant de la même manière. Ils donnent le bain, changent, gardent leurs enfants plus que d'autres... Des « nouveaux pères » en somme, ces « pères-IAD » !

avaient en IAD d'autres critères d'appréciation et de référence que dans des cas habituels, ce qui est en réalité assez logique. Mais il existe un phénomène d'un autre ordre en IAD, c'est l'*extraordinaire médicalisation* qui entoure la gestation, tellement importante que, d'après les travaux de l'équipe de Lyon, il convient de prendre en compte l'interaction entre l'anxiété maternelle et celle du médecin, la seconde étant peut-être génératrice de la première... Exemple : 40 % des césariennes auraient été pratiquées « préventivement » [1]... Il semble bien en effet que le fait de baptiser la grossesse par IAD : « grossesse à risques » biaise pas mal de choses...

On ne change guère de registre dans les essais d'évaluation de ce qui se passe après l'accouchement. Les mères semblent plus anxieuses que la moyenne, elles allaitent néanmoins leurs bébés plus et plus longtemps que les autres, ceci même si l'allaitement se passe mal... Là encore tout se passe comme si ces femmes subissaient une sorte de pression psychologique telle qu'elles faisaient en sorte de se comporter comme des « mères parfaitement bonnes, idéales », même si cela devait leur coûter cher... Autre engrenage : ces femmes signalent plus souvent que d'autres des troubles psychosomatiques chez leurs bébés (coliques, vomissements), ces phénomènes de « stress » chez les bébés étant déclenchés par l'anxiété des parents, elle-même indissociable de l'anxiété des médecins [2] et surtout de la médicalisation de tout le système qui agit elle-même en retour sur les « réponses » des différents protagonistes...

Concluons sur ce point : le vécu anxiogène et pénible de cette expérience de maternité contraste de façon très frappante *avec les données de fait concernant ces naissances ; il semble en effet qu'il n'y ait pas de risque médical spécifique à l'IAD,* tant sur le plan de l'issue des grossesses que sur celui de l'état des enfants. Sauf peut-être celui lié à la primiparité tardive qui n'est évidemment pas lié directement à la situation d'IAD.

1. Lourd tribut que *les femmes,* une fois de plus, paient à la fois à l'IAD et à la médicalisation !
2. 80 % des médecins qui suivent les grossesses par IAD seraient, toujours d'après l'équipe de Lyon, au courant de leur origine.

C'est donc apparemment plus *le discours médical sur l'IAD qui serait générateur de complications,* que les données psychologiques ou sociologiques propres à l'histoire de ces couples.

Encore un curieux paradoxe que celui-là ! Combien significatif.

Les couples

D'autre chercheurs se sont davantage intéressés à comprendre la *dynamique du couple* vivant une IAD, que ce couple ait déjà ou non des enfants. Il n'est pas neutre que la très grande majorité d'entre eux divorce peu, significativement moins que la moyenne. L'Américain Behrman donne le chiffre d'un divorce sur 800 mariages, après le début des IAD [1]. Quand on analyse le vécu de ces couples, on s'aperçoit que les conjoints sont en effet liés par « quelque chose » de très profond qui rend peut-être compte de cette union extraordinairement stable, que l'IAD ait réussi ou qu'elle ait échoué. Un auteur hollandais, Meijers [2], considère qu'il existe trois sortes de couples : ceux chez lesquels la grossesse et l'accouchement constituent une consolidation de leur union ; ceux chez qui cette même expérience fait naître des problèmes psychologiques graves qui ne se résolvent pas mais n'entraînent pas pour autant une séparation ; ceux enfin qui interrompent les IAD au bout d'un certain nombre d'échecs et qui « restent avec leurs difficultés ». Mais on ne sait guère ce qu'ils deviennent par la suite.

Quelles sont ces difficultés principales ? Un psychiatre canadien [3] a mené une étude clinique sur 16 couples dont il a eu à s'occuper : 2 couples seulement sur 16 n'ont eu aucun trouble de fonction-

1. In « Psychological implications of donor insemination, *Am. J. Psychoanalysis*, *op. cit.*
2. A.M. Meijers, J.V. Mamerlynck et S. Schagen, « Psychosocial aspecten van de donorinseminatie », *Nederlands Tijdschrift voor Geneeskunde,* 124, 16, 1980.
3. David Berger, « Couples reactions to male infertility and donor insemination », *Am. J. of Psychiatry,* 137, 9, 1980.

nement particulier au cours de la période qui a suivi l'annonce de la stérilité du mari ; chez 11 maris des 14 autres couples, D. Berger, rejoignant ici les travaux d'autres psychanalystes [1], décrit des manifestations d'impuissance sexuelle, des mouvements dépressifs plus ou moins importants ainsi que des sentiments de culpabilité à l'égard de leur stérilité. Quant aux femmes de ces 14 couples, la totalité d'entre elles ressentaient de l'hostilité consciente ou inconsciente (manifeste à travers leurs rêves) à l'égard de leur mari, souhaitaient de façon plus ou moins claire être débarrassées de lui, tout en éprouvant en même temps une sorte de culpabilité vis-à-vis de ce sentiment agressif. Sur ces 16 couples, 10 ont cependant poursuivi les inséminations malgré ces difficultés conjugales et les 6 autres ont choisi de reporter le début des IAD ou de les interrompre provisoirement.

Fait intéressant : ce psychiatre estime, pour sa part, que le *poids du secret* pèse de façon *très négative* quant à la réussite même du processus ; il pense qu'une certaine attitude d'ouverture à la levée possible du secret chez les couples-IAD, au moins vis-à-vis de l'enfant ou du futur enfant, ne peut être que bénéfique ; elle peut en effet permettre une élaboration des conflits qui tournent autour du travail de deuil de la fertilité du mari ainsi que de ceux liés à l'insémination proprement dite (les fantasmes sur le donneur, la procréation sans sexualité, etc.). Berger pense qu'il convient en tout cas de ne pas se précipiter pour commencer les inséminations, une fois le bilan clinique concernant l'infertilité du mari terminé. Autrement dit, et cela corrobore notre propre expérience, c'est seulement si le couple est mûr et conscient de ce qui va se passer, c'est seulement si un véritable deuil a été fait par les deux conjoints, que les inséminations ont des chances de réussir en donnant éventuellement *dans ce cas* au mot « réussite » le sens de « grossesse ».

Quand on songe par exemple à la façon dont *le temps* est souvent

1. Et notamment G. Gerstel, in *Am. J. of Psychotherapy*, *op. cit.*, et W.W. Watters et J. Souza-Poza, « Psychiatric aspects of artificial insemination », *Can. Med. Assoc.*, 95, 1966.

mis à profit (à leur insu même parfois) par les couples qui font une demande d'adoption, on ne peut que déplorer la fausse solution de facilité que représente une décision d'IAD, tout à la fois proposée par les médecins et acceptée par des couples dans la plus grande hâte, comme s'il fallait à tout prix gommer, colmater au plus vite la stérilité. Seulement, il y a « temps » et « temps » ! Nous nous expliquons : les CECOS ont notamment la fâcheuse habitude de « récupérer » cet argument (l'intérêt psychologique de laisser du temps aux couples) pour justifier a posteriori l'attente qu'ils leur imposent (un an ou dix-huit mois, nous l'avons vu). Or ce délai est causé à l'évidence par le *manque de donneurs,* il est nullement prévu pour que les couples puissent maturer leur demande ; la preuve la plus prosaïque en est que si un couple amène deux donneurs, il pourra commencer les inséminations au bout de six mois ! En outre, le CECOS explique clairement aux couples que c'est à la fois à cause du grand nombre de couples demandeurs et du petit nombre de donneurs que cette attente est si longue. Ceci est d'ailleurs un « appel au peuple » déguisé, un : « à bon entendeur, salut ! ». Ce qui fait de ce délai un moment très frustrant pour les couples qui y voient un obstacle matériel de plus à franchir et non un moment pour évaluer et maturer leur demande.

Toute différente serait l'attitude conduisant à leur dire quelque chose du genre : « Nous pourrions commencer les inséminations tout de suite, rien de matériel ne s'y oppose (c'est-à-dire, notamment, nous avons suffisamment de donneurs) ; mais les spécialistes de l'insémination savent par expérience qu'il ne s'agit pas là d'un simple geste technique mais d'une situation complexe dont les enjeux sont multiples et sérieux ; il convient donc de prendre son temps, etc. » Et, là, il serait possible de proposer à ceux des couples qui formulent une demande, une aide ponctuelle, ou plus longue, dont les formes pourraient être diverses. Nous pensons notamment à des groupes de rencontres entre des futurs parents-IAD qui pourraient parler de tous ces problèmes, et par là même dédramatiser la situation tout en favorisant en même temps les conditions pour une levée partielle du secret. Pourquoi ne pas aussi faire rencontrer des parents-IAD et des groupes de donneurs (par exemple des hommes ou des couples ayant donné du sperme plusieurs années auparavant) ? Tout est à inventer en ce domaine. « L'imagination au pouvoir », telle devrait être la devise des institutions qui s'occupent d'IAD. Au lieu de cela, elles s'enferment dans une attitude obsessionnelle et comptable. Mais, bien sûr, pour pouvoir évoluer il faudrait préalablement régler le problème du recrutement des donneurs... Et là encore, l'institution résiste, se piégeant elle-même en s'enfermant dans des barrières rigides. Nous y reviendrons au chapitre suivant.

Le devenir des enfants nés par IAD

Évoquons cette donnée (en dehors du devenir des nourrissons dont nous avons déjà parlé à propos du *post-partum*) pour terminer notre évaluation de l'ensemble du système. Il est très frappant, eu égard à l'énorme littérature existante sur le sujet, de voir à quel point on parle peu des enfants (les 7/8e de ces travaux traitent des aspects techniques de l'IAD, ce qui n'est évidemment pas neutre...). Bien sûr, on retombe toujours sur la question du secret dont s'entourent les couples qui, le plus souvent, sauf quand ils veulent un second enfant par IAD [1], ne donnent plus de leurs nouvelles. Mais il existe aussi une contre-attitude de certains chercheurs qui craignent, à tort ou à raison, d'être trop intrusifs dans ces familles. En réalité, on ne s'est guère embarrassé de ces scrupules pour tester dans tous les sens du terme des parents adoptifs et des enfants adoptés...

N'y a t-il pas dans cette attitude « en retrait » quelque chose qui reflète le malaise du chercheur lui-même vis-à-vis de l'IAD ? Nous sommes personnellement opposés à l'intrusion ; mais nous pensons, pour avoir nous-mêmes mené nombre d'entretiens dans un but de

1. Si nous précisons, c'est que certains couples, après une naissance-IAD, en restent là (50 % environ) ; d'autres adoptent un enfant, d'autres enfin en ont un « tout seuls ».

recherche, soit avec des parents-IAD, soit avec des donneurs de sperme, qu'il est toujours possible d'expliquer ce qu'on fait et dans quel but. C'est ce que les Américains appellent : *informed consent* (consentement informé ou éclairé) : attitude que le public comprend très bien, d'autant qu'il s'agit d'individus motivés et conscients du fait que leur expérience peut être infiniment profitable à autrui et à la recherche en général. Étant entendu qu'ils peuvent évidemment aussi refuser un entretien ou un questionnaire.

Quoi qu'il en soit, cinq études seulement jusqu'à maintenant ont tenté de présenter un bilan physique et psychologique des enfants nés ainsi. Elles portent sur un petit nombre de cas d'enfants, tous jeunes (les plus âgés ont 7 ans) ; quant à leur fiabilité méthodologique, elle n'a rien de très rigoureux. Les Japonais, qui ont une banque de sperme depuis 1957 et pratiquent l'IAD depuis plus de 20 ans, n'ont publié qu'une petite étude sur une cohorte de 54 enfants dont 40 âgés de 2 ans et demi à 8 ans, et 14 de moins de 2 ans et demi. Les résultats ont montré que tant le QI (quotient intellectuel) que le QD (quotient de développement) de ces enfants était bon (au moins égal ou supérieur à 100), leur développement physique et mental, d'après ces mêmes chercheurs, tendant à être supérieur à celui des enfants nés naturellement [1]. Mêmes résultats obtenus par l'équipe polonaise [2]. L'équipe hollandaise, quant à elle, a obtenu 134 réponses à un questionnaire détaillé de la part de couples ayant un enfant au moins né par IAD (aucun de ces enfants n'avait plus de 6 ans) : 98 % des parents se déclarent extrêmement satisfaits et fiers de leur enfant par IAD et 34 % des autres parents déclaraient en vouloir un autre [3]. Seule l'équipe française présente une évaluation plus nuancée, moins optimiste, mais elle ne porte, pour l'instant, que sur des bébés de moins de 3 mois (77 enfants) [4]. Ces enfants présentent, rappelons-le, un certain nombre de troubles psychosomatiques (principalement coliques à 3 mois, vomissements, pleurs la nuit,

1. F. Mochimaru, « Artificial insemination with frozen donor semen : its current status and follow-up studies », in *Keio J. Med.*, 28, 1979.
2. Cf. p.196, note concernant O. Torbus *et al.*
3. *Ibid.*
4. Voir *Aspects psychologiques de l'insémination artificielle, op. cit.*.

maladies de peau — eczéma surtout). Les auteurs proposent l'hypothèse d'un *surinvestissement parental,* phénomène, de fait, habituel chez des couples qui ont des enfants très désirés, nés après traitement de stérilité. Il est d'ailleurs fort intéressant de voir que les parents-IAD et le groupe témoin de parents ayant eu un enfant né normalement après traitement de stérilité masculine aient des comportements semblables dans un certain nombre de circonstance vis-à-vis de leurs bébés : on voit, par exemple, qu'ils ne laissent jamais le bébé seul, ne le réveillent jamais pendant son sommeil, le prennent dès qu'il pleure. Toujours d'après cette étude, le seul comportement propre aux parents-IAD tiendrait au fait que, en dehors de tout problème de logement, ils font dormir leurs bébés dans leur chambre ; l'autre caractéristique est l'allaitement prolongé des bébés par leurs mères (voir p. 200).

Cette étude va dans le sens de ce que les pédo-psychiatres savent de la psychosomatique du nourrisson et de sa famille ; l'influence de l'anxiété et de la surprotection parentale est un facteur qui risque de déclencher des troubles psychosomatiques chez le jeune enfant. Ce point est connu depuis longtemps [1].

Ces conclusions ne font que relancer la balle dans le camp des promoteurs de l'IAD : il est clair que l'hypermédicalisation de tout le système ne fait qu'augmenter l'angoisse des parents et favoriser leurs comportements et fantasmes surprotecteurs. Hypermédicalisation qui s'accompagne, nous l'avons vu, d'une infantilisation, d'une attitude d'« assisté » chez les couples qui sont incités depuis le début (c'est-à-dire depuis l'inscription à la banque) à formuler une *demande d'enfant à la médecine* et aux différents médecins, et à être perpétuellement en état de sollicitation. Il n'y a qu'à se représenter par exemple l'état d'esprit de ces couples chez lesquels l'insémination « traîne » (la majorité...), qui doivent revenir tous les mois à la banque chercher ces paillettes dont ils savent qu'elles sont tellement précieuses car si rares... D'autant que depuis le rembourse-

1. Voir l'ouvrage de référence : L. Kreisler, M. Fain, M. Soulé, *L'Enfant et son corps, op. cit. ;* ainsi que L. Kreisler, *L'Enfant du désordre psychosomatique,* Toulouse, Privat, 1981.

ment total par la Sécurité sociale, ils ne peuvent même pas se déculpabiliser en se disant qu'ils les paient (ce qui était le cas jusqu'à la fin 1981). Ils viennent donc demander « quelque chose » qui est la signature de leur échec, comme de mauvais élèves qui viendraient solliciter de redoubler une classe ou de recommencer leur examen en promettant de mieux faire la prochaine fois, honteux de faire perdre ainsi son temps au professeur et de gaspiller les deniers de l'État…

Si nous avons tenu à présenter de façon détaillée ces travaux, si limités soient-ils, c'est parce que les couples que nous voyons, surtout en début de parcours, posent toujours, et c'est bien normal, la question des résultats des recherches sur des enfants nés par IAD. Question à laquelle on apporte une réponse vague en général, pour la bonne raison que la plupart des médecins n'ont pas connaissance des travaux de chercheurs d'autres disciplines (surtout quand ils ne sont pas français), tant la recherche est cloisonnée dans notre pays.

7. L'idéologie de l'IAD

En ce qui nous concerne en tant que praticiens à divers titres de l'IAD [1], nous avons d'autres critères qui nous servent à évaluer la dynamique des couples qui viennent nous consulter [2]. Il s'agit de critères cliniques et psychodynamiques qui ne sont évidemment pas les mêmes que ceux des épidémiologistes ou ceux des psychologues qui travaillent sur des données provenant de questionnaires. Les objections et la situation des chercheurs et celle des cliniciens ne sont évidemment pas les mêmes.

Nous partons, nous, d'un point de départ fort différent : les patients qui viennent nous consulter le font parce qu'ils ont un problème, et, en général une demande d'aide (à l'exception, nous l'avons dit, de certains des couples envoyés par les CECOS qui viennent uniquement parce que l'entretien avec un « psy » est obligatoire). Pour un psychanalyste, les couples qui font une demande d'IAD ne posent a priori pas de problèmes particuliers : ce sont des couples qui vivent une situation de stérilité ; il convient évidemment de s'assurer qu'un travail de deuil de la fertilité du mari a été réalisé ou est en voie de s'effectuer. Ceci étant, les futurs parents-IAD sont des futurs parents comme les autres, et nous n'avons nulle prétention à leur faire « passer » un quelconque examen de « parentalité » ! Pourquoi seraient-ils fondamentalement différents des couples qui connaissent

1. C'est surtout ici la psychanalyste qui s'exprime.
2. La demande d'enfant par IAD est-elle par exemple une formation réactionnelle à la blessure causée par la stérilité du couple ? Ou s'agit-il d'une véritable sublimation ?

une stérilité de cause inconnue ? Pourquoi seraient-ils différents de ces innombrables couples qui, « un beau jour », décident d'essayer d'avoir un enfant et ne demandent l'avis d'aucun spécialiste pour cela ? Et quant au *deuil* que ces parents-IAD doivent faire, chacun séparément, du *projet d'avoir un enfant issu biologiquement d'eux deux,* le travail mental qu'il suppose est peu différent de celui que doivent effectuer, par exemple, des parents qui ont perdu un enfant et veulent en avoir un autre pour « réparer » la mort du premier.

Si nous prenons cet exemple, c'est qu'il s'agit de cas que nous avons l'occasion de voir dans nos consultations de stérilité, ces derniers couples connaissant souvent une infertilité temporaire — ou définitive.

Notre travail, modestement artisanal [1], consiste à leur permettre d'élaborer, de métaboliser les données factuelles et fantasmatiques de l'IAD (celles liées au donneur de sperme, à la technique de l'insémination — et à la dissociation procréation/sexualité —, à la question du secret, etc.). Mais répétons-le, *la réalité n'entraîne pas de fantasmes spécifiques :* la façon dont une réalité est vécue dépend de l'équipement psychologique et défensif de chaque individu et de chaque couple.

Mais ce vécu dépend aussi de ce que les différents « spécialistes » peuvent « injecter » de leurs fantasmes personnels ou de leur savoir pour aider ou, au contraire, alourdir et gauchir la situation.

Revenons et concluons sur le cas particulier de l'IAD : il est sûr que l'expérience d'une stérilité longtemps supportée est anxiogène ; nous l'avons vu à travers l'exemple de la surprotection parentale chez les parents par IAD, aussi bien que chez ceux qui ont eu un enfant après traitement de stérilité masculine. Nous pouvons aider ces couples à analyser et comprendre cette angoisse. Mais, encore une fois, ce n'est pas une angoisse spécifique à la situation d'IAD.

Le seul problème qui soit vraiment spécifique est celui, ceux plutôt qui viennent du *paramètre « secret »* que la majorité de ces couples tiennent encore à garder, au moins en grande partie. Là

1. Mais un ébéniste est un artisan...

aussi, ils nous questionnent : « Faut-il le dire à l'enfant ? » Les psychanalystes ne donnent pas de conseils, on le sait, surtout pas de conseils généraux : tout dépend de la dynamique de chaque couple et de son évolution possible.

Cela étant, nous avons d'autant moins d'éléments sûrs à donner en la matière que *le problème du secret est un problème social, aux résonances institutionnelles évidentes :* comment prêcher pour la vérité, la transparence, alors que l'institution elle-même donne le « mauvais exemple » ? L'identité des donneurs est en effet, on le sait, gardée complètement secrète ; le principe même de l'IAD repose donc sur un « squelette dans le placard », tels ces secrets de famille jalousement cachés (adultères d'une mère ou d'une grand-mère, inceste, mort d'un enfant). Le jour où les institutions médicales qui gèrent l'IAD, c'est-à-dire la société, voudront bien envisager de prendre en compte un geste qui relève d'une solidarité interfamiliale (donner du sperme à un couple infécond), la question du secret de la naissance de l'enfant se posera alors d'une autre façon. Comme le dit avec une très grande justesse le pasteur André Dumas à propos, précisément, de la position de l'Église chrétienne sur l'IAD : « Il faut toujours dire la vérité à charge pour la société globale de faire que cette vérité ne devienne jamais un tort ni un discrédit [1]. »

Tous ceux qui s'occupent, à un titre ou un autre, d'IAD devraient œuvrer pour que *la vérité dans ce domaine puisse un jour avoir droit de cité,* pour que l'IAD et le don de sperme sortent de la clandestinité un peu honteuse où ils se trouvent. Le fait qu'un homme ou un couple nanti d'enfants puisse aider un autre homme ou un autre couple qui en sont privés, n'a, en soi, rien de scandaleux, bien au contraire. Encore faudrait-il rendre cette solidarité « avouable », licite, légale… Étrange paradoxe encore une fois que celui qui revient à gommer un geste altruiste.

Nous avons dans ce chapitre analysé certains enjeux liés à la médicalisation du lien de filiation en passant au crible de nos

1. In « Fertilisation médicale et religion », *Insémination, l'espoir,* Marseille, Mediprint, 1979, chap. 9.

connaissances l'exemple particulier de l'insémination artificielle avec donneur. Il est clair que ce n'est pas un livre sur l'IAD que nous écrivons : aussi n'avons-nous pas, de loin, épuisé le sujet. Le système institutionnalisé de remplacement du sperme d'un homme par celui d'un autre homme pour faire un enfant pose bien d'autres problèmes, tant psychologiques que sociaux. Nous n'avons retenu ici que ceux qui se trouvaient pertinents eu égard au propos de notre ouvrage : « Jusqu'où peut aller le prix que l'on veut payer pour avoir un enfant dans une société donnée, en l'occurrence la nôtre, dans l'état de développement scientifique où elle se trouve ? » Nous nous sommes attachés, dans cette partie, à analyser les paramètres médicaux et institutionnels de la pratique de l'IAD en France. Nous allons maintenant envisager la face cachée, implicite, « en négatif » de la filiation médicalisée, c'est-à-dire les enjeux sociologiques, juridiques et éthiques qui s'inscrivent en arrière-fond. Ce que, dans un autre langage, on appelle les systèmes de valeurs et de représentations relatives à la procréation. L'idéologie sous-jacente en un mot.

Ce qui nous amènera à poser la simple question : « Faut-il vraiment des médecins pour faire un enfant ? »

V. Faut-il vraiment des médecins pour faire un enfant ? ou La fin justifie-t-elle les moyens ?

Pour les couples qui, pour diverses raisons, ont des difficultés à avoir des enfants, le prix à payer c'est d'abord ce lourd parcours du combattant médical que nous avons analysé [1]. Itinéraire moins évident qu'il n'y paraît : de simple thérapeutique, il devient facilement, nous l'avons vu, prise en charge par la société de problèmes individuels. Le système de l'IAD en est un exemple frappant : derrière la médicalisation, sans doute outrancière, du lien de filiation qu'il véhicule, ce sont de véritables options existentielles qui se profilent. Et ce prix-là à payer, moins repérable à première vue que le prix médical, pèse peut-être davantage en réalité.

C'est ce *background* proprement idéologique que nous nous attacherons à faire ressortir dans cette partie, en analysant le contenu des différents choix, tant anthropologiques que juridiques et éthiques inclus dans la gestion médicale et institutionnelle de la descendance des individus. On peut y voir, comme à travers un prisme grossissant, le système de valeurs relatives à la procréation et à la famille qui est à l'œuvre dans notre société.

Nous essaierons, dans un second temps, de proposer un contre-système, un autre modèle à la circulation des enfants, modèle quelque peu utopique, pas tout à fait incompatible avec notre système culturel, cependant, moins en tout cas que les systèmes médicalisés, et qui nous semble, de toute façon, intéressant à considérer.

1. Cette partie est écrite par Geneviève Delaisi de Parseval.

1. Enjeux anthropologiques

> La famille ancienne est un état de droit, d'où découlent certains faits, et non, suivant la tendance moderne, un état de fait d'où découlent certains droits.
>
> M. MAUSS, *Traité d'ethnographie,* 1947, p. 125.

Quel est d'abord le prix anthropologique de ce recours systématique à l'activisme et à l'artifice présent dans toutes les solutions que nous avons étudiées ? Quelle est la signification de cette emphase mise sur le noyau conjugal, fermé à toute intervention humaine, familiale, extérieure à lui ? Que cache cette « réparation » de la famille incluse dans une technique, telle par exemple celle de l'IAD ? Et quel étrange « tripatouillage » du lien de paternité est ici proposé ?

Pour tenter de se faire une idée de ce qui est ou non « manipulé » par les différentes techniques médicales, il s'avère nécessaire de faire un détour anthropologique afin de comprendre ce que sont en réalité les notions de famille, de parenté, de filiation, mises ici sur le devant de la scène. C'est faute sans doute d'une clarification au niveau de ce qui est en jeu, que les institutions médicales « pataugent » et déplorent le « vide » existant en la matière. Le regard ethnologique est très précieux (nous l'avons vu à propos de l'exemple du don de sperme) pour apercevoir la face cachée ou inavouable de sa propre culture. Cela étant, l'intérêt premier pour notre propos de prendre en compte les travaux des ethnologues est de s'apercevoir que telle ou telle société privilégiée choisit, « décline la parenté » à sa façon, laissant une relation ou une autre dans l'ombre, pour n'en retenir que certaines [1].

De façon schématique, rappelons ici qu'il existe trois relations élémentaires de parenté ; la filiation, l'alliance et la germanité, *trois types de liens* par conséquent. Dans cet ouvrage, nous nous sommes attachés à analyser un matériau qui traite de façon évidente du seul lien de filiation, lien de descendance entre celui qui engendre, celui qui est engendré et ceux qu'il engendrera à son tour. Lien « naturel », durable (on peut divorcer de son conjoint, donc rompre l'alliance, on ne peut en revanche casser le lien avec ses parents ou avec ses enfants), lien vital à la survie de l'espèce humaine étant donné l'état de néoténie, et donc de dépendance, dans lequel naît le nourrisson humain.

Mais ce qui embrouille les données, dans une société scientifique telle que la nôtre, c'est que ce lien de filiation a l'air de se fonder sur des données biologiques, comme s'il était en effet *naturel.* D'où les ambiguïtés sur la définition de ce qui est artificiel ou de ce qui ne l'est pas (elle est patente dans les cas d'IAD, dans celui des mères d'emprunt, du don d'ovules, etc.).

Or, à la lumière de tous les travaux sur la parenté, il est clair que cette conception relève d'un *réductionnisme biologique.* L'histoire de l'espèce humaine est en effet celle où la notion de « nature » a le moins de pertinence, car le plus petit fait physiologique se trouve d'emblée repris dans les mailles du symbolique, du langage : c'est ainsi qu'un enfant n'est pas le fils d'une femme parce qu'il est sorti du ventre de cette dernière mais parce que la société a fait, de sa génitrice, *sa mère* (et si nous prenons ici l'exemple de la maternité, c'est que la suprématie de la culture sur la nature est plus démonstratif encore que celui de la paternité que nous avons analysé ailleurs [2]). Il n'est pas possible, en tout état de cause, de tracer une

1. On voit clairement, par exemple, que, dans notre culture, la relation de *germanité* (la fratrie) est sous-estimée, voire délibérément occultée (on l'a constaté à propos du non-rôle institutionnel que la société accorde, en IAD, au frère du conjoint stérile).

2. In *La Part du Père, op. cit.*

dichotomie entre nature et culture. Ni la mère ni le père n'ont par exemple une « existence » purement institutionnelle ou purement naturelle : la fonction biologique de la mère masque souvent le rôle institutionnel ; c'est l'inverse pour la paternité : le rôle institutionnel du père masque, au contraire, son rôle de procréateur. Et il est tout aussi arbitraire de vouloir réduire la maternité au biologique que de cantonner le père dans une fonction exclusivement symbolique [1].

Il est fort instructif à ce point de notre réflexion de se référer à l'analyse de la filiation faite par une juriste : « A la base du lien de filiation se trouve normalement la *communauté de sang*. Pourtant l'examen des règles de filiation et de parenté à travers les sociétés humaines, y compris et peut-être surtout les plus archaïques, révèle uniformément que cette image de la communauté de sang, comme support de la parenté, est trompeuse. La constatation est troublante. Elle fait apparaître que si la parenté se fonde le plus souvent sur des réalités biologiques, toute société humaine *se donne le pouvoir* de reconnaître ou non, de modeler, de configurer ou de défigurer ce donné naturel, au point parfois de l'oblitérer complètement, ou au contraire d'établir une relation de parenté véritable là où il fait manifestement défaut.

« Comment expliquer dès lors cette étonnante alchimie ? Si dans les systèmes de filiation des sociétés historiques ou même modernes, la parenté par le sang se trouve partiellement ou parfois même totalement méconnue, il faut en rechercher l'explication moins dans l'ignorance de la vérité que dans le choix délibéré des peuples entre le domaine des faits et celui des règles, et plus précisément des faits qui recevront *l'investiture de la reconnaissance sociale.* [...] Envisagée sous cet angle, la parenté devient alors une question de droit, non une question de fait. La filiation relève d'un *système de règles et d'idées qui s'intègre dans le cadre conceptuel du système politique global* [2]. »

1. Travers bien connu de certains psychanalystes lacaniens !
2. In M. T. Meulders, « Fondements nouveaux du concept de filiation », extrait des *Annales de droit,* 4, p. 292-294, 1973.

Cette analyse des fondements juridiques du concept de filiation rejoint parfaitement la phrase de l'ethnologue Marcel Mauss, cité en exergue de ce paragraphe. Quant aux travaux des ethnologues contemporains, spécialistes de la parenté, ils sont tellement connus et tellement éloquents qu'on se demande comment les institutions médicales qui se font une « spécialité » de s'occuper de la filiation peuvent les ignorer...

Qu'en est-il exactement ? Le seul mot de *consanguinité,* terme supposé neutre et descriptif, renvoyant à une définition apparemment biologique, est en réalité peu innocent et signifie, de la part de celui qui l'emploie, une option culturelle et philosophique [1]. « Dans les sociétés humaines, écrit Françoise Héritier, la définition de la consanguinité est au premier chef une affaire de choix et de reconnaissance sociale [2]. » Prenons l'exemple du cas de la filiation paternelle : chez nous, le principe du droit romain, *Pater is est*, renvoie historiquement aux règles d'un ancien système patrilinéaire. C'est pour une autre raison chez les Samo de Haute-Volta : les travaux de F. Héritier (cités dans la Ire partie, chap. 3, p. 31 s.) montrent que dans cette société l'enfant premier-né d'une femme, qui est *nécessairement né* des œuvres *d'un autre homme* puisque la cohabitation entre époux ne commence qu'après la naissance du premier enfant, a *néanmoins pour père le mari légitime de la mère.*

Il en va d'ailleurs de même pour l'adoption dans notre culture : elle créé des liens de consanguinité fictive tout aussi contraignants que ceux de la consanguinité biologique.

Citons ici les propos de F. Héritier, contrepoint anthropologique aux réflexions juridiques précédentes : « Les systèmes de parenté découpent de façon diverse le champ de la consanguinité... La consanguinité n'est donc dans les sociétés humaines qu'une relation socialement reconnue ; et c'est le propre des systèmes de parenté, ensemble de règles gouvernant la filiation, la résidence et l'alliance, de se distinguer par une certaine autonomie à l'égard

1. Nous pensons ici aux débats récents autour de la sociobiologie.
2. In *L'Exercice de la parenté, op. cit.*, p. 14-15.

des lois naturelles de l'espèce : la reproduction des hommes est un instrument de la reproduction de l'ordre social [1]. »

Cela veut dire qu'à partir d'un donné biologique de base, banal et commun à toute l'espèce des mammifères (les données de la reproduction sexuée et la suite naturelle des générations), les systèmes de parenté opèrent un travail de « découpage » d'où découlent les diverses règles de filiation et d'alliance ainsi que les systèmes terminologiques. Pour illustrer le côté artificiel de toutes ces combinaisons, on peut prendre l'exemple de la relative « cécité » — sorte de limitation restrictive — dans la terminologie de parenté de notre propre société : chez nous, pour un enfant (x), oncles et tantes, tant du côté paternel que du côté maternel, sont bien distingués des parents [2], mais, ils ne sont pas en revanche distingués terminologiquement entre eux ; pour cet enfant, le frère de son père ou le frère de sa mère sont des « oncles », sans plus. Il en va de même pour les grands-parents : on ne sait pas, par leur dénomination, s'il s'agit des parents du père ou de ceux de la mère. Quant aux cousins, la volonté non classificatoire du système de parenté en vigueur dans notre culture est très nette : non seulement, en effet, le terme de cousinage est vague (on ne sait s'il s'agit de parents de la première ou deuxième génération — germains ou « à la mode de Bretagne »), mais encore on ne peut percevoir si, par rapport à une personne donnée, ce sont des cousins parallèles ou croisés (c'est-à-dire si ce sont des enfants du frère de sa mère ou de la sœur de son père — cousins croisés —, ou s'il s'agit de ceux de la sœur de sa mère ou du frère de son père — cousins parallèles). Ce *distingo* n'est pas pertinent pour nous ; il est en revanche *fondamental pour la majorité des autres systèmes de parenté :* c'est en effet en fonction de cette classification que s'ordonnent les règles du mariage (préférentiellement entre cousins croisés) [3], tandis que les relations entre cousins

1. In *L'Exercice de la parenté, op. cit.*, p. 14-15.
2. Ce qui n'est pas le cas, on l'a vu, dans les systèmes de parenté classificatoire, voir 1re partie, chap. 3.
3. A tel point, écrit C. Lévi-Strauss, qu'il existe souvent un seul mot pour désigner le cousin croisé, ou la cousine croisée, et le conjoint (in « La famille » (article

parallèles sont considérées, elles, comme relevant du tabou de l'inceste [1].

Il est clair par exemple que le remplacement, en cas de stérilité du mari, par le frère de ce dernier (pratique *exclue* dans le système-IAD, la substitution par un inconnu — le donneur — étant préférée) n'a rien d'antinaturel ou de naturel *per se :* il est seulement le fruit d'un choix culturel.

Dans notre propre société où il n'existe pas de groupes de filiation dominants (patri ou matrilinéaires), les interdits matrimoniaux portent sur des *positions de parenté* par rapport à un individu donné *non sur des degrés :* le problème sera donc, pour déterminer la possibilité de mariage, de savoir s'il existe ou non un *certain taux de consanguinité* entre les postulants. Or, cette « limite acceptable de consanguinité » est très précisément codifiée : en deçà, il s'agit d'une union incestueuse, au-delà d'un mariage possible. Le droit canon statue différemment du droit romain ou du droit anglais par exemple sur les « degrés de cousinage ». Tout récemment (janvier 1983), le droit canon a précisément abaissé le seuil de consanguinité au-delà duquel les unions deviennent possibles entre consanguins. Tout se passe comme si le grand jeu du mariage et donc de la procréation avait pour but d'édicter des règles, déterminant un territoire compris entre ce que F. Héritier appelle « les deux pôles du refus : l'inceste et l'étranger, le trop proche et le trop lointain [2] ». Comme si, en somme, il convenait de définir une sorte de distance optimale entre futurs procréateurs. Et en ce sens, on peut noter que l'éloignement quasi obsessionnel entre donneurs et receveurs, introduit par le principe d'anonymat de l'IAD, est fondamentalement étranger à tout système culturel. On assiste dans ce cas à un exemple

---

datant de 1956), in *Claude Lévi-Strauss,* Paris, Gallimard, coll. « Idées », 1979, p. 124).

1. Il existe une abondante littérature sur ce point, tant ethnologique que psychanalytique. Citons seulement Germaine Tillon, *Le Harem et les Cousins,* Paris, Seuil, coll. « Points », 1982 ; et Georges Devereux, « Considérations ethnopsychanalytiques sur la notion de parenté », in *Ethnopsychanalyse complémentariste,* Paris, Flammarion, 1972, p. 169-196.

2. *Op. cit.,* p. 163.

caractéristique des dommages que peut causer une idéologie purement médicale en matière de filiation : dans un système de ce type, *le jeu social est en effet par essence perturbé...* Et ce qui est présenté comme une sorte de super-sophistication revient en fait à une dé-culturation complète, ramenant les cartes dans le seul camp du donné biologique. Étrange paradoxe que celui-là... Et en ce sens, les cas de sœurs qui s'échangeraient des ovules ou qui se prêteraient leur utérus, ou bien encore celui des frères qui se proposent comme donneurs en IAD, seraient sans doute *moins a-culturels !* C'est pourquoi il convient d'être très prudent dans les jugements que l'on porte sur la normalité ou l'anormalité de certaines pratiques d'avant-garde ou futures en matières de reproduction [1].

Résumons l'éclairage que les données anthropologiques fournissent à la compréhension du champ de la filiation médicalisée : « A dire vrai, écrit F. Héritier [2], en dehors du rapport physique qui unit la mère à ses enfants (gestation, mise au monde et allaitement), rien n'est naturel, nécessaire, biologiquement fondé dans l'institution familiale lorsqu'on y regarde de près. Même le lien biologique mère-enfant n'a pas partout la même prégnance. » Et l'auteur de citer nombre de formes familiales existantes dont il serait trop long de faire l'inventaire ici. Tout se passe donc comme si l'institution familiale apportait une multiplicité de réponses aux désirs fondamentaux de l'espèce humaine (désir sexuel, désir de reproduction), ainsi qu'aux nécessités propres à sa survie (faire vivre et élever les enfants). Or ces réponses, poursuit F. Héritier, « semblent aller le plus radicalement contre l'évidence du bon sens, la chose au monde que nous croyons, comme la famille, universellement partagée [3] ». Ainsi, note, non sans ironie, l'auteur, il va de soi, pour nous Occidentaux du XXe siècle, que le « noyau dur » de la famille tient dans les quatre propositions suivantes :

1. les partenaires de l'union conjugale sont de sexes différents ;

1. Que nous avons analysées dans la IIIe partie.
2. « Les mille et une formes de la famille », *Le Monde,* 24 décembre 1975.
3. *Ibid.*

2. cette union ne se noue qu'entre vivants ;
3. le géniteur des enfants est normalement leur père ;
4. la famille conjugale (père, mère, enfants) est l'unité résidentielle et économique élémentaire par laquelle passent l'éducation et l'héritage.

Or, l'expérience ethnologique montre qu'*aucun de ces principes n'est universellement admis*. On constate par exemple que dans certaines populations africaines, il existe un mariage légal *entre femmes* (qui n'a — soit dit en passant — rien à voir avec une quelconque forme d'homosexualité féminine). Ailleurs c'est *avec un mort* qu'un mariage-fantôme-légal peut se conclure (la femme est épousée, au nom du mort, par un des parents de son mari — neveu ou frère). Autant d'autres exemples prouvant que : « ni le sexe, ni l'identité des partenaires, ni la paternité physiologique *n'ont d'importance à eux seuls* [1] ».

A propos de paternité physiologique, charnière du système IAD, rappelons les études déjà anciennes de C. Lévi-Strauss montrant que chez les Tibétains, qui pratiquent le mariage polyandrique, il y a un manifeste déni de ce type de paternité ; plusieurs hommes, habituellement des frères, partagent une femme : « Le père légitime des enfants, écrit Lévi-Strauss, étant celui qui a accompli une cérémonie spéciale, et qui demeure le père légal de tous les enfants à naître, jusqu'à ce qu'un autre mari décide à son tour d'assumer le droit de paternité, par le même procédé [2]. »

Quant à la vie de famille, envisagée sous son aspect sexuel, elle n'est pas moins culturellement « prescrite » : « Dans l'ancienne Russie, écrit encore Lévi-Strauss, il existait une coutume selon laquelle un père jouissait d'un droit sexuel privilégié sur la jeune épouse de son fils ; une coutume symétrique a été mentionnée dans certaines régions d'Asie du Sud-Est, où les personnes considérées sont le fils de la sœur et la femme de l'oncle maternel. Nous-mêmes ne voyons pas d'objection à ce qu'un homme épouse la sœur de sa femme, pratique que le droit anglais considérait encore comme incestueuse

1. *Ibid.* C'est nous qui soulignons.
2. In « La famille », *op. cit.*, p. 100.

au milieu du XIXe siècle [1]. » Dans le même article, Lévi-Strauss cerne de plus près encore l'articulation biologique/social : « Quelle peut-être la raison pour laquelle chez des dizaines de tribus différentes d'Afrique, d'Amérique, d'Asie, d'Océanie, on ne doit épouser sous aucun prétexte la fille de l'oncle paternel, puisque cela équivaudrait à épouser une sœur, tandis que la meilleure épouse souhaitable est la fille de l'oncle maternel, c'est-à-dire une *parente tout aussi proche que la précédente du point de vue biologique* [2] ? »

« Toutes ces distinctions, et d'autres qu'on pourrait ajouter, poursuit l'auteur, paraissent d'abord bizarres, parce qu'inexplicables par des motifs d'ordre biologique ou psychologique. Mais si nous gardons présentes à l'esprit les explications données (plus haut) [...] à savoir *que les règles de mariage expriment un refus social d'admettre l'existence exclusive de la famille biologique,* tout devient alors plus clair [3]. »

Si nous avons longuement cité ces textes, c'est qu'à l'évidence ils fournissent un *principe d'intelligibilité* pour s'y retrouver dans l'écheveau emmêlé de la procréation médicalisée. C'est aussi, d'un point de vue plus personnel, parce que ces réflexions sur la famille et la parenté ont, depuis des années, nourri notre cheminement personnel, intellectuel et professionnel, à propos des sujets sur lesquels nous travaillons (fertilité/stérilité, IAD, vasectomie, don de sperme). C'est enfin parce que ces travaux désormais classiques peuvent servir de support aux hypothèses sur un « contre-système pour une filiation non médicalisée » dont nous allons jeter les prémisses en cette fin d'ouvrage.

1. *Ibid.*, p. 117.
2. *Ibid.*, p. 124. C'est nous qui soulignons.
3. *Ibid.*, p. 125. C'est nous qui soulignons.

2. Filiation médicalisée/Filiation socialisée ?

« L'homme n'est pas le seul à fabriquer des enfants dans le ventre des femmes. Tout enfant a deux pères, son père humain, et le père surnaturel de tous les humains, le Soleil. L'homme ne fabrique en fait que le corps de l'enfant. C'est le Soleil qui en fabrique les yeux, le nez, la bouche, les doigts et les orteils [1]. »

Rappelons en préalable que, c'est clair, la seule raison avancée par les praticiens de la médecine de la reproduction pour justifier leurs attitudes dirigistes ou activistes tient en une phrase : « C'est qu'il n'y a pas d'autres solutions, sinon le couple resterait sans enfants. » Est-ce bien vrai ? Est-il exact que, faute d'interventions médicales de plus en plus poussées, la situation d'un couple infécond soit sans issue ?

Pour se donner les moyens de répondre à cette question, il convient d'apprécier si la médicalisation du lien de filiation proposée dans notre société pour tenter de résoudre le problème d'absence d'enfant possède un *équivalent non médical ailleurs.* Existe-t-il, en d'autres termes, des institutions sociales, mais non médicales, qui s'offrent à prendre en charge le problème d'absence de descendance ?

La réponse est claire — c'est évident après ce que nous venons d'exposer — : toutes les sociétés ont leur propre système de *socialisation de la filiation.* Et nous avons vu au premier chapitre que

1. M. Godelier, *La Production des grands hommes, op. cit.*, p. 91.

le pouvoir procréatif tournait *moins autour du sexe* qu'autour de *la fonction de fécondité* [1].

C'est ainsi, rappelons-le, que, chez les Nuer d'Afrique orientale, une femme stérile peut avoir des enfants en acquérant un statut d'homme, de « père ». C'est ainsi que chez les Samo de Haute-Volta, un homme stérile peut également en avoir, soit en étant crédité de la descendance de ses épouses légitimes, soit en ayant pour fils des neveux, fils de frères qui sont terminologiquement ses fils. Ces exemples que l'on pourrait multiplier font ressortir la socialisation du lien de filiation qui pallie, de la même manière que le fait chez nous la médecine, les problèmes de stérilité. Dans notre société, en dehors des solutions médicalisées, seule existe l'adoption, mais, chacun le sait, c'est un système « lourd », long, et dont tous les individus ne peuvent ou ne veulent bénéficier.

Et pourtant, on peut se demander pourquoi cette question de la *circulation des enfants* (car tel est en effet l'enjeu posé par la stérilité) est, chez nous, résolue de façon si pauvre, restrictive, si obsessionnelle et rigide. Tout se passe comme si le circuit médicalisé de la reproduction agissait comme un écran commode permettant de ne pas voir les autres moyens possibles *pour faire des enfants, pour en donner ou pour en recevoir.*

Typique est à cet égard l'exemple de l'IAD : lorsqu'on a vu de nombreux couples qui y ont recours, on ne peut pas ne pas être frappé par le fait que deux « sujets » ne sont presque jamais abordés par eux, comme si, à partir du moment où le couple adoptait la solution-IAD, toute fantasmatisation ou même imagination était abrasée. Un de ces sujets est la « solution-amant » : rarissimes sont les couples qui l'évoquent ; à l'évidence, c'est à ne pas se poser cette question que leur sert en un sens l'institution médicale. L'autre question est celle de la personne du donneur : la paillette, le sperme sont — on l'a vu — les seules « représentations » (si l'on peut dire) de cet homme. Bien utiles sans doute elles aussi, mais passablement pauvres et réductrices.

1. Ire partie, chap. 3, p. 32 s.

Essayons donc de décentrer quelque peu la situation de stérilité masculine dans un couple qui, dans notre société, se solde par « la solution-IAD ». Quels en sont tout d'abord les protagonistes ? D'un côté, c'est clair, nous trouvons un homme qui ne peut procréer biologiquement, marié à une femme qui, elle théoriquement, peut procréer. De l'autre, un second homme apte à procréer, époux (en général) d'une femme elle aussi féconde. Nous trouvons enfin un enfant, fruit de la fertilisation par insémination artificielle entre un ovule de la femme du premier couple et un spermatozoïde de l'homme du second couple. Le tout scellé par un anonymat total.

Ce système véhicule d'abord une étrange idée du « don » : comme s'il suffisait en effet d'éliminer l'argent pour qu'un geste devienne *de facto* altruiste et généreux ! Croit-on par exemple que le fait pour un pays développé d'apporter une aide économique ou militaire à un pays du tiers-monde soit un acte altruiste et désintéréssé ? Personne n'ignore qu'il s'agit là de « cadeaux » dont le pays donateur espère à longue échéance tirer des bénéfices de tous ordres. Il s'agit là en effet de « faux dons » parce que la circularité de l'échange n'existe pas. Il existe, nous l'avons montré en citant les travaux de Marcel Mauss, une *logique sociale du don ;* en réalité, un *don crée une dette* qui ne peut jamais s'annuler, sauf par un contre-don qui rééquilibre l'échange. Ce principe d'échange se trouve à la base de tous les comportements humains et sociaux, qu'il s'agisse d'échanges entre individus ou entre groupes, d'échanges de biens (domaine de l'économie), d'échanges de mots (domaine de la linguistique), échange de femmes (domaine de la parenté). C'est la thèse bien connue de C. Lévi-Strauss reprise, sous des formes diverses, tant par les économistes que par les linguistes, etc. Dans le domaine qui nous intéresse ici, celui de la parenté et de la famille, ce principe d'échange généralisé est évident : les ethnologues ont montré que, dans les différentes sociétés du globe, ce sont toujours des hommes qui s'échangent des femmes sous forme de filles ou de sœurs (c'est « l'atome de parenté »). Maurice Godelier, par exemple, analysant la société baruya en Nouvelle-Guinée écrit : « Chez les Baruya les donneurs de femmes sont supérieurs aux preneurs et pour cette raison l'équilibre ne peut se rétablir entre eux que lorsque les preneurs deviennent à leur tour les donneurs de leurs donneurs [1]. » Dans cette perspective, les règles régissant les systèmes de parenté concourent toutes à une finalité commune : organiser un *réseau d'échanges garanti par une réciprocité minimale* entre les *unités créditrices* et les *unités débitrices* de partenaires matrimoniaux.

Un don (de sperme ou d'enfant) ne peut en réalité *jamais être autre chose qu'un prêt.* C'est une évidence sociale.

En indiquant ces lois fondamentales de l'échange, nous ne nous éloignons pas en effet de l'IAD. Dans ce cas de figure, on assiste en effet à ce qu'on peut considérer comme un prêt de sperme effectué par un homme à un couple privé de descendance. Seulement, notre société refuse de voir la circularité de l'échange à ce niveau. On parle de don, en occultant tout contre-don. On avance l'idée de générosité mais en la rendant tellement abstraite qu'elle se dissout dans le vague. Il s'agit là d'une représentation sociale un peu particulière où la notion de don est tronquée. D'où son *inefficacité* relative (on trouve peu de donneurs, évidemment, et ceux qu'on trouve sont, on l'a vu, en majorité *moralement* forcés à donner [2] ; d'où aussi sa dangerosité potentielle à long terme (les donneurs de sperme sont censés se payer en bénéfices secondaires plus ou moins avouables, un peu à la manière dont les dames d'œuvre d'autrefois se « payaient » de leur charité envers les pauvres en escomptant une bonne place dans la vie éternelle !).

Il est intéressant également d'analyser l'image du récipiendaire : du fait de la non-réciprocité du don dans l'IAD, le couple qui reçoit se trouve forcément dans un rapport « d'obligé » vis-à-vis du donateur puisqu'il ne peut rien lui rendre (il ne le connaît même pas...) ; or, nous avons indiqué plus haut les connotations pour le moins ambivalentes du terme « obligé » ! L'image sociale du don de sperme présente l'acte de donner comme un geste destiné à sauver une famille en détresse. Gageons que cet habit n'est pas très tentant

1. *La Production des grands hommes, op. cit.*, p. 53.
2. Cf. IVe partie, chap. 4, p. 166 (à propos des donneurs « amenés » par les couples receveurs).

à endosser, pas plus chez les receveurs qui en sont infériorisés que chez les donneurs qui ne peuvent officiellement tirer de bénéfice de leur geste.

Remarquons au passage que tout ceci est assez bizarre, aux yeux même de notre société. La médecine en particulier a toujours fait appel à la solidarité, notamment à la solidarité familiale ; en matière de dons d'organes principalement, les consanguins ou alliés d'un patient sont très largement mis à contribution pour donner sang, plaquettes, moëlle, voire un rein. Pourquoi n'en irait-il pas de la même façon pour le sperme ? Pourquoi une éthique de la solidarité, de surcroît d'une solidarité familiale, serait-elle illicite ? Mais nous touchons ici à une caractéristique de la culture occidentale industrielle, marquée par la revendication de l'exclusivité et l'obsession de la clôture, alors que les cultures traditionnelles sont caractérisées, elles, par leur souplesse, leur faculté de cumuler plutôt que d'exclure.

Il est clair par exemple que, dans l'adoption occidentale, le geste de la femme ou du couple qui abandonne un enfant, même si c'est pour le donner à un autre couple, privé d'enfant, est connoté de façon extrêmement négative ; d'autre part, il s'agit d'un geste de rupture qui « casse » définitivement tout lien de l'enfant avec ses parents biologiques, comme si ce transfert d'enfant (car, là aussi, comme dans l'IAD, c'est bien de cela qu'il s'agit) ne pouvait avoir lieu que sous le signe de l'abandon ou de la *substitution,* jamais du *cumul.* Et pourtant, la notion d'ajout, de *parenté additionnelle,* selon l'expression de certains ethnologues, est non seulement possible, mais encore la seule qui puisse, en réalité, bien fonctionner. Il existe, en matière de circulation des enfants (due par exemple à la stérilité d'un des parents), de multiples figures de *délégations de parenté,* voire de doubles filiations. Notre propre système d'adoption en est un exemple : loin d'être en effet une simple mesure administrative, il s'agit en réalité d'une *forme élective de filiation ;* c'est-à-dire qu'un enfant adoptable a été « aban-donné » par sa mère (parents) biologique tout d'abord, il a été ensuite reconnu par l'État (il est devenu pupille de l'État) qui l'a, à son tour,

« aban-donné » à un couple qui va en faire son enfant. Cet enfant a donc en réalité une *double filiation* [1].

La filiation a à l'évidence une définition purement légale, sociale et juridique y compris dans notre propre société. Un enfant ne devient d'ailleurs fils ou fille de ses parents biologiques que lorsqu'il a été déclaré à la mairie, preuve manifeste du fait que la *famille est un concept non biologique.* Or, curieusement, personne ne semble s'intéresser à cet aspect, comme s'il était plus gratifiant « quelque part » de se faire plaisir en se racontant l'histoire des liens du sang, lien purement fantasmatique ! Or, redisons-le, *il n'y a pas d'enfant plus vrai que d'autre* [2]. Il y a seulement des *donneurs* et des *preneurs d'enfants.* Avec une variante dans l'IAD, où on trouve des *donneurs* et des *preneurs de sperme.*

Ce qui gauchit la notion de délégation de parenté dans notre système d'adoption, c'est évidemment l'anonymat et la volonté de créer une rupture totale avec le foyer d'origine. Les choses évoluent cependant : le principe de 1959 des Nations unies reconnaît à chaque enfant le droit, à sa naissance, d'avoir un nom, c'est-à-dire une filiation. Il est intéressant de savoir qu'en 1975 le droit anglais a supprimé le secret de l'adoption: un enfant adopté peut depuis ce moment avoir accès à son dossier s'il le souhaite. Or, d'après les spécialistes, cette pratique, depuis qu'elle existe, n'a pas soulevé de problèmes particuliers, pas plus d'ailleurs qu'aux USA où, depuis une dizaine d'années, cette recherche des géniteurs est devenue possible.

Qu'est-ce qui se cache au fond derrière la volonté farouche et obsessionnelle du secret, tant dans l'adoption que dans l'IAD ! Tout se passe comme s'il était impensable, voire « horrible » que des relations affectives puissent exister entre donateurs et récipiendaires d'enfants et de sperme. Comme si le fait que se connaissent, ou se fréquentent les partenaires du processus (adoptif ou IAD) devait

1. Voir sur ce point le livre de C. Launay, M. Soulé, S. Veil, *L'Adoption,* Paris, ESF, 1978 ; et les travaux de Pierre Verdier, directeur de la DASS, notamment in *L'Adoption vécue,* dossier réuni par J. Adler, Paris, Seuil, 1978.

2. Voir sur ce point les travaux du Dr Janine Noël, et notamment sa communication aux Entretiens de Bichat, à la Table ronde sur l'adoption en octobre 1982, à paraître in *Revue de neuro-psychiatrie infantile.*

entraîner des conséquences intolérables. Ce fantasme provient en réalité d'une insuffisante élaboration de la *notion des rôles parentaux*. Ceux-ci, comme le montre l'anthropologue anglaise, Esther Goody, sont multiples : les parents confèrent un statut familial, une position sociale, ils prodiguent des soins, l'alimentation, ils dispensent l'éducation. Mais, selon les sociétés, il peut y avoir *fusion* ou *disjonction* de ces diverses attributions [1].

A propos de cette notion de rôles parentaux S. Lallemand écrit : « Même en Occident où les *géniteurs tendent à accaparer la totalité de ces fonctions,* le recours aux nourrices, puis aux crèches, l'envoi en pension, ou aujourd'hui l'obligation de la fréquentation scolaire, montre que, depuis longtemps, ils ne peuvent ni ne veulent les assumer toutes. [...] Ces possibilités de dissociation et de répartition des responsabilités adultes vis-à-vis de l'enfant sont donc *susceptibles d'amples modulations ;* l'adoption peut s'y inscrire comme pratique courante [2]. » Poursuivons, pour notre part, en indiquant que l'insémination avec donneur, sous une forme à définir, peut tout aussi naturellement y trouver sa place.

Certes pour un Européen nanti d'un ou deux enfants seulement, le transfert de droits parentaux semble difficilement acceptable. En raison de la connotation négative attachée à l'idée d'abandon, ainsi que nous l'avons dit plus haut ; mais aussi pour des raisons affectives, évidemment. Cependant, la situation mérite d'être approfondie, ne serait-ce que, parce que, on l'a vu, les parents ont de moins en moins les moyens d'assumer la totalité des rôles parentaux tandis que la société, elle, sous la forme de diverses institutions, a de plus en plus tendance à prendre en charge certains d'entre eux (garde, éducation, activités sportives, vacances, etc.). Rôles qui dans la société traditionnelle européenne étaient répartis entre les membres de la famille étendue (grands-parents, frères et

1. E. Goody, *Parenthood and social reproduction (Fostering and occupational roles in West Africa),* Cambridge University Press, 1982.
2. In « Ethnologie et adoption », in *Lieux de l'enfance,* n° 1, p. 2. C'est nous qui soulignons.

sœurs plus âgés), oncles et tantes, mais aussi entre différents personnages extra-familiaux (parrains, patrons, etc.).

Il a existé dans les sociétés occidentales un certain nombre de coutumes ou de rituels qui tournaient autour du « fosterage », en francisant le verbe anglais *to foster* (intraduisible littéralement) et qui recouvre toutes les tâches de la parentalité : pourvoir en nourriture, soigner, élever un enfant, en un mot fournir à un jeune individu tout ce qui est nécessaire à son développement tant physique qu'intellectuel. Or ce terme ne fait pas la distinction entre « parents nourriciers » et « parents adoptifs », personnages qui se trouvent en effet — et ce n'est pas un hasard — sans cesse confondus dans l'histoire. Les travaux de Philippe Ariès ont bien montré l'importance croissante, à partir du XVIIe siècle, de l'éducation assurée en internat, c'est-à-dire d'une délégation des tâches éducatives opérée par les parents à d'autres qu'eux-mêmes et, en outre, *loin d'eux* [1]. Dans son étude sur l'anthropologie de la naissance, N. Belmont explore tous les *rituels qui tentent de faire coïncider parenté biologique et parenté sociale,* « comme si, écrit-elle, la première n'habilitait pas nécessairement à la seconde : si même elles ne tendaient pas à s'exclure l'une l'autre [2] ».

Dans les sociétés traditionnelles, l'enfant se trouvait en état de *possession diffuse* et non de *propriété particulière,* et droits et devoirs à son égard étaient beaucoup mieux répartis dans le groupe. Soulignons au passage la nocivité de cette notion de propriété de l'enfant [3], porte ouverte à des fantasmes et des passages à l'acte localisés autour de la toute-puissance des parents vis-à-vis de *leurs propres* enfants comme si, effectivement, il en étaient les véritables possesseurs [4]... Or, nous le répétons ici, un enfant ne se fait pas avec ses deux seuls parents, il est le fruit de forces qui dépassent de

1. In *L'Enfant et la Vie familiale sous l'Ancien Régime,* Paris, Seuil, coll. « Points-Histoire », 1973.
2. In « L'Enfant exposé », *Anthropologie et Sociétés,* vol. 4, n° 2, 1980.
3. Dont nous avons parlé, Ier partie, chap. 2.
4. L'impunité juridique dont « bénéficient » les parents qui tuent ou maltraitent leurs enfants est très bien analysée dans le livre de C. Carloni et G. Nobili, *La Mauvaise Mère,* Paris, Petite Bibliothèque Payot, 1975.

beaucoup ses géniteurs, agents quelquefois inconscients d'éléments qui les dépassent.

Disons ici par parenthèse qu'il est frappant de relever ici les liens entre l'avènement de la société industrielle capitaliste et la disparition de la « grande » famille qui marque en même temps la rupture avec la solidarité corporatiste et artisanale. La force de travail vendue à l'unité est du coup devenue anonyme ; la notion d'individu s'est peu à peu estompée dans le travail industriel, au profit de celle de la productivité, unité productive interchangeable d'une personne à une autre ; comme si, en vendant la force de travail, on avait vendu l'individu lui-même.

Il n'y a, dans ces conditions, pas lieu de s'étonner que cette habitude de *l'anonymat* soit devenue une seconde nature, ainsi qu'en témoignent les exemples de l'adoption et de l'insémination artificielle. Systèmes où, nous l'avons dit, un producteur d'enfant (ou de « quelque chose » qui sert à en faire un, tel le sperme) et un récipiendaire ne peuvent, ni ne doivent, *par essence,* avoir des relations de connaissance mutuelle ou même de simple solidarité. Comme si le seul objectif recherché était en fait la coupure *géniteur/enfant* d'une part, *géniteur/receveur* de l'autre. Comme s'il était impossible d'envisager un quelconque enrichissement affectif et relationnel pour l'enfant. Comme si enfin aucune initiative particulière, aucune stratégie individuelle ne pouvaient se forger face à un système législatif pourtant flou, pour ne pas dire absent (dans le cas de l'IAD).

Revenons, à ce point, au cas spécifique de l'IAD puisque nous avons longuement analysé son fonctionnement institutionnel. Et ouvrons une brève parenthèse ethnologique à propos de la société baruya de Nouvelle-Guinée qui se trouve pratiquer, elle aussi, le don de sperme ; non pour pallier, comme chez nous, un problème de stérilité masculine, mais pour des raisons de circularité des individus dans la parenté, situation qui, formellement, équivaut à ce qui se passe en IAD. Notre propos n'est d'ailleurs pas, en faisant référence à la pratique baruya, de proposer un « modèle » : tout item culturel perd en effet son sens en étant séparé de son contexte. Nous voulons seulement montrer la façon dont un même organe (le sperme) peut circuler dans une société donnée. Pour faire un enfant, les hommes baruya s'échangent leurs sœurs, nous l'avons dit, et épandent ensuite dans leurs femmes le sperme qui fabrique l'enfant ; mais, comme nombre de sociétés sans écriture, les Baruya pensent que le sperme est également un élément qui nourrit l'enfant dans le ventre de sa mère [1], puis tout au long de sa vie jusqu'à l'âge d'homme. La question se pose donc pour eux de savoir qui, parmi les hommes, peut se substituer au père et en continuer l'œuvre nourricière [2]. On assiste donc dans cette société à un processus d'échange de sperme qui s'inscrit dans la suite des rapports institués par l'échange des femmes. Citons ici quelques lignes de l'étude de M. Godelier : « La circulation de la vie et de la force fonctionne selon le principe que les donneurs de sperme ne sont pas des preneurs, sorte de principe " d'échange généralisé " de la vie entre tous les hommes de toutes les générations successives [...] Ainsi ils donnent la vie à d'autres hommes avant de se marier et de la fabriquer dans le ventre des femmes, leurs épouses légitimes. On voit se dessiner ici tout un cycle d'échanges entre les hommes qui créent, construisent, exercent la solidarité entre eux tous, générations et appartenances lignagères confondues, transcendées [...] Tout homme jeune non marié aide donc les fils des hommes mariés qui n'appartiennent pas à son lignage ou à celui de sa mère, à devenir des hommes... Cependant que les rapports de parenté fonctionnent selon le principe de l'échange direct des femmes, les premiers étant également les donneurs, les rapports politiques et idéologiques entre les hommes fonctionnent selon le principe de l'échange général de substance vitale [3]. »

Remarquons au passage que chez les Baruya, les donneurs de sperme doivent être de jeunes célibataires [4]... Notons aussi, pour en

1. L'équivalent du lait féminin.
2. Nous nous référons à l'ouvrage de M. Godelier, *La Production des grands hommes, op. cit.*
3. *Ibid.*, p. 94-95.
4. Cas majoritaire en France il y a quelques années, et habituel dans les autres pays (ce sont en général des étudiants en médecine ou en droit).

terminer avec l'exemple baruya, que le don de sperme est clairement un acte politique qui s'inscrit dans le fonctionnement idéologique d'une société. Chez nous aussi, mais cela ne se voit guère ! A quand le futur slogan des CECOS : « Donnez du sperme, acte politique ! » Plusieurs donneurs (soit inscrits au parti communiste, soit catholiques intégristes militants) nous ont suggéré cette idée...

3. Contre-systèmes non médicalisés pour « procréations impossibles »

Nous allons maintenant proposer des éléments de réflexion pour un contre-système, non médicalisé, mais parentalisé et humanisé, pour les cas de « procréations impossibles ».

Ce n'est pas, répétons-le, que nous condamnions systématiquement la solution d'IAD, pour ne parler que de cet exemple. Mais nous pensons qu'une société — telle la nôtre — a des ressources culturelles beaucoup plus vastes qu'il n'y paraît ; et le cas de l'IAD, s'il fonctionne bien pour certains couples, ou s'il a été le seul concevable à une époque donnée, doit être actualisé, modulé selon les besoins de notre époque qui n'est plus la même que celle de la décennie soixante-dix. Il convient de ne pas figer une réalité institutionnelle, il faut revenir à sa finalité de départ en tenant compte de l'évolution culturelle du moment. Pourquoi ne pas prendre en compte l'éthique de solidarité et d'échange qui semble poindre maintenant, davantage que dans la décennie précédente axée sur le « quant à soi » cumulatif et marquée par l'exclusion (« si c'est à moi, ce n'est pas à toi »). Nous avons indiqué à quel point nous étions frappés par l'aspect petit-bourgeois de l'IAD (« nous-avons-notre-bébé-à-nous-comme-tout-le-monde-et-personne-ne-sait-que-nous-sommes-stériles »). Aspect quelque peu mesquin qui trouve un écho parfait (à moins que ce ne soit un facteur inducteur ?) dans la réponse des banques du sperme : « Je vous fournis une dose de " comme si ", un " flacon de simulacre ". »

Si nous avons dit plus haut qu'il n'était pas question de transposer un item culturel « tel que » dans un autre système de représentations, il n'en est pas moins vrai qu'on ne peut plus se permettre d'ignorer ce qui se passe ailleurs. Or, une des grandes découvertes des sociologues du tiers-monde, c'est que « la politique des ajouts », c'est-à-dire des multifigures parentales, augmente les chances d'un individu dans la vie. L'expérience en ce domaine a montré que mieux valait ajouter qu'enlever, mieux valent deux pères que pas de père du tout... Mieux vaut le don que l'abandon. Mieux vaut enfin le prêt que l'achat (même déguisé en « bonne action »).

Et pourquoi *le prêt de sperme* ne serait-il pas possible ? Le métier des banques est bien de prêter. Et ce n'est pas par hasard si le sperme, dans notre société, a pris cette valeur anale que nous avons analysée au chapitre précédent. Or, si le prêteur de sperme n'était pas anonyme, il pourrait alors se créer entre les protagonistes une relation d'échange, de solidarité active : on pourrait envisager que ce processus de « don-prêt » s'inscrive dans une stratégie de contre-don déjà engagée par avance (comme c'est toujours le cas d'une relation d'échange). Le régime actuel de retraite ou d'assurance maladie ne repose-t-il pas sur ce « donnant-donnant » à échéance, décalé dans le temps, et éventuellement reporté d'un bénéficiaire sur un autre ? Qu'est-ce qu'il fait qu'il n'en aille pas de même pour le sperme ? Ah ! dira-t-on, mais on touche à la sexualité, à l'adultère. Or, il n'est justement que très peu question de sexualité, sauf celle de la masturbation qui est, précisément, celle qui est le plus mal tolérée par notre société [1]. On imagine la gêne, la honte, voire l'inhibition qui atteint ces hommes mariés, pères de famille (eux qui sont les *donneurs préférentiels* du CECOS !) obligés d'aller se masturber dans une petite pièce d'un couloir d'hôpital, pratiquement au vu, et sûrement au su de tout le personnel (des femmes pour la plupart). Est-ce là vraiment une solution « évoluée » ? Nous exprimons des doutes à ce sujet... Quant à l'adultère, si cette idée

1. N'oublions pas en effet la connotation très négative de la masturbation dans notre propre société, soi-disant « abolie » maintenant, encore très présente en fait dans l'imaginaire : dans la croyance populaire — et même dans le discours médical du XIXe siècle — elle était censée *rendre stériles* les jeunes garçons qui s'y adonnaient... Ailleurs, elle entraînait une *fécondité anormale* (des « monstres » naissaient) !

existe parfois à l'état de fantasme entre donneurs et receveurs, c'est bien que ce type de système la fait « flamber ». On a toujours tendance à sur-imaginer ce qu'il est interdit de voir (cf. l'histoire de Barbe Bleue !).

Un mot encore, avant de proposer quelques scénarios de circulation des enfants, pour redire que c'est le désir des parents qui fait qu'un enfant va se sentir pleinement adopté, reconnu par eux. *Aucun enfant,* nous l'avons dit plus haut, *n'est « plus vrai » qu'un autre ;* aucun scénario n'est donc plus compliqué qu'un autre, du moment qu'il laisse la place au désir, à la parole qui reconnaît, du moment qu'il est « transparent ». On peut fort bien par exemple — l'histoire de l'adoption l'a montré — faire d'un enfant déjà grand, son « enfant » [1]. *Tout peut s'intégrer à travers le besoin de parentalité.* Avoir comme modèle le seul modèle biologique témoigne d'une méconnaissance totale à la fois du fonctionnement psychologique des individus et de celui des sociétés.

Reprenons donc la situation qui a donné naissance au système-IAD — puisque c'est celui que nous avons choisi d'analyser en détail —, et voyons comment on peut « faire autrement ». Tout d'abord, il est intéressant à notre sens de maintenir deux *options possibles :*

1. la solution avec sperme congelé, donc sans sexualité ;
2. la solution directe, donc avec relation sexuelle.

Le pluralisme est une nécessité : chacun peut avoir de bonnes raisons, qu'il convient de respecter, de choisir l'une de ces options. Nous ne pensons pas qu'il faille, dans un domaine si intime, normer ou légiférer.

Option 1 ou IASDFI [2] : celle adoptée par un couple où le mari est présumé stérile et la femme fertile ; mais par un couple qui ne

1. Avant la dernière guerre en France, la demande d'adoption la plus forte était pour *des enfants grands* (une dizaine d'années), considérés *dignes* d'entrer dans la famille. Ce n'est que petit à petit que l'on a demandé des bébés.
2. Insémination artificielle avec sperme de donateur familial identifié.

tolérerait pas l'adultère de l'épouse, même dans un but strictement procréatif.

Il convient ici de choisir l'individu masculin qui, tenu compte de notre système de parenté, est le plus apte à devenir donateur, tenu compte aussi de tout le processus d'échange et de contre-prestations, verbales, affectives etc. qui va se créer à cette occasion (l'homme en question étant connu de l'entourage). Pour nous qui sommes de tradition patrilinéaire, c'est à l'évidence à un frère ou à un cousin du mari que le couple peut demander d'être, de façon *non anonyme*, donateur ou prêteur de sperme. Notons que c'est d'ailleurs le fantasme et le désir le plus commun chez tous les couples-IAD, idée qui est repoussée avec horreur ou condescendance par les banques. Les amateurs de cette solution n'ont donc, en l'état actuel des choses, qu'à s'adresser à l'un des gynécologues privés qui pratiquent des inséminations avec sperme frais ou congelé (s'ils sont de ceux qui font eux-mêmes la congélation), ce qui a aussi l'avantage de pouvoir jouer avec le temps et... l'emploi du temps de chacun.

Un mot s'avère nécessaire ici sur une des caractéristiques du système familial qui a empêché chez nous que, dans la période contemporaine, les ressources de la famille horizontale soient exploitées. Les historiens ont montré comment la nucléarisation progressive de la famille (parallèle au développement industriel) a amputé celle-ci des ressources de la famille étendue : c'est ainsi par exemple qu'il est devenu impossible, dans les cas de stérilité, d'adopter un enfant du frère du père ou de la sœur de la mère. La solidarité des consanguins s'est effacée alors qu'elle permettait une interchangeabilité très utile, et qu'elle comportait des systèmes de compensations excessivement faciles. Dans la France actuelle, la seule famille reconnue est la famille verticale, d'où, évidemment, aucune solution d'interchangeabilité possible. Il convient pourtant de revenir à la distinction : consanguinité/conjugalité, c'est-à-dire : consanguins/alliés. Le fait que la germanité se soit peu à peu effacée a fait perdre de vue les consanguins qui constituent *aussi* la famille : *l'axe horizontal des germains a autant d'importance que l'axe vertical des ascendants-descendants*.

Revenons à notre option et voyons, à titre de comparaison, que si le couple décrit était kotokoli (société patrilinéaire du Togo), ce serait sans aucun doute les frères qui s'échangeraient, se prêteraient leur sperme. Ceci, évidemment, au su de toute la famille et du futur enfant. Ce dernier saurait toujours qui est son vrai père, psychologique et social, et qui est son « étalon-oncle ». Il bénéficierait ainsi d'une *parenté additionnelle*, d'une politique d'ajout et non de substitution. Gageons que cela lui serait fort utile d'avoir cet oncle (peut-être parrain ?), ou *sponsor* qui l'aiderait éventuellement au cours de son existence [1].

Encore quelques mots sur ce système 1 ; nous constatons que tous les protagonistes de la famille sont gagnants :

— les parents du père stérile ont un petit enfant qui vient du sperme d'un autre de leur fils (ou neveu) ; ils se sentent donc des grands-parents « ordinaires » ;

— les parents de l'épouse y gagnent en ce sens que le désir que leur fille ait un enfant est satisfait, malgré la réalité de la stérilité de leur gendre. Ils ont un « gendre dédoublé » (toujours un ajout, au lieu d'un « en-moins »).

Et l'étalon-oncle, dira-t-on [2], quels rapports va-t-il avoir avec son frère, sa belle-sœur, son « fils-neveu » ? Avec son frère, pas de problème : nous supposons que s'il a accepté cette solution, c'est qu'il a avec son frère des relations de solidarité qui se sont sans doute déjà exprimées de bien d'autres façons, dans les deux sens, avant ce service-là. Avec sa belle-sœur, mère de l'enfant, cela risque d'être un peu plus compliqué : il peut y avoir en effet des possibilités de conflits autour de petits faits de la vie quotidienne (si toutefois ils vivent à proximité, ce qui est loin d'être toujours le cas dans notre société). Mais ne nous y trompons pas ; dans toutes les familles, il existe des personnages qui entrent classiquement en conflit les uns avec les autres : les relations tendues belle-mère/gendre en sont un

1. Dans la tradition celte, c'était une marque de statut pour un enfant que d'avoir plusieurs pères nourriciers (d'après N. Belmont, *op. cit.*).

2. Nous entendons d'ici les cris d'horreur indignée des tenants des CECOS... à moins que ce ne soit un sourire amusé et gentiment paternaliste.

exemple banal. Or comment notre propre société organise-t-elle ces relations parfois crispées ? De façon habituelle dans toutes les sociétés du globe : par l'institution de *relations à plaisanterie*. C'est-à-dire qu'il existe tout un réseau de plaisanteries standardisées, *culturellement prescrites*, mises en scène au théâtre par exemple, ou racontées dans les « histoires drôles », dont la *fonction sociale est de désamorcer les conflits* et de neutraliser l'attrait sexuel. Si nous avons pris cet exemple, c'est qu'il fournit un modèle propre à régir les rapports un peu tendus susceptibles d'exister entre l'oncle (ou cousin) donneur de sperme et la mère. Ils pourraient, dans cette hypothèse, se « chipoter » institutionnellement, ils emploieraient éventuellement un type particulier d'« injures-prescrites » [1], selon la fonction propre du rire qui est de canaliser et dédouaner les conflits [2].

Quant à l'épouse de l'oncle donateur, il faut bien qu'elle comprenne que cela ne la regarde pas. Est-il en effet bien utile qu'à l'ouverture d'une succession, chez le notaire, les conjoints des héritiers soient présents ? Nous pensons que ce n'est pas leur place, seuls les enfants du défunt(e) ont leur place. C'est d'ailleurs, disent les notaires, la meilleure recette pour éviter les disputes familiales au moment de l'ouverture du testament... L'épouse du donateur n'est qu'une alliée [3], et c'est à l'intérieur de la famille consanguine que le sperme circule (dans la famille du père si nous restons dans notre modèle patrilinéaire). Il faut préciser ici, que, de l'aveu même des juristes, l'épouse a dans notre société un statut tout à fait unique ; ses droits réels ou supposés sur les biens et le corps de son mari sont particulièrement exorbitants. Pourquoi se donne-t-elle le droit de

1. Par exemple « sale masturbateur », pourrait dire la belle-sœur, et le beau-frère répondrait « vilaine putain »... Et tout le monde de s'esclaffer, surtout les enfants !

2. Il existe une abondante littérature scientifique sur ce point (sans parler de la littérature tout court), tant psychanalytique qu'ethnologique. Citons parmi d'autres S. Freud, *Le Mot d'esprit et ses rapports avec l'inconscient*, Paris, Gallimard, coll. « Idées », 1930, et, parmi les très nombreux travaux ethnologiques, S. Lallemand, *Une famille mossi*, Paris-Ouagadougou, CNRS-CVRS, 1977 ; chez les Mossi, ce type de relations existe entre le frère cadet et l'épouse du frère aîné et également entre le neveu de l'épouse et l'oncle maternel.

3. Ce qui est tout de même une expression plus jolie que « pièce rapportée » ! Toujours ces fantasmes mécanicistes des sociétés industrielles...

contrôler les activités fécondantes de ce dernier ? Ce n'est pas si clair. C'est en tout cas considéré comme délirant pour toutes les sociétés non industrielles de la planète. Les dirigeants du CECOS ont d'ailleurs une position très ambiguë sur ce sujet : ils demandent au donneur d'apporter *par écrit* l'accord de son épouse... (or, on connaît le nombre de signatures imitées par le mari). Tandis que dans le système que nous envisageons, le désaccord éventuel de l'épouse du donateur est très peu probable : c'est en effet un contrat de solidarité active entre deux cellules conjugales qui est conclu par le geste du mari donateur. Le problème de la *dette contractée* est résolu par avance puisque ce prêt s'inscrit dans un processus de contre-don déjà engagé. Il pré-existe en général un certain nombre d'aides, en argent, en cadeaux [1], en services rendus (petits ou grands), en prêts financiers, en soutien en matière d'hébergement ou d'éducation des enfants, etc. Bien sûr, ce n'est pas à n'importe quel frère ou cousin que l'on va demander un service : c'est à quelqu'un dont on sait, implicitement ou explicitement, qu'on est déjà engagé avec lui dans des rapports de solidarité et de réciprocité. Pour prendre un exemple voisin, s'il se manifeste un besoin urgent de plaquettes ou de sang pour un membre malade d'une famille, on sait tout de suite à qui, dans la famille, on va s'adresser de façon préférentielle.

Un dernier mot sur les relations entre les enfants du donateur et les enfants d'un couple récipiendaire. Ce sont des cousins proches,

1. Notons que les cadeaux sont, de façon très classique, intégrés dans les droits et les devoirs liés à tel ou tel système de parenté. Ils n'ont nullement la connotation de « vénalité » qu'ils pourraient prendre chez nous ; ils expriment une obligation clairement connue et acceptée par tous. « Ainsi chez les Touaregs d'Afrique du Nord, matrilinéaires, l'oncle maternel doit faire à son neveu utérin des cadeaux très importants (par exemple, une chamelle à l'occasion de sa naissance, et un sabre quand il prend le voile qui correspond pour l'homme à la puberté) ; son fils est astreint aux mêmes considérables cadeaux », in G. Tillon, *Le Fait féminin, op. cit.*, p. 408-409.

Ce sont des cadeaux culturellement prescrits : il convient de les faire, c'est tout. On pourrait très bien imaginer qu'un oncle paternel (qui serait aussi le donateur de sperme dans le contre-système que nous proposons) reçoive de son neveu — avec lequel il a des relations d'engendrement — à chaque anniversaire de ce dernier, un cadeau (ni une chamelle ni un sabre... !), mais un contre-don qui aurait un sens dans la symbolique familiale et sociale.

rien de plus, à partir du moment où ils sont *nommés* et *reconnus* comme tels. C'est le secret, le non-dit, ne l'oublions pas, qui obère et distord les rapports psychologiques et sociaux et qui risque de créer chez l'enfant un état de confusion (mentale). La transparence n'a que des effets bénéfiques si elle est vécue de façon saine et relayée par un substrat culturel. Ceci est particulièrement vrai en matière de filiation : de nombreux travaux psychiatriques ont fait apparaître les effets très dangereux du non-dit en la matière, du poids de ces secrets familiaux, de ces « squelettes dans le placard » [1]. Aucune élaboration mentale ne peut alors se faire, et c'est l'enfant qui, le plus souvent, paie dans son développement intellectuel ou affectif le prix de ce non-dit. Nous faisons en revanche le pari que ces cousins (dans notre option IASDFI) auront entre eux les sentiments qui sont culturellement prescrits par leur communauté filiale. Revenons ici encore à un exemple voisin : qui se préoccupe du risque d'inceste entre les enfants adoptés d'une même fratrie ? Cette peur n'est pas élément pertinent dans notre culture, donc n'existe pas. Et si par hasard un inceste frère/sœur a lieu dans un tel cas, il a la même signification qu'un inceste qui surviendrait entre un frère et une sœur biologiques.

Option 2 ou INSD[2] : celle adoptée par un couple où le mari est présumé stérile et l'épouse fertile ; mais par un couple qui accepte l'idée d'une « aide à la conception » d'une façon naturelle, qui accepte donc le fait que l'épouse soit fécondée par un autre homme en ayant une relation sexuelle avec lui. Trois possibilités sont ici possibles et compatibles avec notre système culturel :

1. Voir sur ce point l'ouvrage de J. Guyotat, *Mort/Naissance et Filiation,* Paris, Masson, 1980, ainsi que l'article de P. Bourdier, « Famille et connaissance des liens de parenté », *Psychologie médicale,* 14, 10, 1982.
2. Insémination naturelle avec sperme de donateur.

Option 2-a ou INSDFI [1]

Si nous commençons par celle-ci, ce n'est pas qu'elle nous semble préférable aux autres, c'est qu'elle se comprend à la suite de celle que nous venons de décrire ; c'est en effet la même, avec la différence qu'elle est non médicalisée : nul besoin ici de recours à un gynécologue puisqu'il y a *relation sexuelle* entre *l'épouse et un frère ou cousin du mari.* Que le lecteur n'imagine pas à ce propos des orgies familiales... Ce type de relation a souvent eu au contraire un caractère de stricte obligation dans certaines sociétés ; nous pensons à la pratique du lévirat, un peu différente tout de même en ce sens que c'était après la mort de son mari que la veuve était épousée par un beau-frère. Dans notre propre société, il faut néanmoins savoir que les cas de ce genre sont loin d'être exceptionnels. Ce n'est toutefois pas d'un cas banal d'adultère dont nous voulons parler ici, mais d'une « parenthèse sexuelle » dans un but procréatif entre une femme et son beau-frère, avec l'accord de l'autre frère (mari). D'un échange de spermes, en somme. Les questions soulevées ici sont donc les mêmes que celles évoquées à propos de l'IASDFI. Il faut y ajouter évidemment le poids éventuellement conflictuel de l'adultère. Il ne peut s'agir ici que d'un cas d'espèce, chacun réagissant en fonction de ses convictions personnelles.

Il existe une autre possibilité (pratiquée par nombre de sociétés traditionnelles) : *l'inséminateur « idéal »* pouvant être *le mari de la sœur du futur père* donc son beau-frère.

Option 2-b ou INSDI [2]

Cette solution est très pratiquée dans de nombreuses sociétés également. Chez les Kotokoli du Togo, elle est très joliment appelée : « l'enfant du voleur » ; mais, contrairement à ce qu'on

1. Insémination naturelle avec sperme de donateur familial identifié.
2. Insémination naturelle avec sperme de donateur identifié.

pourrait penser, ce n'est pas le mari qui est considéré comme volé, c'est l'amant... Voyons ce qu'en dit l'ethnologue de cette société : « Chez les Kotokoli, patrilinéaires et patrilocaux, tout père dispose librement de sa descendance ; à son gré, il peut la confier à qui il le désire, ou bien la refuser à qui la lui réclame. La paternité en dehors du mariage est réglée de la manière suivante, en droit traditionnel : l'enfant d'une jeune fille est remis au géniteur ; *l'enfant d'une femme mariée et de son amant (" l'enfant du voleur ") appartient au mari* qui décide soit de l'élever, soit de le remettre au père biologique [1]. »

Cette option a l'avantage de pouvoir être réinterprétée très facilement par notre propre système culturel : au lieu d'inciter de nombreuses épouses d'hommes stériles à « tromper » clandestinement leur mari, mais aussi, à *tromper* souvent *un amant de passage* (en ne lui disant pas pourquoi elles font l'amour avec lui), cas fréquent, nous l'avons dit, dans des parcours d'IAD qui ne marchent pas, ou bien évidemment, en dehors du système de l'IAD ; au lieu de contraindre des compagnes d'hommes stériles à ces passages à l'acte dont elles se sentent parfois si coupables qu'elles décident d'avorter, ce qui est vraiment payer un peu cher pour satisfaire un sur-moi tyrannique... Au lieu enfin de placer le mari stérile dans une situation de souffrance supplémentaire (qui s'ajoute à la blessure de la stérilité) : celle de l'homme « trompé », « volé »..., image qui est celle renvoyée par la société en cas d'adultère de la femme. Au lieu de tout ce gâchis..., admirons l'astuce de l'aménagement culturel des Kotokoli qui consiste à opérer *une massive inversion de sens :*

— l'enfant adultérin (le bâtard, chez nous, l'enfant de la transgression) devient au contraire source de prestige que deux pères se disputent ;

— l'amant, d'individu qui prend « quelque chose » qui ne lui appartient pas, devient celui qui est lésé (puisqu'il n'a pas le droit sur l'enfant) ;

1. In S. Lallemand, « L'adoption des enfants chez les Kotokoli du Togo », *Anthropologie et Sociétés. L'usage social des enfants,* n° 2, p. 23, 1980. C'est nous qui soulignons.

— le mari, d'individu un peu ridicule car dupé, récupère au contraire la maîtrise de ce qui s'est passé puisque c'est lui qui va décider de garder l'enfant ou de le « rendre ».

Cette option est, nous le disions, aisément envisageable dans notre société : l'épouse d'un homme stérile, en accord avec ce dernier, peut fort bien recourir aux services d'un géniteur occasionnel après avoir fait ce travail de réflexion et de décentration du type de celui dont nous venons de parler. Pourquoi en effet, un homme stérile se sentirait-il trompé, volé si son épouse revient enceinte alors que le couple se sent conforté par la mutuelle décision qu'il a prise ? Quant à l'amant de passage « utilisé », il y a plusieurs façons de voir les choses : soit on considère qu'il a trouvé son compte dans la gratification sexuelle et qu'il ignore totalement qu'il y a eu fécondation. En ce cas, il n'est guère volé... Soit, il est mis au courant par le couple, soit même c'est le mari ou la femme qui le lui a plus ou moins explicitement demandé [1], et cela dépend alors de son accord ou de son refus. S'il est d'accord, nous ne voyons pas non plus où est le problème... C'est, remarquons-le, la solution qui a très souvent été adoptée par les couples avant que le « *package tour* de l'insémination avec donneur *via* les banques » ne soit inventé...

Ce que nous souhaitons au fond, c'est remettre cette solution « à l'honneur », mais en la débarrassant de la gangue de culpabilité, de transgression, et encore une fois du non-dit qui l'entoure. Et ce, par cette inversion des connotations de l'adultère fécondant que nous venons d'indiquer (de négatif, il devient positif, de relation d'exclusion il devient relation d'ajout).

Faudrait-il plus tard le dire à l'enfant ? Sans doute, pensons-nous, mais là encore, chaque couple réagira en fonction de son idéologie. Nous n'allons pas « normer » à notre tour ! Tout dépend évidemment de la façon dont l'homme pourra « parler sa stérilité » à son enfant ; s'il est au clair avec les répercussions de cette « petite

1. C'est un thème très classique de romans, nouvelles ou films. Voir par exemple *L'Héritage*, nouvelle de Maupassant, déjà citée. Ou le film de M. Metzaros, *Les Héritières* (1978), ou encore un excellent télé-film programmé en décembre 1982 sur FR3, *L'Art de la fugue*. C'est, en outre, un cas très fréquent dans la réalité.

anomalie de son fonctionnement corporel », il pourra sans problème dire à son enfant, au moment qui lui semblera bon : « il m'a aidé », pour reprendre une jolie expression des Indiens mohave (d'après G. Devereux), ou à la manière des « co-géniteurs associés » des Indiens txicao (d'après P. Menget).

Sait-on, de toute façon, que dans notre société urbaine actuelle, il existe un taux non négligeable d'enfants (la majorité de ceux-ci sont des aînés), *autour de 20 %*, d'après les démographes, dont le père social n'est pas le père biologique ? Ces constatations ont été faites, de façon anonyme, par une étude systématique des groupes (et des sous-groupes) sanguins chez les enfants d'une école de la banlieue d'une grande ville. Ce chiffre s'explique de deux façons : soit il s'agit de cas de mères célibataires épousées (enceintes ou une fois l'enfant né) par un homme avec lequel elles ont eu ultérieurement d'autres enfants ; soit il s'agit d'adultère de la mère pour l'un de ses enfants, conception adultérine souvent non dite et que, parfois, la femme elle-même refuse de considérer (il y a en effet souvent doute) [1]. Il conviendrait donc de ne pas trop idéaliser les liens biologiques... S'il n'en existe pas dans la réalité, c'est tout comme... du moment que les liens sociaux, légaux et affectifs existent !

Apportons, à ce point, un autre élément transculturel, éclairant pour cette affaire d'enfant dont le père social n'est pas le géniteur. Rappelons ici les travaux de F. Héritier [2] sur les Samo de Haute-Volta : il existe dans cette population un statut matrimonial appelé *sadana* dont nous indiquons les grands traits : toute jeune fille pubère, avant de vivre avec son mari légitime, peut entrer en relations socialement reconnues avec un homme de son choix pendant une période de trois ans au plus. A la naissance du premier

1. Rapportons ici une anecdote significative : Dans une banque de sperme américaine s'est présenté un jour comme donneur (à la demande d'un couple) un père de deux enfants : curieusement, il s'est avéré au spermogramme qu'il était absolument azoosperme et ne pouvait donc être le père biologique de ses enfants... ce dont l'équipe médicale n'a évidemment rien dit, ni au mari ni à son épouse pour ne pas risquer de déclencher des drames. Cet homme n'a évidemment pas été retenu comme donneur ; on lui a dit que son sperme n'était pas congelable !

2. Cités *supra*, p. 31 s.

enfant, elle va vivre, *avec l'enfant*, chez son mari légitime, et l'enfant est considéré comme le *premier né issu de l'union légitime*, l'amant étant *institutionnellement gommé*. Il est clair que cette pratique si remarquablement surdéterminée remplit plusieurs fonctions, tant psychologiques que sociales. Rappelons très rapidement ici qu'elle permet à l'évidence un évitement institutionnel d'une « rencontre » redoutée par l'inconscient entre « père » et « mari » ; elle permet de « court-circuiter l'enfant œdipien ». Et admirons encore une fois au passage la richesse de l'imaginaire des cultures « primitives » confrontées aux problèmes biologiques, comparée à la pauvreté de nos propres systèmes obsessionnels... tel celui de l'IAD [1] !

Option 2-c ou « Le mariage interrompu »

Ici encore, nous avons, nous, Occidentaux, beaucoup de sagesse et de bon sens à apprendre de sociétés moins développées que nous sur d'autres points. Les Kotokoli, pour reprendre cet exemple, sont, comme nous, confrontés à des problèmes de couples stériles et, dans certains cas, ils ont des raisons de supposer que tel couple n'a pas d'enfant soit parce que le mari est stérile, soit parce qu'il y a incompatibilité entre les deux époux [2]. « Vos rivières se marient mal », dit-on aux couples qui sont dans ce cas. Que faire alors si les partenaires s'aiment et n'ont nulle envie de divorcer ? Cette situation, qui, dans notre culture, nous l'avons vu, devient immédiatement outrageusement médicalisée et est souvent mal vécue par les protagonistes [3], trouve une solution beaucoup plus harmonieuse chez les Kotokoli ; ils pratiquent dans ce cas le « mariage inter-

1. Dans *La Part du père, op. cit.*, p. 173, nous avons analysé la dynamique psychologique de la primipaternité, vécue souvent comme *une dette* (due à Dieu ou à un aïeul, dette souvent « épongée » par des rituels divers allant de l'infanticide à l'« exposition » ou l'éloignement de l'enfant). Voir aussi sur ce point l'intéressant article de N. Belmont, « L'enfant exposé », art. cit.

2. Leur connaissance intuitive de la médecine et de la reproduction est assez étonnante.

3. Cf. IIIe partie, p. 89 s.

rompu » : c'est-à-dire que le couple se sépare momentanément, pour une durée maximale de 3 ans [1].

Pendant cette période l'épouse va vivre avec un ou des hommes de son choix, mais il est tacitement convenu par le droit coutumier que, si elle est enceinte, elle reviendra avec l'enfant. Il s'agit, au fond, d'une variante sur un laps de temps beaucoup plus long de « l'enfant du voleur » ; différente, tout de même, en ce sens que ce mariage peut éventuellement se solder par une séparation définitive si la femme n'est pas enceinte au bout de 3 ans.

Cette option nous semble très sage et très efficace : il n'est d'ailleurs pas exceptionnel que dans notre société des couples décident de se séparer pour une durée (x), pas spécifiquement pour des problèmes de fertilité, mais pour éprouver en cas de crise la solidité de leur union. Cette façon de procéder ne serait donc, encore une fois, pas difficile à adapter chez nous. Et, à partir du moment où les époux sont d'accord entre eux, le problème juridique pourrait être réglé comme il l'est chez les Kotokoli : notre *Pater est quem nuptiae demonstrant* se rapproche du droit kotokoli (ce sont tous deux en effet des droits patrilinéaires). En réalité, une femme qui quitte son mari et revient avec son enfant n'a guère de problème (si le mari est d'accord) pour le faire reconnaître par ce dernier. Et si la séparation a été longue et que l'amant risque de vouloir reconnaître l'enfant, ladite femme peut déclarer l'enfant comme mère célibataire et le faire ensuite adopter par son mari.

Notre propos n'est de toute façon pas de dénombrer toutes les astuces juridiques existantes (elles sont nombreuses), mais de montrer que la situation d'un couple sans enfants n'est pas figée et condamnée sans autre issue possible à une médicalisation de plus en plus vertigineuse avec des chances de succès qui sont loin d'être sûres.

Nous voulons, avec la plus grande insistance, dire tout d'abord à ces couples que notre système culturel et juridique est plus riche

1. Chiffre très astucieux, notons-le, pour donner des chances raisonnables de grossesses à l'épouse. Les Kotokoli ont également une bonne connaissance de l'épidémiologie de la fertilité !

qu'ils ne le pensent en matière de ressources concernant la circulation des enfants. Insistons ici sur le fait que leur problème doit être considéré *non pas comme, avant tout, un problème de stérilité*, mais surtout *comme un problème d'absence d'enfant*, de privation de descendance ; façon de voir qui est fort différente de la première car elle remet la balle dans le camp de la *circulation des enfants dans une société*.

Nous voulons ensuite leur dire que l'infantilisation et la régression dont ils sont souvent victimes dès qu'ils acquièrent le statut de « patients » [1] risque d'induire chez eux un comportement démissionnaire, voire dépressif — de façon larvée —, un statut d'assisté, et le prix à payer pour en sortir est souvent élevé. Qu'ils se gardent donc de voir leur problème sous un angle exclusivement médical et, en tout cas, qu'ils restent maîtres des règles du jeu. Le fantasme de perte de maîtrise est, nous l'avons souvent dit dans ce livre, une blessure bien plus importante que l'atteinte narcissique liée à un fonctionnement physiologique perturbé (altération de la spermatogenèse).

C'est pour eux aussi que nous avons écrit ce livre, pour qu'ils puissent décentrer leurs perspectives. S'ils préfèrent rester en position de patients, c'est leur droit, mais qu'au moins ils le choisissent ! Le couple « étiqueté stérile » par la médecine et la société doit savoir que s'il est ainsi remboursé à 100 % de tous les frais engagés (y compris des aides psychologiques), il risque d'y avoir un retour de bâton... et pas forcément un enfant !

La récupération de la maîtrise, en revanche, a des effets inattendus et inespérés... ; citons ici le cas de M. Gouraud [2], homme azoosperme, qui, dès qu'il a connu le diagnostic, a « pris son problème en main » : il a commencé par se trouver une « brochette » de donneurs (ses frères et un cousin) avec laquelle il s'est présenté au CECOS. S'étant fait rejeter avec indignation (ce qu'il n'a d'ailleurs pas compris...), il a fait une demande d'adoption qui a abouti très vite

1. Et nous pensons surtout ici à ce « tampon » : « couple stérile » dont ils doivent faire la demande à la Sécurité sociale pour pouvoir être remboursés de leurs frais médicaux (cf. Ire partie, chap. 3, p. 29).

2. In *La Part du père, op. cit.*, cas que nous avons longuement analysé, p. 230-245.

car il a pris l'avion pour l'Amérique du Sud d'où il est revenu avec une petite fille de 3 mois. Parallèlement, sa femme a commencé presque aussitôt les inséminations (les donneurs ont tout de même servi à lui donner un tour de priorité...), et a été enceinte au bout d'un temps assez long. Pour finir, trois ans après, le couple ayant deux enfants, Mme Gouraud a été enceinte de son mari (spermogramme à l'appui) qui était pourtant considéré comme stérile !

Si ce n'est qu'à propos dc l'IAD seulement que nous avons proposé un contre-système, c'est à la fois parce qu'il s'agit d'un bon exemple montrant comment une solution s'est hyper-médicalisée pour des raisons rien moins que claires...

Il serait possible de proposer d'autres façons de voir les choses aussi bien pour le cas de la *surrogate motherhood* que nous avons analysée dans la troisième partie car, dans ce cas aussi, la médicalisation semble jouer un rôle néfaste et inutile : nous en donnerons dans la conclusion un exemple à propos des problèmes juridiques posés par ces naissances « d'enfants à tout prix ». Mais évoquons ici brièvement une *contre-solution* à ces cas de mères d'emprunt.

Ce sur quoi nous voulons insister en terminant, c'est sur l'équation trompeuse qui sert presque constamment d'argument « de base » dans les discussions sur ces sujets, à savoir les sentiments « naturels » que les mères portent à leurs enfants parce qu'ils sont nés d'elles, et que les pères ressentiraient, même inconsciemment, vis-à-vis de rejetons nés grâce à leurs spermatozoïdes. Nous en avons déjà démontré l'inanité, ailleurs. Mais cet argument revient sournoisement au cœur du débat lorsqu'on propose des solutions non médicalisées fondées sur un réseau de relations affectives et familiales connues : nous avons par exemple évoqué les questions que l'on peut se poser à propos des relations entre l'oncle-donateur et l'enfant de son frère et de sa belle-sœur, né grâce à lui. On ne peut évidemment éluder ce même genre de questions à propos des mères d'emprunt et des sentiments qu'elles risqueraient de nourrir à l'égard de cet enfant qu'elles ont hébergé pendant 9 mois. Et cependant, et c'est volontairement que nous nous répétons car il s'agit d'une évidence peu familière à ceux qui ne sont pas passés par l'expérience de décentrement qu'est l'ethnologie, il *n'y a rien de plus prescrit culturellement* que les sentiments au sein d'une famille [1]. Nous citons ici deux courts exemples qui peuvent renvoyer, l'un aux cas des mères d'emprunt, l'autre à celui de l'IAD.

Exemple 1 : Hawao est une femme kotokoli considérée comme peu fertile : elle n'a mis au monde que deux rejetons, dont un mourut rapidement. Son seul fils, Hamadou, fut remis au frère de son père qui l'emmena au Ghana. Ne s'est-elle pas opposée à cette opération puisque c'était son seul fils ? Elle dit : « Je n'ai rien ressenti puisque cet enfant n'était pas à moi... ; comme c'était un garçon, je ne pouvais pas protester : il n'allait pas rester au village pour s'occuper de la collecte de mon bois ! (travail féminin)... Bien sûr, c'était désagréable, mais ce sont eux (les hommes du lignage paternel) qui décident. » Et, en milieu rural, les garçons « sont pour le père », « les filles pour la mère ». Cela étant, Hawao n'est pas restée à se lamenter sur sa solitude : elle se mit en quête d'une fillette, ce que, grâce aux ressources de la circulation des enfants dans la société kotokoli, elle trouva : elle arriva ainsi à cumuler les statuts de *mère*, de *tante maternelle* et *tutrice*, de *donneuse de femme* et de *belle-mère*... Mère démunie, Hawao a bien réussi sa carrière de tutrice [2] !

Soulignons deux points : cette femme dit n'avoir *rien ressenti* au départ de son fils chez son frère *puisque cet enfant ne lui appartenait pas*. Le sentiment d'amour maternel *n'était pas ici prescrit*. Ceci nous renvoie directement à ce qui pourrait arriver dans le cas d'une mère porteuse : on peut fort bien *organiser une formule de disjonction initiale*, à partir du moment où les parents (et/ou la société) décident

1. Dans notre société, c'est tellement évident qu'on ne le remarque plus. Pourtant, il s'agit d'une prescription plus draconienne que partout ailleurs dans le monde (depuis la révolution contraceptive, devons-nous ajouter). Ce qui est implicitement prescrit, c'est : « Un couple est prié de désirer et d'aimer tous ses enfants. » Règle impérative, laconique, sans soupapes (le « sur-moi » veille), et donc sans cesse infirmée, contournée. La seule lecture des faits divers dans les journaux est éloquente à ce sujet.

2. D'après S. Lallemand, in « Ethnologie et adoption », art. cit.

du sort du bébé avant sa naissance ; s'il a été promis, il est remis à sa nouvelle mère dans les jours qui suivent sa naissance. Remarquons qu'en Afrique, il existe des *moments privilégiés* pour cette pratique qui ressemble à la *surrogate motherhood* : chez les Kotokoli (comme les Mossi, leurs voisins) : « Il est d'usage de ne remettre au tuteur un rejeton que lorsque la génitrice en porte ou en allaite un autre. Adopté ou non, l'enfant confié est de toute façon sevré, a perdu le contact étroit avec la mère et doit alors s'intégrer au reste de la communauté — ses autres consanguins, ses camarades d'âge [1]. »

Les Esquimaux pratiquent aussi une forme de *surrogate motherhood* : d'après J. Malaurie « l'adoption vraie se fait à des âges précoces : moins d'un an. Elle peut aussi être prénatale : la femme enceinte promet alors son enfant. Le plus souvent, l'adoption a lieu quelques jours après la naissance [2] ».

Cependant, rappelons-le, toutes ces solutions se passent au grand jour, sans aucune prestation financière, et sont accompagnées au contraire de nombreuses contre-prestations sociales qui s'étalent, parfois, sur plusieurs générations...

Exemple 2 : Il s'agit d'une opération courante en Océanie : deux couples de parents sont en cause, l'un est stérile, l'autre fertile et nanti de plusieurs enfants. L'un des couples donne un enfant à l'autre [3]. Mais on ne cache jamais à l'enfant ses rapports de parenté originels afin qu'il puisse les associer, les ajouter à ses rapports ultérieurs (c'est ce qu'on appelle *la parenté additionnelle*). Citons le cas de Dany, garçonnet de Hawaï : « Périodiquement il se rend, contre son gré, chez ses parents biologiques ; ses tuteurs tiennent à ces visites, insistent pour qu'il embrasse père et mère, et les appelle " papa " et " maman ". »

Pourquoi tout cela ? « Parce que les éducateurs, se montrant ainsi scrupuleux et reconnaissants, *prouvent aux géniteurs l'excellence de*

1. *Ibid.*
2. J. Malaurie, *Les Derniers Rois de Thulé*, Paris, Plon, coll. « Terres humaines », 1976.
3. Situation formellement comparable à notre contre-système-IAD dans lequel un parent du mari donne du sperme à sa belle-sœur.

leur choix, et leur ôtent ainsi l'envie de reprendre l'enfant ; et parce que celui-ci a le droit de connaître et de fréquenter ceux qui l'ont mis au monde [1]. »

Cet exemple lumineux et plein de sagesse à notre sens fournit un modèle parfaitement adaptable à un cas d'IAD avec don de sperme fait de façon non anonyme par un frère ou un cousin du mari stérile. On imagine le dialogue suivant entre le couple A, nanti d'une fille de 7 ans née par IAD, et le couple B (les hommes sont cousins germains) nanti de deux garçons de 8 et 10 ans ; les familles habiteraient dans deux villes distantes de 400 km.

— La mère A (à sa fille) : N'oublie pas que nous allons passer Noël chez l'oncle et la tante B. Sois gentille avec eux, spécialement avec ton géniteur avec qui tu as été particulièrement odieuse à Noël dernier. Pense à l'appeler « papa », tu sais que ça lui fait plaisir.

— La fille A (de mauvaise humeur) : Non, je n'irai pas ; et puis ils m'ont fait un cadeau affreux l'année dernière. Et ces cousins sont débiles.

— Le père A : Écoute, sois raisonnable, quelle idée de l'éducation que nous t'avons donnée vont-ils avoir ? etc.

Rien de moins délirant que ce scénario qui devrait, évidemment, se compliquer de bien d'autres éléments, de contre-prestations diverses s'inscrivant dans un cadre déjà établi de contre-don.

« Le don, c'est se donner de façon cyclique », écrit Pierre Bourdieu [2].

Nous espérons avoir fait percevoir au lecteur l'infinie richesse que l'on peut tirer de situations qui, à première vue, apparaissent « fermées ». Il faut savoir jouer, tant avec ses fantasmes, qu'avec sa culture. Il y a toujours davantage à comprendre dans une situation que ce que l'institution ou l'autorité ne le dit ! « Être stérile » ne veut pas dire grand-chose, sur le plan sémantique. C'est ce qui est *signifié*. Quant au signifiant, il faut le chercher, l'inventer, le créer. A partir de là, la moitié du travail est déjà faite...

1. In V. Carroll ed., *Adoption in Eastern Oceania,* Honolulu, University of Hawaii Press, 1970, cité d'après S. Lallemand, art. cit. C'est nous qui soulignons.
2. *Le Sens pratique,* Paris, Éd. de Minuit, 1980, p. 167.

En terminant ce chapitre, je me permets d'ouvrir une parenthèse personnelle... Je ne veux pas terminer la description de mon « contre-système pour avoir des enfants quand on est stérile » sans exprimer ma reconnaissance à Mmes Suzanne Lallemand, chargée de recherches au CNRS, et Françoise Héritier, professeur au Collège de France, qui, au cours de ces dernières années, ont patiemment écouté toutes les questions que je me et leur posais — par oral et par écrit — au sujet de l'IAD. Elles m'ont donné à la fois des éléments de réponses et des pistes de recherche qui m'ont considérablement aidée à élaborer ces hypothèses que j'ai essayé de rendre compatibles, tant sur le plan éthique, que sur le plan culturel, avec le fonctionnement de notre société. Cela étant, je prends l'entière responsabilité des interprétations que j'ai pu faire de leurs propos et de mes lectures [1].

1. Je remercie le Dr Pierre Jouannet avec lequel je travaille depuis plusieurs années à propos de cas de demandes de vasectomie, ou de celui du devenir de ces couples.

Je tiens également à remercier le Dr Didier Delafontaine qui m'a souvent adressé au cours de ces années des cas de demandes d'enfants « atypiques », cas qui m'ont donné beaucoup à réfléchir et que je n'aurais jamais eu l'occasion de voir par le « circuit classique », étant donné qu'il s'agit précisément de demandes éliminées par les organismes officiels. Je pense en particulier à des cas dont j'ai parlé dans ce livre, telles des demandes d'IAD avec frères donneurs pour le couple, des demandes d'IAD de femmes célibataires, des demandes d'IAD de couples de femmes homosexuelles, des demandes de « prêts d'utérus » et d'autres encore. J'ai soigneusement étudié ces cas particulièrement complexes à la lumière de mes connaissances sur la parenté, sur l'éthique de la reproduction ainsi qu'évidemment sur la psychologie de la fertilité. La confrontation avec ces personnes m'a confortée dans le refus de la discrimination outrageusement simpliste opérée par les institutions en la matière.

Quant au contact personnel avec ces différents individus vivant une situation la plupart du temps douloureuse, je l'ai trouvé extrêmement enrichissant et intéressant. Je remercie très vivement ces « patients » (que j'ai toujours considérés comme des personnes) ; j'ajoute que leurs qualités humaines et morales m'ont souvent beaucoup impressionnée.

4. Enjeux éthiques

Avant de terminer cette partie, nous nous devons d'évoquer les enjeux éthiques présents dans la médicalisation du lien de filiation et en particulier, dans les différentes techniques que nous avons étudiées. Nous ne voulons pas « gonfler » prématurément cette question de bioéthique médicale qui ne l'est déjà que trop par institutions et *media.* C'est même, peut-on dire, la nouvelle « tarte à la crème », dans ce domaine ; or, ce que nous en avons appris, tant en France qu'à l'étranger [1], nous a rendue quelque peu méfiante sur cet engouement et sur la façon dont les problèmes sont posés.

Il existe en effet actuellement une demande des scientifiques persuadés de savoir maîtriser leur savoir-faire, demande adressée aux moralistes et aux juristes. En somme, nous assistons à une inversion de ce qui se passait aux siècles précédents : maintenant ce n'est plus la religion qui censure la science, c'est cette dernière qui demande à l'éthique, nouvelle religion, de donner une norme, de légiférer. Tout se passe en réalité comme si la médecine de pointe qu'est la médecine de la reproduction avait besoin d'un « sur-

1. Un mot personnel ici encore. Tenu compte de notre formation pluridisciplinaire, nous nous sommes naturellement intéressée à la bioéthique, éthique des sciences de la vie. Nous sommes notamment allée participer à des sessions du Centre de bioéthique de l'Institut de recherches cliniques de Montréal, un des quatre grands centres existant actuellement. Nous nous sommes également rendue au Hastings Center (New York), « mecque » de la bioéthique et créateur d'une des plus importantes revues de la spécialité, *The Hastings Center Report.* Nous avons également de fréquents contacts avec le groupe belge de l'Université de Louvain (Pr J. Ladrière et J.F. Malherbe) et avec des chercheurs français en bioéthique. Certains de leurs travaux sont cités dans la bibliographie de cet ouvrage.

soi », pour ne pas dire d'une caution morale ; comme si c'était une légitimation qu'elle cherchait chez les philosophes éthiciens.

Ce qui nous semble dangereux, c'est que, sous des apparences scientifiques, ce sont en réalité de vieilles questions de morale qui se cachent. Et il nous semble bien que le terme de bioéthique est un paravent qui permet de séculariser les questions, de faire ainsi semblant de ne pas les traiter sur le mode religieux.

Dangereuse aussi nous apparaît cette demande de *norme :* dans un domaine aussi mouvant, il conviendrait peut-être de chercher à comprendre, avant de figer les pratiques dans un carcan. L'exemple des critères déontologiques des CECOS illustre bien cette volonté de normer à tout prix : la charte des CECOS, on le sait, exclut les femmes célibataires ou celles qui ont plus de 38 ans ; elle exclut aussi les couples « non officiels » ; elle exclut — en théorie — les donneurs de sperme célibataires ou ceux qui n'ont pas l'accord de leur épouse. Mais nous avons vu qu'à ces normes qui, certes, n'ont rien de répréhensibles en elles-mêmes, on pourrait opposer d'autres normes, tout aussi fondées : que fait-on par exemple du désir qu'a un couple d'avoir un enfant s'il se trouve hors des catégories précitées ? Que fait-on des désirs des donneurs d'avoir des informations sur ce qui est fait avec leur sperme (par exemple le désir de savoir à combien de grossesses il a contribué). On n'en fait précisément rien : il est répondu : « Ce n'est pas dans la charte. »

Or, on assiste depuis quelques années à une prétendue ouverture du monde médical, et notamment à une question sur les « valeurs ». L'ennui est que la bioéthique nous paraît, pour l'instant, une science assez conservatrice : ce sont d'ailleurs en grande partie des religieux (ou d'anciens religieux) qui en sont les tenants. On parle d'éthique pour ne pas parler religion ; cela rassure... Mais nous craignons beaucoup que la bioéthique risque de renforcer les traditions les plus conservatrices de notre société.

Il faudrait, à notre sens, poser très différemment la problématique bioéthique : au lieu de tenter de mettre des barrières, des freins à toute une série de pratiques qui semblent aux éthiciens refléter l'expression d'une société en crise qui a perdu ses valeurs etc., il conviendrait au contraire de trouver un — ou des — *principe(s) d'intelligibilité* qui puisse(nt) rendre compte desdites pratiques.

C'est ce que nous avons, pour notre part, tenté en proposant de comprendre le système de l'IAD à partir du principe de l'échange don/contre-don, ainsi qu'à partir du principe de la circulation des enfants dans une société donnée, plutôt qu'en restant bloqué sur le problème du départ, celui de la stérilité et de sa réparation.

Il est très significatif, pour comprendre le fonctionnement de la bioéthique, de considérer les sujets qu'elle omet, plus que ceux qu'elle traite : nous n'avons par exemple trouvé nulle analyse des traditions culturelles dans lesquelles telle ou telle pratique médicale s'inscrit ; nulle référence aux systèmes de parenté, nulle référence aux traditions civiles (telle celle de la jurisprudence par exemple). Pour prendre un exemple concret, nous sommes personnellement étonnée que le *problème éthique du donneur de sperme* ne soit jamais évoqué et semble n'intéresser personne : voilà un homme (ou un couple) qui fait ce don sans contrepartie et dont on ne se soucie plus « après usage » [1]. Curieuse morale que celle-là, surtout de la part de médecins qui prêchent l'altruisme à tout crin (afin de trouver des donneurs). Ce n'est qu'un exemple. Prenons-en un autre : celui des stérilités féminines et de « la grande cavalerie médicale qui s'y attache » (inductions d'ovulation, cœlioscopie, etc.) : se demande-t-on jusqu'où ces femmes sont prêtes à aller pour avoir un enfant ? Elles viennent consulter un gynécologue pour « demander » un enfant, certes ; mais elles ne savent pas au départ où ce parcours médical risque de les mener. Qui se préoccupe de savoir *où en est le désir d'enfant de ces femmes* après trois ans de traitement sans succès et à qui on propose de passer au stade de la fécondation *in vitro,* « dernière chance possible » ? Sont-elles prêtes à aller jusque-là, à vivre ce nouvel échec potentiel ? Problème éthique dont personne ne se soucie. Et pourtant (que l'on nous pardonne la trivialité de la comparaison) lorsque quelqu'un désire acheter un appartement, l'agent immobilier demande au candidat-propriétaire

1. C'est à dessein que nous avons donné un exemple d'une des histoires possibles d'« après »-don, p. 172.

sa « fourchette » de prix, au-delà de laquelle les deux parties considèrent que ce n'est pas la peine de faire une quelconque proposition...

Citons un autre problème éthique qui concerne un sujet évoqué dans cet ouvrage : on sait que dans la « charte » des CECOS, tout homme qui veut se faire vasectomiser doit faire une autoconservation de sperme ; et ce, même s'il déclare être sûr de ne jamais vouloir d'enfant, même s'il se déclare hostile aux modalités d'une réutilisation éventuelle (l'insémination artificielle, l'IAC dans ce cas), bref même si cette mesure le révolte. Problème éthique donc dans la violation de la volonté d'un individu ; mais surtout problème éthique dans *l'induction ainsi créée* vis-à-vis de ce sperme auquel un homme veut supprimer sa capacité fécondante, capacité que, nonobstant, la banque veut préserver à tout prix. Or, il n'est pas neutre pour un homme qui a été vasectomisé parce qu'il ne voulait plus d'enfants de savoir qu'il a du sperme fécondant en banque valable pendant dix ou quinze ans. Cela ne risque-t-il pas de « faire flamber » un désir d'enfant (chez lui, chez sa compagne ou chez sa future compagne) qui, s'il avait dû se manifester ultérieurement, aurait pris d'autres voies ? Et que veut dire, au demeurant, cette façon d'infantiliser quelque peu un individu (que l'on juge dans le même moment sain d'esprit, sinon on n'accéderait pas à sa demande de stérilisation) en lui laissant entendre que l'institution, « bonne mère omniprudente » etc. ? Cette option de l'institution pose un problème éthique qui serait intéressant à comprendre à travers les traditions philosophiques et socioculturelles de notre société [1].

Depuis quelque temps, des Comités d'éthique fleurissent en France et dans le monde. L'âge moyen des participants semble baisser un peu depuis quelque temps, mais la société y a aussi peu sa place qu'avant : un « mandarin » ressemble toujours à un « mandarin » quelle que soit sa discipline ! Quant à l'éthique dont il s'agit,

1. A ce titre, il est intéressant de savoir que les Anglo-Saxons ne font pas de conservation avant vasectomie. La raison qu'ils avancent le plus couramment — mais il y en a d'autres — est celle du « libre-arbitre » : un être humain a le droit de décider de ce qu'il veut pour lui-même. La différence de la tradition culturelle anglo-saxonne et de la tradition latine serait intéressante à analyser davantage.

c'est toujours un peu un déguisement de la vieille morale traditionnelle : on trouve notamment dans ces Comités les inévitables représentants des trois religions monothéistes ; comme s'il s'agissait d'une question religieuse ! Bref, on demande à une émanation plutôt conservatrice de la société d'évaluer des pratiques actuelles ou futures qui renvoient à des systèmes de représentations complexes que ledit Comité d'éthique ne se donne pas forcément les moyens de comprendre. Ce sont des problèmes de société qui sont posés et seule la société concernée pourra y répondre. Or répondre, c'est mesurer les enjeux *culturels* (le problème de filiation notamment), *économiques* (les problèmes de coût) et *moraux* (la question de savoir si un être humain — l'enfant éventuellement — risque d'être lésé).

Témoigne du vide éthique actuel [1] un exemple américain récent qui concerne la pratique des *surrogate mothers* [2]. Mr. and Mrs. Malahoff, couple habitant l'État du Michigan, ont loué pour la somme de 10 000 $ les services de Mrs. Stiver, âgée de 26 ans, mariée et mère d'une petite fille de 2 ans, pour qu'elle porte un enfant conçu par insémination artificielle avec le sperme de Mr. Malahoff et qu'elle le donne ensuite au couple. Ce qui fut fait en tout cas pour la première partie du programme. Le drame commença à la naissance du bébé, un garçon, malheureusement... microcéphale (c'est-à-dire nanti d'une arriération mentale profonde). Mr. Malahoff refusa alors le bébé, refusa également de payer la somme convenue, arguant du fait qu'il n'était pas le père... Les expertises sanguines, autant qu'on en puisse juger, lui donnèrent tort. Les choses se compliquèrent d'autant plus que ce bébé présentait à la naissance une infection grave, mettant sa vie en danger, que les médecins ont soignée contre l'avis de tous les « parents » ; mais c'était leur devoir éthique de médecins... L'enfant est maintenant guéri et prêt à rentrer « chez lui »... Mais, à l'évidence, il n'a pas de « chez lui ». En attendant des

1. Ce domaine de la médecine de la reproduction « de pointe » est « rempli de vides », si l'on peut dire (vide anthropologique, éthique, juridique) !

2. La presse médicale française et la grande presse américaine ont rapporté ce cas. Nous le citons d'après des documents américains que nous a communiqués le Dr Jean Cohen que nous remercions ici.

procès sont engagés... pendant que ce bébé attend, « guéri » dans une clinique...

Nous ne voulons pas terminer ce passage sur l'éthique par une note pessimiste. Il existe de très belles études éthiques ! Nous pensons notamment à celle du Pr George Annas qui examine la situation des protagonistes de la situation d'IAD à travers l'optique de la *vérité* (celle qui est due à l'enfant sur l'identité de son géniteur — comme dans l'adoption —), en la comparant aux autres exigences de vérité [1].

Signalons aussi la création d'un Institut de bioéthique en Belgique, autour du Pr J.F. Malherbe, qui démarre sous des auspices... féconds.

Concluons : de même qu'en matière de rôles et de relations parentales, il y a une *inventivité éthique* profondément humaine (et pas spécifiquement religieuse) à découvrir.

1. George Annas, « Artificial insemination. Beyond the best interests of donor », *The Hastings Center Report,* vol. 9, nº 4, août 1979.

5. Enjeux juridiques

Nous l'avons dit tout au long de cette partie, la définition des notions de paternité et de maternité sont avant tout affaire de choix et de reconnaissance sociale : *un certain nombre de faits recevront ou ne recevront pas l'investiture* dans telle ou telle société. C'est en ce sens que l'on a pu dire que « la parenté est une question de droit, non une question de fait » [1].

Nous avons analysé les « non-choix » en matière de parenté qui ressortent du système de l'IAD : options pauvres et rigides qui « tiennent » à coup de secret... En outre, on peut dire que les enjeux liés à la parenté ne sont même pas posés par les institutions médicales : c'est ce qui nous a amenés à les analyser de façon détaillée.

Dans le domaine du droit, on assiste à un vide tout aussi important que dans le créneau anthropologique, à cette différence près que les spécialistes de ce type de procréation (tant médecins que juristes) le mesurent et le déplorent. Il existe une littérature juridique très importante dans tous les pays qui pratiquent l'IAD ; nous renvoyons le lecteur intéressé au remarquable et synthétique article d'une juriste belge, le Pr De Cooman-Van Kan [2]. Il est d'ailleurs très significatif que les pays européens, pour ne parler que d'eux, aient pris des dispositions légales assez différentes les unes des autres

1. In M.T. Meulders, « Fondements nouveaux du concept de filiation », *op. cit.*
2. « L'insémination artificielle. Recommandations du Conseil de l'Europe et perspectives de réglementation belge », *Journal des tribunaux*, Bruxelles, 1982. Cet article contient une bibliographie très complète sur les problèmes médicaux, juridiques et éthiques relatifs à l'IAD.

vis-à-vis de la filiation et, notamment, du cas particulier de l'IAD. Derrière ces options juridiques, se profile tout un système de valeurs relatif à la famille et aux rôles parentaux. Nous allons brièvement poser quelques-uns des enjeux juridiques de l'IAD, notamment à travers certains cas que nous avons eu à connaître, enjeux intéressants en ce sens qu'ils constituent un autre volet du prix à payer pour avoir un enfant par la voie médicalisée [1].

Le statut juridique de l'enfant né par IAD a, si l'on peut dire, joué de malchance... Il se trouve, en effet, normalement régi, comme dans la plupart des pays, par la présomption de paternité du mari de la mère (le fameux *Pater is est*). Certes, dans la plupart des lois récentes sur la filiation, il y a eu un mouvement vers la vérité biologique (c'est le cas, en France, de la loi de 1972 sur la filiation). Ce qui ne devait néanmoins pas poser de problème majeur dans le cas d'IAD à partir du moment où l'insémination était pratiquée avec consentement explicite du mari (il doit signer un papier symbolique d'acceptation de la méthode de conception). Le *clash* est venu, non de la loi elle-même, mais d'une décision de justice qui a fait jurisprudence [2] : les juges ont accepté qu'un père-IAD désavoue son enfant né par IAD, alors qu'il y avait explicitement consenti, et, ce, sur la seule base de sa stérilité (il a produit un spermogramme). Cette décision a semé un vent de panique dans les milieux concernés, car c'était ouvrir la porte à d'autres désavœux ou à d'autres reconnaissances de paternité, toutes contestations qui se fonderaient, elles aussi, sur la seule vérité biologique. Nombre de juristes ont d'ailleurs avec raison protesté contre ce détournement de la notion de paternité, montrant que la stricte vérité biologique, si elle

1. Il est clair que « par voie médicalisée » nous incluons les seules pratiques qui, introduisant un élément extérieur au couple procréateur, risquent de créer une situation « hors la loi ». Il s'agit évidemment de l'IAD, mais également des cas de *surrogate motherhood,* et de la plupart de ces conceptions « futures » ou « folles », que nous avons analysées p. 125 à 131. Tous les autres cas, qui relèvent tout au plus d'un activisme médical (telle la fécondation *in vitro*), mais ne modifient pas la structure de la famille, ne posent pas de problèmes juridiques spécifiques.

2. Décision du tribunal de grande instance de Nice, 30 juin 1976. Nous renvoyons à l'article de Mme De Cooman (déjà cité) pour les commentaires très intéressants que cette décision de justice a suscités.

peut satisfaire la logique de l'esprit, ne peut recouvrir toutes les situations complexes de paternité où la réalité psychologique et effective entrent autant en jeu (et même *uniquement* dans le cas de l'adoption) que la vérité biologique. On a parlé de notion de « paternité d'engagement », etc.

Pour nous, qui voyons les choses d'un œil non juridique, il reste qu'il est très révélateur que, pendant ces dernières années, le droit n'ait pas encore pu régler cette question épineuse et urgente. Cela jette un certain discrédit moral et social sur le système de l'IAD qui, on l'a vu, se veut pourtant « irréprochable ». Cela révèle surtout, de façon inquiétante, une fantasmatisation sociale sur la primauté du biologique qui nous semble peu claire et quelque peu régressive sur un strict plan socioculturel.

Citons maintenant deux cas. Le premier a été vu par les auteurs de ce livre [1].

Il s'agit de M. et Mme C, couple-IAD, venu par la voie CECOS au cabinet d'Alain Janaud : dès la deuxième insémination, Mme C est enceinte et accouche d'un petit garçon. Le gynécologue revoit ce couple 2 ans et demi après, pour une deuxième demande d'IAD. Nous disons « couple », en fait le mari n'était jamais venu, pas plus la première fois que la deuxième. Mais Mme C offrait l'image d'un couple tout à fait « dans la norme » (elle enseignante, lui, militaire de carrière). RAS en somme... Au bout d'une dizaine d'inséminations, Mme C n'étant pas enceinte, le gynécologue s'en étonna et m'adressa ce couple en insistant auprès de cette femme pour qu'elle vienne me voir avec son mari.

Insistance certes fondée : il s'avéra en effet que Mme C n'avait jamais vraiment autorisé son mari à « paterner » ce petit garçon ; lui-même disait d'ailleurs « mon enfant » et non « mon fils », expliquant la nécessité de cette distinction. Mme C, qui vivait dans un état quasi fusionnel, au sens propre et figuré, avec ses propres parents (son mari passait plusieurs nuits par semaine à la caserne où il

1. Ce cas remonte à quelques années et a été l'un des premiers à nous faire nous poser la question du père en IAD. Les détails que nous donnons sont, évidemment, fictifs, pour préserver l'anonymat.

était « de garde » ce qui lui « permettait » — à elle — d'habiter partiellement chez ses parents), avait, de façon inconsciente, mis en acte par cette naissance un fantasme de mère-célibataire, sans homme, et avait en quelque sorte « donné un enfant à sa mère ». Et pourtant, elle ne connaissait pas la stérilité de son futur mari avant de l'épouser (mais l'inconscient en sait souvent assez long). Quant à M. C, homme intelligent et sympathique (nanti d'un physique à la Marlon Brando), mais assez mutique devant la volubilité et l'activisme de son épouse, il vivait très douloureusement sa stérilité que la naissance de cet enfant ravivait constamment (c'est en effet ainsi que sa femme l'« utilisait »). Il n'avait donné son accord qu'avec réticence au projet du deuxième enfant, ce que Mme C avait, quelque part, intériorisé ; à moins que cet unique enfant ait au fond complètement « épongé » son désir... Après un unique entretien avec moi, ils décidèrent d'arrêter les inséminations, ce qui me sembla de bon augure, cette interruption pouvant éventuellement permettre à un travail mental de s'élaborer dans ce couple.

Hélas les choses se précipitèrent. Au bout de quelques semaines, Mme C me téléphona pour m'annoncer qu'elle entamait une procédure de divorce, arguant de la stérilité de son mari et aussi du fait qu'il était très souvent absent du domicile conjugal (il était en effet à la caserne) et qu'elle n'avait donc plus qu'à se réfugier chez ses parents, tout ceci pour demander la garde de l'enfant (le petit garçon avait alors 3 ans). Les choses se gâtèrent alors tout à fait : M. C fit plusieurs tentatives de suicide, ce qui fut retenu contre lui au procès. Il fit d'autres passages à l'acte (il enleva son fils à la sortie de l'école, etc.), tandis que Mme C annonçait à tout le monde « que son mari était stérile et que ça l'avait rendu fou »..., écrivait à son colonel pour lui dire qu'il était impuissant, etc. Nouvelle tentative de suicide de ce dernier au fur et à mesure que le procès de divorce allait bon train... en faveur de Mme C. J'avais gardé un contact, de loin en loin, avec cet homme qui avait été pris en charge par les services psychologiques de l'armée. Le psychiatre, aux dernières nouvelles, m'avait téléphoné qu'il était dans le coma après une énième tentative de suicide qui avait tout l'air d'avoir « réussi »...

Ce cas impressionnant est, certes, exceptionnel. Mais il démontre qu'il est bien difficile d'évaluer une demande d'IAD : ce couple avait vu un « psy » du CECOS (pas nous-même...), qui n'avait rien trouvé à redire. Certes, l'absence de M. C à toutes les inséminations paraît, *après coup,* suspecte ; mais combien banale au demeurant ! En outre, il n'avait guère eu le temps de venir, sa femme ayant été enceinte immédiatement !

Il y aurait beaucoup à dire sur ce cas, mais c'est en tant que cas de divorce et de désavœu par la mère de la paternité du père que nous l'avons cité. Cas symétrique et inverse de celui qui a donné lieu au jugement du tribunal de Nice. Détail significatif : pour les besoins de la cause, Mme C a tenté de produire au tribunal le spermogramme de son mari et a donc usé de tous les moyens possibles pour se le procurer. Les médecins ont, bien entendu, refusé (le gynécologue, comme ceux du CECOS). Mais elle s'est vite aperçue que ce n'était pas nécessaire : il lui suffisait, comme preuve, de fournir les factures d'achat des paillettes [1] (obligatoirement communiquées par le CECOS), ainsi qu'un certificat médical prouvant qu'elle avait été inséminée, ce qu'on ne pouvait pas non plus lui refuser... Le « vide juridique » est ici d'autant plus tragique que M. C avait de vraies relations de paternité avec son fils et que l'enfant l'aimait « comme son père » (c'est l'expression de Mme C). Comment pouvait-il « trouver une place » dans ces conditions, sinon en disparaissant ? Gageons que si le procès de divorce l'avait conforté dans sa paternité, les choses auraient tourné autrement.

Nous allons citer un autre cas de paternité-IAD qui fait ressortir une autre facette différente de ce dramatique vide juridique, « rempli », il faut le souligner une fois de plus, par un « trop-plein de religion biologique ». Il s'agit d'un procès d'IAD dont la grande presse a beaucoup parlé, l'intitulant (sensationnalisme oblige) : « L'enfant aux trois pères ». Ce n'est pas d'après la presse que nous en parlons cependant, mais d'après les « minutes » du procès de divorce communiquées par l'avocat du père [2].

1. Les paillettes de sperme n'étaient pas, à l'époque, remboursées.
2. Dont nous ne donnons pas le nom en raison du secret de l'instruction, l'affaire étant toujours en cours.

Il s'agit d'un couple originaire d'une petite ville de province qui avait préféré pratiquer les inséminations à Paris en raison du secret qu'ils tenaient à garder. La stérilité de M. P fut découverte quelques années après le mariage du couple. Parcours classique : demande d'IAD au CECOS, entrevue avec un « psy », début des inséminations et naissance d'un petit garçon après une dizaine d'IAD. Le climat du couple, apparemment orageux dès avant la naissance de l'enfant, se détériora après la naissance. Les époux décidèrent de divorcer, ce qui fut fait (divorce par consentement mutuel), l'enfant ayant alors 2 ans, et la garde fut confiée à sa mère (son père voyageait beaucoup pour des raisons professionnelles), ce dernier ayant le droit de visite habituel. Les circonstances de la naissance par IAD ne furent nullement « mises sur le tapis » au procès du divorce.

Un an après, Mme P engagea une procédure de « protestation de paternité » devant le tribunal de son lieu de résidence, procédure déposée conjointement avec un autre homme, M. M, « fiancé » à Mme P et qu'elle devait effectivement épouser quelque temps après. Cette assignation de contestation en paternité s'accompagnait de la déclaration de légitimation de l'enfant par acte notarié au profit de M. M, démarche accomplie quinze jours avant le dépôt de l'assignation... Le scénario développé par Mme P était le suivant : ce n'était pas, dit-elle, ses inséminations qui étaient à l'origine de sa grossesse, mais les relations qu'elle avait à l'époque avec M. M, son amant, ce que son mari ignorait, disait-elle. Relations sexuelles qui étaient, d'après elle, antérieures au début des inséminations et qui s'étaient poursuivies pendant les IAD...

Dès le début de la procédure, Mme P empêcha son mari d'exercer son droit de visite, essayant par tous les moyens de casser les liens entre le père et le fils. Actuellement, M. P se défend lui aussi « par tous les moyens » : c'est lui, dans ce cas-ci, qui essaie d'utiliser l'outil biologique ; il a sollicité — et obtenu — du tribunal une expertise sanguine pour tenter de prouver que le nouveau mari de Mme P ne peut être le père de son fils. Procédure d'expertise extrêmement longue (elle est encore en cours) parce que la première, qui excluait la paternité de l'amant, M. M, a été contestée par ce dernier ainsi que par Mme P. Pendant ce temps, le père est, dans la pratique, toujours privé de son droit de visite, sans parler du scandale qui l'atteint personnellement dans leur ville... L'aspect le plus lamentable de cette affaire, c'est que le père de l'enfant (qui a vécu deux ans avec lui, sans compter la grossesse, l'attente, etc.) *a pour seul recours de confirmation de sa paternité une expertise biologique* relativement hasardeuse d'ailleurs, parce que c'est une méthode qui ne permet que d'*exclure une probabilité de paternité* de tel ou tel homme [1] ; il peut se trouver en réalité que, par hasard [2], le groupe sanguin de M. M (le nouveau mari) soit compatible avec celui de l'enfant. D'autre part, étant donné que l'on ne connaît pas le groupe sanguin du donneur, couvert par le secret médical, aucune preuve n'est réellement possible. Ce qui est sûr en tout cas, c'est que la paternité de M. P est fortement compromise... Au service de quel intérêt est ici le culte de la vérité biologique ? Sûrement pas celui de l'intérêt de l'enfant (dont la presse dit qu'il a « trois » pères, le troisième étant évidemment le donneur !), sûrement pas non plus celui du père.

En attendant la contre-expertise, Mme P, bien conseillée, a déposé une ordonnance de référé (c'est-à-dire une procédure d'urgence) pour demander au tribunal la suppression du droit d'hébergement du petit garçon par son père, arguant du fait que cet enfant considère M. M — le nouveau mari — comme son père et que cela peut le troubler d'avoir deux pères... Le juge des Affaires matrimoniales a donné raison à la mère et a supprimé le droit d'hébergement de M. P qui ne voit plus son fils *que chez sa mère à lui, en présence de son ex-épouse,* une fois tous les quinze jours... Quand un engrenage judiciaire est mis en marche, on sait qu'il est difficile de l'arrêter.

1. Voir sur ce point ce qu'en dit « l'inventeur » de la méthode, le Dr Denise Salmon : « La preuve scientifique de la paternité : état de la science et déontologie », in *Droit de la filiation et Progrès scientifiques,* Paris, Economica, 1982, p. 27 à 50.

2. Si nous disons « par hasard », c'est que notre conviction, à la lecture du dossier, est que l'enfant est né par IAD (coïncidence exacte des dates de l'insémination et de celle de la grossesse, etc.). Le tribunal n'a d'ailleurs pas jugé de la véracité ou non des faits allégués, mais de la seule *probabilité de paternité* à partir de l'expertise sanguine...

Mais où est donc passé le *Pater is est quem nuptiae demonstrant* ? Allons-nous tomber dans le *Pater is est quem spermatozoïdae fécondantiae demonstrant* (que l'on nous pardonne ce latin « d'église biologique ») !

Concluons : il n'est pas sans risques d'être père-IAD. Que des hommes, des couples prennent, en toute connaissance de cause, des risques psychologiques (ceux liés à la situation de stérilité et de sa « réparation »), c'est leur droit le plus strict, et cette solution s'avère bien souvent excellente ; nous le voyons tous les jours. Mais que la société y surajoute de nouveaux risques (et, ce, à l'insu même des couples, qui, impressionnés par l'appareil médical et institutionnel, oublient ou ignorent les complexités juridiques afférentes), voilà qui nous semble inadmissible. Quand une paternité se joue à la loterie biologique, le prix à payer est scandaleux et exorbitant.

Il ne faut pas oublier non plus qu'en cas de violation du secret professionnel, une action en recherche de paternité fondée sur le lien biologique aboutirait forcément à considérer le donneur de sperme comme le père de l'enfant (voir sur ce point « L'insémination artificielle », *Journal des tribunaux, op. cit.*, p. 373). Ce type de requête pourrait jouer dans les deux sens (de la receveuse vers le donneur, ou l'inverse). Les juristes estiment aussi qu'il pourrait aussi y avoir action en divorce de l'épouse d'un donneur de sperme contre son mari (c'est la thèse de l'« injure grave » au cas où, par exemple, ce dernier refuserait un enfant à son épouse).

C'est pourquoi nous estimons moins risqués, moins « fous », plus humains, plus honnêtes, les différents contre-systèmes que nous avons proposés dans ce chapitre. Ce qui ne veut pas dire que nous rejetions « en bloc » l'IAD, évidemment.

Mais nous pensons que les couples doivent pouvoir disposer d'une information complète afin de choisir en connaissance de cause. Chacun doit pouvoir aménager une situation en fonction de son « équipement » personnel (psychologique, familial, intellectuel, etc.). C'est ce à quoi nous avons voulu œuvrer en écrivant ce livre.

Épilogue

La vie est amère, les femmes sont chères et les enfants durs à faire.

Proverbe occitan.

Nous ne souhaitons pas conclure cet ouvrage par des propos « définitifs ». Le terrain de la filiation médicalisée est actuellement trop mouvant pour qu'on puisse faire autre chose que de l'analyser *in statu nascendi*. C'est ce que nous avons tenté de faire.

C'est donc sur une note humoristique que nous préférons clore ce livre sérieux. Que le lecteur nous donne cette « spermission » !

Le domaine de la procréation « de pointe » n'est pas, on l'a vu, particulièrement gai..., bien qu'il s'agisse pourtant d'événements heureux en perspective. Le sens de l'humour y brille par son absence. Rien de plus utile pourtant que de pouvoir prendre de la distance par rapport à soi-même et à ses outils ; la défense par l'humour est, en ce sens, un excellent analyseur des contre-attitudes de chacun et des positions idéologiques qui s'infiltrent malgré tout dans les discours les plus techniques.

Avoir un enfant par IAD, par FIVET ou aux hormones ; avoir un enfant remboursé par la Sécurité sociale ; avoir un enfant après en avoir fait une demande en bonne et due forme auprès d'instances médicales ; tous ces comportements relèvent, on l'a dit, d'un fantasme « petit-bourgeois ». Tout se passe comme si, grâce à des artifices médicaux sophistiqués, à la faveur également du secret médical, un couple X pouvait se dire *in petto* : « Nous avons notre bébé comme tout le monde et personne ne sait que nous avons eu un problème (stérilité de l'un des partenaires par exemple) », exactement de la même manière qu'un autre couple pourrait, lui, dire : « Nous avons notre télévision couleur comme tout le monde et personne ne sait que nous l'avons achetée à crédit sur trois ans. » Et si nous prenons ici l'exemple du crédit, c'est que la notion de prêt et d'emprunt est, nous l'avons dit, une des clés pour comprendre tant l'IAD (prêt de sperme) que la *surrogate mother* (que nous avons traduit par mère d'emprunt ou mère par parenthèse), cas parmi d'autres des filiations à tout prix que nous avons étudiées dans ce livre.

Bien différente est, en revanche, la notion d'achat, de location, de remboursement qui impliquent, par définition, l'idée d'argent (liquide ou chèque... en blanc, peu importe). Que penser en effet, nous voulons y revenir ici, d'une société qui « rembourse » [1] le sperme ? D'une institution d'État, la Sécurité sociale, qui prend là une option franchement idéologique, consistant à traiter ce produit biologique individualisé comme un banal médicament ? Rappelons ici brièvement les relations sperme/argent : un homme fait un don bénévole de (x) éjaculats de sa semence à une banque (CECOS) ; parallèlement un couple vient acheter auprès de ce même centre une, dix ou vingt « doses » de sperme, tarifées à un prix par le ministère de la Santé ; ce couple sera ensuite entièrement remboursé par la Sécurité sociale des sommes dépensées [2]. Précisons enfin que les banques conservent, elles, l'argent provenant des achats de paillettes, sommes qu'elles utilisent en général pour financer leurs laboratoires de recherche. Tout ceci pour souligner que l'argent n'est nullement évacué du système, contrairement à ce qu'on entend souvent dire. C'est tout simplement le contribuable qui paie le sperme des inséminations de même qu'il finance les centrales nucléaires ou la construction des routes. Rien de scandaleux, d'ailleurs, à cela. Ce

1. Que le lecteur nous pardonne ce jeu de mots peu élégant, mais qu'on ne peut guère éviter !
2. Sauf s'il refuse d'entrer dans le système. Il existe de tels couples ; ce ne sont pas les moins intéressants...

qui nous choque, c'est seulement ce halo de non-dit, de flou sirupeusement caritatif : il existe par exemple une loi (datant de 1976) sur l'interdiction de commercialisation des produits d'origine biologique, mais, sous prétexte que la transaction s'effectue entre deux organismes d'État, on la transgresse allégrement...

Mais ce qui est le plus dérisoire encore, c'est cette volonté occulte de dénégation de ce que représente le sperme, tant dans la réalité que dans l'imaginaire. Rembourser en effet des paillettes de sperme au tarif de 200 francs (prix officiel en 1982), c'est rembourser *quoi* au juste ? Et que signifie une stérilité *prise en charge à 100 %* ? Que veut dire, de même, le remboursement de l'avortement ? Étrange gestion par la société de la vie et de la mort, du désir d'enfant des individus. Et ce n'est pas un hasard si tout le monde trouve commode de s'abriter de ces réalités ambivalentes à l'aide de sigles : on ne parle pas d'avortement, mais d'IVG, pas d'insémination avec sperme de donneur, mais d'IAD [1]. Autrefois (il y a quelques années seulement...), on faisait des fausses couches — c'était triste —, on avortait — c'était « ouf » ! —, maintenant on ne fait plus que des avortements, spontanés [2] ou provoqués... On gomme, on banalise.

Admirable et effrayante société que la nôtre qui réifie, avale, pré-digère, puis digère les fantasmes, désirs et comportements des individus ; et les transforme ensuite en symboles ; ceux-ci s'interchangent d'ailleurs de temps en temps dans l'inconscient : c'est ainsi que l'on voit maintenant quelques dames d'âge mûr s'inquiéter pour leurs Ivégés, alors que c'est sans doute de leur Igéèffe (IGF : impôt sur les grandes fortunes) qu'il s'agit...

La médicalisation du lien de filiation est un état de fait que l'on repère clairement dans le parallèle IVG/IAD, et qui va bien au-delà de la redondance des initiales. Ce sont bien des désirs et refus d'enfants gérés par la société dans ces deux cas. Et quant au remboursement à 100 % des frais en tout genre liés à la stérilité, on se demande si cette mesure n'est pas le prélude à une assurance

1. « Ihadé, ma sœur, ne vois-tu rien venir ? » (interprétation libre de *Barbe Bleue*).
2. Chassez l'ambivalence par la porte, elle revient par la fenêtre...

antistérilité que l'on souscrirait en se mariant. L'équivalent des ASSEDIC en somme : « Vous voulez fonder un foyer. En cas d'échec ou de problèmes, nous vous offrons un an de traitements gratuits puis deux ans de traitements remboursés à 50 %, etc. » Une sorte de SMIG procréatif...

Admirable et effrayante société qui fait de chaque individu un assisté en puissance : ainsi, au moindre incident de parcours, il n'aura qu'à se tourner vers les « papas-mamans-institutions » afin qu'ils résolvent à sa place le problème en question (stérilité ou chômage). On connaît le comportement démissionnaire que cela entraîne souvent chez les intéressés : toucher des allocations est le meilleur moyen de démobiliser un individu dans sa recherche d'un travail. De manière analogue, le seul fait de proposer l'assurance « paillettes de donneurs » dans le cas de stérilité masculine ou la garantie « autoconservation du sperme » dans le cas d'une stérilisation, entraîne également la création d'un état de dépendance quelque peu infantilisante chez ces individus que l'on nommera désormais « patients ». État qui est largement renforcé, on l'a vu, dans le cas de l'IAD, par les facteurs liés au secret.

Admirable et effrayante société qui analise (au sens de « fécalise ») les fantasmes et comportements des individus [1]. La seule sexualité dont il s'agit, en effet, dans les divers procédés pour faire un enfant dont il a été question est en fait une sexualité anale, tant de la part des médecins que de la part des usagers. L'abord de l'infécondité se résume, nous l'avons dit, au traitement d'une sorte de constipation où médecins et patientes essaient à toute force de faire sortir du ventre maternel « quelque chose » qui s'appellera « enfant » ! Les protagonistes sont, évidemment, très fiers de leur production : « cocorico », s'écrie-t-on en chœur autour du lit de l'accouchée (le pot) ! C'est la signature du fait qu'avoir un enfant est devenu, on l'a vu au début de ce livre, une affaire de maîtrise. Les « faiseurs d'enfants » atteindront-ils enfin le stade de la sexualité génitale ? ? C'est plutôt, en fait, vers un registre de

1. Sans tellement les analyser malheureusement.

contrôle de plus en plus obsessionnel que l'on s'oriente : contraception où l'on gérera un an d'avance son propre refus d'enfant, paternité aisément différée de quelques années grâce à la congélation du sperme, embryon dont on retardera la naissance en le stockant quelque temps, etc. Les individus que nous sommes ont intérêt à se montrer à l'avenir des êtres parfaitement rationnels. Hum...

Soulignons ici un ultime paradoxe : parallèlement à ce fantasme anal, à ce registre où l'emphase est mise sur la maîtrise à tout prix, coexiste dans ce domaine de la procréation médicalisée, une autre fantasmatique, *orale* celle-ci, aussi claire que l'autre est opaque... Lumineux est, une fois de plus, l'exemple de l'IAD : il s'agit de la mise en acte par la médecine du scénario de l'Immaculée Conception que nous ne résumons pas ici, estimant qu'il est assez connu... Telle est en effet la fantasmatique en jeu, chez les médecins et chez les patients : la conception se fait, on le sait, de façon « pure » (c'est-à-dire, on l'a compris, sans sexualité), mais aussi sans « souillure » par le sperme (on peut même, on l'a vu, inséminer une femme vierge). Quant au véritable principe actif dans l'insémination artificielle, au niveau symbolique, c'est *la parole de vie,* la parole fécondante qui fera mère la femme porteuse du bébé à naître, et père l'homme qui nommera ce bébé « mon enfant », le reconnaissant ainsi comme né de son désir. Mais c'est aussi la parole du médecin qui authentifie cet acte, qui donne « sa parole » que c'est « du bon sperme » qu'il insémine, que le donneur est « quelqu'un de bien ». La problématique transférentielle s'articule d'ailleurs souvent autour de cette parole donnée, garante également du secret sur l'acte lui-même et sur cette naissance particulière. Quant au donneur, il fait, lui aussi, partie de cette fantasmatique : le contexte socioculturel dans lequel lui-même et, la plupart du temps, son épouse sont insérés, fait de son don, non un don d'enfant ni un don sexualisé, mais bien au contraire un geste symbolique de générosité et de solidarité [1].

1. Le fait, par exemple, qu'on ne dise jamais aux donneurs si leur sperme a même *servi à une seule fécondation* est très caractéristique de la volonté de l'institution d'en faire un geste « éthéré », aérien...

Une des célèbres *Annonciation* de Fra Angelico, ce tableau où la Vierge Marie est fécondée symboliquement à la fois par la parole de l'Ange et par un oiseau représentant l'Esprit-Saint, constituerait une somptueuse publicité pour les CECOS ! Quel homme ne souhaiterait pas en effet s'identifier à ce « petit oiseau » fécondant, à ce souffle divin qui va réjouir l'oreille, puis le sein de la Vierge Mère, ainsi que le disent les textes ?

Mais quelle image valorisante aussi pour les spécialistes que nous sommes ? Plus gratifiante sans doute que celle du plombier, du garagiste ou du banquier...

Le pouvoir procréatif concerne, en fait, moins le sexe à proprement parler, on l'a vu à maintes reprises dans ce livre, que *la fonction de fécondité.* Ayons donc tous les enfants que nous pouvons avoir, mais sans oublier qu'il n'existe pas d'enfants plus « vrais » que d'autres...

Bibliographie des ouvrages et articles cités

ADLER J. (dossier réuni par), *L'Adoption vécue,* préface de Simone Veil, Paris, Seuil, 1978.

ALBEE E., *Le Rêve de l'Amérique* (The American Dream), 1960.

ALNOT M. O., DELAISI DE PARSEVAL G., GRANET PH., DA LAGE Ch., « Sperme, don, contre-don », *Le Concours médical,* vol. 104, nº 18, 1982.

ANNAS G., « Artificial insemination. Beyond the best interests of donor », *The Hastings Center Report,* vol. 9, nº 4, août 1979.

ARIÈS Ph., *L'Enfant et la Vie familiale sous l'Ancien Régime,* Paris, Seuil, coll. « Points-Histoire », 1973.

AUSLOOS G., « Secrets de famille », in *Changements systémiques en thérapie familiale,* Paris, ESF, 1980.

BEHRMAN R., « Psychological implications of donor insemination », in *Am. J. Psychoanalysis,* 1961 et *New England J. of Medecine,* 1979.

BELMONT N., « L'Enfant exposé », *Anthropologie et Sociétés,* vol. 4, nº 2, 1980.

BENSAÏD N., *La Lumière médicale (Les illusions de la prévention),* Paris, Seuil, 1981.

BERGER D., « Couples reactions to male infertility and donor insemination », *Am. J. of Psychiatry,* 137, 9, 1980.

BLAINEAU S., « La pré-sélection du sexe des enfants : le bon choix ? », *Le Matin des biologistes,* nº 57, Raison présente, 1981.

BOUÉ J., BOUÉ A., LAZAR P., « Retrospective and prospective epidemiological studies of 1 500 karyotypal spontaneous human abortions », *Teratology,* 12, 1975.

BOUHDIBA A., *La Sexualité en Islam,* Paris, PUF, 1975.

BOURDIER P., « Famille et connaissance des liens de parenté », *Psychologie médicale,* 14, 10, 1982.

Bourdieu P., *Le Sens pratique*, Paris, Éd. de Minuit, 1980.

Boszormenyi-Nagy I., Spark G., *Invisible loyalties : reciprocity in intergenerational family therapy*, New York, Harper and Row, 1973.

Brouard N., « Évolution de la fécondité masculine depuis le début du siècle », *Population*, n° 6, 1977.

Burge R.G., Sherman J.K., « Fertilitizing capacity of frozen human spermatozoa », *Nature*, 172, Londres, 1953.

Burgess A., *La Folle Semence*, Paris, Laffont, 1962, traduit de l'anglais par Georges Belmont et Hortense Chabrier.

Bydlowski M., « Les enfants du désir. Le désir d'enfant dans sa relation à l'inconscient », in *Psychanalyse à l'Université*, n° 13, décembre 1978.

Cabau A., Dayan-Lintzer M., « Le gynécologue et l'IAD : les difficultés, les joies, les peines », *Médecine et Hygiène*, n° 36, 1978.

Carloni G., Nobili D., *La Mauvaise Mère. Phénoménologie et anthropologie de l'infanticide*, Paris, Petite Bibliothèque Payot, 1975, traduit de l'italien par R. Maggiori.

Céminé A., « Des ponts d'or sur un fond mauve », in *Autrement*, n° 30, mars 1981.

Clamar A., « Psychological implications of donor insemination », in *Am. J. of Psychoanalysis*, 40, 1980.

Clavreul J., *L'Ordre médical*, Paris, Seuil, coll. « Le champ freudien », 1977.

Cohen J., in *Le Monde*, 8 octobre 1982.

Collomb H., « Le lignage, le groupe et la psychose », *Psychanalyse à l'Université*, n° 16, septembre 1979.

Czyba J.C., Chevret M., « Psychological reaction of couples to artificial insemination with donor sperm », *Int. J. of Ster.*, 24, 1979.

Czyba J.C., Chevret M. , « L'insémination artificielle avec sperme de donneur et la réparation du lien de filiation », *Psychanalyse à l'Université*, n° 28, septembre 1982.

Da Lage Ch., Alnot M.O., Granet Ph., de Parseval G., « Les donneurs de sperme », *Les Pères aujourd'hui*, colloque international, Paris, INED, 1982.

Darmon P., *Le Mythe de la procréation à l'âge baroque*, Paris, Pauvert, 1977 ; Seuil, coll. « Points-Histoire », 1980.

David G., *Le spermatozoïde a 300 ans*, Collège de gynécologie de Bordeaux et du Sud-Ouest, 1977.

DAVID G., CZYGLIK F., SCHWARTZ D., MAYAUX M.J., « The success of AID and semen characteristics », *Int. J. Androl.,* 3, 1980.

DE COOMAN-VAN KAN A.M., « L'insémination artificielle. Recommandations du Conseil de l'Europe et perspectives de réglementation belge », *Journal des tribunaux,* 1982, p. 363-381 (39, rue des Minimes, 1000 Bruxelles).

DELAISI DE PARSEVAL G. (en collaboration avec S. Lallemand), *L'Art d'accommoder les bébés,* Paris, Seuil, 1980.

DELAISI DE PARSEVAL G., *La Part du père,* Paris, Seuil, 1981.

DELAISI DE PARSEVAL G., JANAUD A., « Le père-IAD ou le père qui venait du froid », in *L'Information psychiatrique,* n° 10, décembre 1981.

DELAISI DE PARSEVAL G., « Réflexions sur les vecteurs de la parentalité en insémination artificielle avec donneur », *Psychanalyse à l'Université,* n° 28, septembre 1982.

DELAISI DE PARSEVAL G., « Donneurs et donneuses de " fils " », sous presse, in *Le Nouveau Roman familial,* ouvrage collectif sous la direction du Dr M. Soulé, Paris, ESF.

DELAISI DE PARSEVAL G., « Intérêt de l'abord systémique de la stérilité du couple », sous presse in *Dialogue,* n° 81, octobre 1983.

DEVEREUX G., « Considérations ethnopsychanalytiques sur la notion de parenté », in *Ethnopsychanalyse complémentariste,* Paris, Flammarion, 1972.

DEVISCH R., « Semantic patterning of fertility and gynaecological healing. Some anthropological perspectives », in *Reversibility of sterilization. Psycho(patho)logical aspects,* Leuven, Acco, 1981.

DEVISCH R., *Se re-créer femme. Manipulation sémantique d'une situation d'infécondité chez les Yaka,* Paris, Le Sycomore, 1982.

DONON I., « Propos sur le sperme ou l'art d'accommoder les spermatozoïdes », in *Autrement,* n° 32, 1981

DUMAS A., « Fertilisation médicale et religion », *Insémination, l'espoir,* Marseille, Mediprint, 1979.

EMPERAIRE J.-C., GAUZÈRE-SOUMIREU E., AUDEBERT A., « Insémination par donneur et fertilité féminine », in *Les Facteurs de la fertilité humaine,* Colloque INSERM, ed. A. Spira et P. Jouannet, Paris, 1982.

GERSTEL G., « A psychoanalytic view of artifical donor insemination », *Am. J. of Psychotherapy,* 17, 1963.

GODELIER M., *La Production des grands hommes,* Paris, Fayard, 1982.

GOODY E.N., *Parenthood and social reproduction (Fostering and occupational roles in West Africa),* Cambridge University Press, 1982.

GREGOIRE A.T., MAYER R.C., « The impregnators », *Fert. Steril.,* 16, 1965.

GUYOTAT J., *Mort/Naissance et Filiation (Études de psychopathologie sur le lien de filiation),* Paris, Masson, 1980.

GUYOTAT J., « Grille pour un repérage des singularités de la filiation », in *Psychanalyse à l'Université,* n° 16, septembre 1979.

HAEBERLÉ E.J., « Fertility and infertility. A historical overview », in *Reversibility of sterilization. Psycho(patho)logical aspects,* Leuven, Acco, 1981.

HÉMON P., BERGER C., LAZAR P., « The ethiology of human dizygotic twinning with special reference to spontaneous abortions », *Acta Genet. Med. Gemel.,* 28, 1979.

HENRION R., « La vie *in utero* d'une fratrie », in *Frères et Sœurs,* ouvrage collectif sous la direction de M. Soulé, Paris, ESF, 1981.

HÉRITIER F., « Les mille et une formes de la famille », *Le Monde,* 24 décembre 1975.

HÉRITIER F., « Fécondité et stérilité : la traduction de ces notions dans le champ idéologique au stade préscientifique », in *Le Fait féminin,* Paris, Fayard, 1978.

HÉRITIER F., « Symbolique de l'inceste et de sa prohibition », in *La Fonction symbolique (Essai d'anthropologie),* Paris, Gallimard, 1979.

HÉRITIER F., *L'Exercice de la parenté,* Paris, Hautes Études/Gallimard-Seuil, 1981.

HÜHNER M., *Sterility in the male and female and its treatment,* New York, Robman, 1913.

IIZUKA R., SAWADA R., NISHINA Y., OSHIMA V., « The physical and mental development of children born through artificial insemination », *Int. J. of Fert.,* 13, 1968.

JACKSON M.H., « Artificial insemination (donor) », *The Eugenic Review,* 48, 1957.

JONES E., « La conception de la vierge par l'oreille » (1914), in *Psychanalyse, Folklore, Religion,* Paris, Payot, 1973.

JOUANNET P., « Qui demande la vasectomie en France ? », in *Les Pères aujourd'hui,* colloque international, Paris, INED 1982.

KEANE N., *Surrogate mother,* New York, Everest House, 1980.

KREISLER L., FAIN M., SOULÉ M., *L'Enfant et son corps,* Paris, PUF, 1978.

KREISLER L., *L'Enfant du désordre psychosomatique,* Toulouse, Privat, 1981.

KREMER J., FRIJLING B.W., NASS J.L.M., « Psychosocial aspects of parenthood by AID. The result of an anonymous investigation in 153 Dutch couples », sous presse, in *Archives of Andrology* (1983).

KUNDERA M., *La Valse aux adieux,* Paris, Gallimard, coll. « Folio », 1976, traduit du tchèque par François Kérel.

LADRIÈRE J., « Approche philosophique de la problématique bioéthique », in *Revue des questions scientifiques,* 152, 3, 1981.

LALLEMAND S., « L'adoption des enfants chez les Kotokoli du Togo », *Anthropologie et Sociétés. L'usage social des enfants,* n° 2, 1980.

LALLEMAND S., « Ethnologie et adoption. Un exemple africain : les Kotokoli du Togo », sous presse in *Lieux de l'enfance,* n° 1.

LALLEMAND S., *Une famille mossi,* Paris-Ouagadoudou, CNRS-CVRS, 1977.

LANGER G., LEMBERG E., SCHARF M., « Artificial insemination. A study of 156 successful cases », *Int. J. of Fert.,* 14, 1969.

LAUNAY C., SOULÉ M., VEIL S., *L'Adoption. Données médicales, psychologiques et sociales,* Paris, ESF, 1978, 6e édition.

LAZAR P., GUEGUEN S., BOUÉ A., *Sur la distribution des âges des 715 mères ayant eu un avortement spontané précoce,* compte rendu, Acad. sciences, 272, 1971.

LÉRIDON H., « Fécondité, fertilité, stérilité : problèmes de terminologie », in *Les Facteurs de la fertilité humaine,* Paris, Ed. INSERM, 1982.

LÉRIDON H., LAMY M.L., *Démographie des grossesses à 40 ans,* 9e Journée nationale de médecine périnatale, Perpignan, INED, 1979.

LÉVI-STRAUSS Cl., « La Famille », in *Claude Lévi-Strauss,* Paris, Gallimard, coll. « Idées », 1979.

MAC LEOD J., « Semence quality in 1 000 men of known fertility and 800 cases of infertile marriage », *Fertil. Steril.,* 2, 1951.

MALAURIE J., *Les Derniers Rois de Thulé,* Paris, Plon, coll. « Terres humaines », 1976.

MAMELLE N., « La réalisation du désir d'enfant. Le point de vue des femmes à l'issue de leur période féconde », in *Désir d'enfant, refus d'enfant,* ouvrage coll. sous la dir. du Pr F. CHARVET, Paris, Stock-Pernoud, 1980.

MANUEL C., CHOQUET M., CZYBA J.C., « Devenir père par insémination artificielle avec sperme de donneur (IAD) », *Médecine et Hygiène,* n° 40, 1982.

MANUEL C., CHOQUET M., « La filiation du père stérile à l'enfant né par IAD », in *Aspects psychologiques de l'insémination artificielle,* coll. « Biologie et psychologie », Lyon, Simep, 1983.

MASSON O., « Aspects théoriques et cliniques systématiques de la transmission intergénérationnelle de la psychopathologie », in *Psychanalyse à l'Université,* n° 16, septembre 1979.

MATTEI A., BARBEAULT J.-M., ROULIER R., SPIRA A., « Analyse critique des résultats des traitements médicaux et chirurgicaux des stérilités et hypofertilités masculines. Exemple de la cure du varicocèle », in *Les Facteurs de la fertilité humaine* (publié sous la responsabilité de A. Spira et P. Jouannet), Paris, Éd. INSERME, 1982.

MAUPASSANT G. DE, *L'Héritage,* in *Contes et Nouvelles,* Paris, Gallimard, « La Pléiade », t. II.

MAUSS M., « Essai sur le don » (1925), in *Sociologie et Anthropologie,* Paris, PUF, 1950.

MEIJERS A.M., MAMERLYNCK J.V., SCHAGEN S., « Psychosocial aspecten van de donorinseminatie », *Nederlands Tijdschrift voor Geneeskunde,* 124, 1980.

MEULDERS M.T., « Fondements nouveaux du concept de filiation », *Annales de droit,* 4, 1973.

MOCHIMARU F., « Artificial insemination with frozen donor semen : its current status and follow-up studies », in *Keio J. Med.,* 28, 1979.

O'BRIEN STEINFELS M., « *In vitro* fertilization : " ethically acceptable " research ? » *The Hastings Center Report,* juin 1979.

PASINI W., « Les bons enfants à venir », in *Les Bons Enfants,* Paris, ESF, 1983.

PENOCHET J.C., « Complications psychiatriques liées à l'IAD », in *Annales médico-psychologiques,* 137, 1979.

RAIMBAULT G., *Clinique du réel,* Paris, Seuil, 1982.

RHINEHART L., *L'Homme-Dé,* Paris, Seuil, 1973.

RUBIN B., « Psychological aspects on human artificial insemination », *Archives of General Psychiatry,* 137, 1965.

RUFFIÉ J., *Traité du vivant,* Paris, Fayard, 1982.

SCHIFF M., DUYME M., DUMARET A., TOMKIEWICZ S., *Enfants de travailleurs manuels adoptés par des cadres,* Paris, PUF, 1981.

SCHWARTZ D., MAC DONALD P., HEACHEL V., « Fecondability, coïtal frequency and the viability of ova », *Population Studies,* 34, 1980.

SEMENOV G., MISÈS R., BISSERY J., « Attempt at follow-up children born through AID », in *Human artificial insemination and semen preservation,* ed. G. David et W. S. Price, New York, Plenum Press, 1980.

SILBER S.J., « Transplantation of a human testis for anorchia », *Fert. Steril.,* 30, août 1978.

SILBER S.J., *How to get pregnant ?,* New York, Charles Scribner's Sons, 1980.

SIMS J.M., « Illustrations of the value of the microscope in the treatment of the sterile condition », *Br. Med. J.,* 2, 465, 1868.

SONTAG S., *La Maladie comme métaphore,* Paris, Seuil, coll. « Fiction & Cie », 1979.

SOULÉ M., *Les Bons Enfants* (ouvrage collectif), Paris, ESF, 1983.

SOURNIA M., in *Le Monde,* 8 octobre 1982.

SPIRA A., ULLMANN B., HEARD I., « Fécondabilité après différents modes de contraception », colloque *Régulation de la fécondité,* Bilan et Perspectives, 1979, UNESCO, Éd. de l'INSERM, Paris, 1979.

STEINBERGER E., RODRIGUEZ-RIGAU L.J., SMITH K.D., « Comparison of results of AID wich fresh and frozen semen », in *Human artificial insemination and semen preservation,* ed. G. David et W.S. Price, New York, Plenum Press, 1980.

TERRE F., « Faut-il légiférer à nouveau en matière de filiation ? », in *Droit de la filiation et Progrès scientifiques,* sous la dir. de C. Labrusse et G. Cornu, Paris, Economica, 1982.

TESTARD J., *Le Nouvel Observateur,* 27 février 1982.

TILLON G., *Le Harem et les Cousins,* Paris, Seuil, coll. « Points », 1982.

TITMUSS R., *The Gift Relationship (From human blood to social policy),* Londres, George Allen and Unwin, 1971.

TORBUS O., CWILIK L., NAWROCKI W., ZBIESZYK J., « Health state, somatic and psychomotor development of children born after heterogeneous insemination », *Ped. Pol.,* LV, 2, 1980 (en polonais).

VERSPIEREN P., « L'aventure de la fécondation *in vitro* », *Études,* 1982, 357/5, 479-492.

WACHTER M.A.M. DE, « La bioéthique science interdisciplinaire ? », in *La Bioéthique,* Cahiers de bioéthique, n° 1, Les Presses de l'Université Laval, Québec, 1979.

WATTERS W.W., SOUZA-POZA J., « Psychiatric aspects of artificial insemination », *Can. Med. Assoc.,* 95, 1966.

Table

III. Faisons un enfant avec les médecins

IV. L'exemple de l'insémination artificielle avec donneur ou Le paradoxe du père stérile

V. Faut-il vraiment des médecins pour faire un enfant ? ou La fin justifie-t-elle les moyens ?

IMPRIMERIE HÉRISSEY À ÉVREUX
DÉPÔT LÉGAL JUIN 1985. Nº 8817 (37223)

Collection Points

SÉRIE ACTUELS

A1. Lettres de prison, *par Gabrielle Russier*
A2. J'étais un drogué, *par Guy Champagne*
A3. Les Dossiers noirs de la police française, *par Denis Langlois*
A4. Do It, *par Jerry Rubin*
A5. Les Industriels de la fraude fiscale, *par Jean Cosson*
A6. Entretiens avec Allende, *par Régis Debray* (épuisé)
A7. De la Chine, *par Maria-Antonietta Macciocchi*
A8. Après la drogue, *par Guy Champagne*
A9. Les Grandes Manœuvres de l'opium
par Catherine Lamour et Michel Lamberti
A10. Les Dossiers noirs de la justice française, *par Denis Langlois*
A11. Le Dossier confidentiel de l'euthanasie
par Igor Barrère et Étienne Lalou
A12. Discours américains, *par Alexandre Soljénitsyne*
A13. Les Exclus, *par René Lenoir*
A14. Souvenirs obscurs d'un Juif polonais né en France
par Pierre Goldman
A15. Le Mandarin aux pieds nus, *par Alexandre Minkowski*
A16. Une Suisse au-dessus de tout soupçon, *par Jean Ziegler*
A17. La Fabrication des mâles
par Georges Falconnet et Nadine Lefaucheur
A18. Rock babies, *par Raoul Hoffmann et Jean-Marie Leduc*
A19. La nostalgie n'est plus ce qu'elle était, *par Simone Signoret*
A20. L'Allergie au travail, *par Jean Rousselet*
A21. Deuxième Retour de Chine
par Claudie et Jacques Broyelle et Évelyne Tschirhart
A22. Je suis comme une truie qui doute, *par Claude Duneton*
A23. Travailler deux heures par jour, *par Adret*
A24. Le rugby, c'est un monde, *par Jean Lacouture*
A25. La Plus Haute des solitudes, *par Tahar Ben Jelloun*
A26. Le Nouveau Désordre amoureux
par Pascal Bruckner et Alain Finkielkraut
A27. Voyage inachevé, *par Yehudi Menuhin*
A28. Le communisme est-il soluble dans l'alcool ?
par Antoine et Philippe Meyer
A29. Sciences de la vie et Société
par François Gros, François Jacob et Pierre Royer
A30. Anti-manuel de français
par Claude Duneton et Jean-Pierre Pagliano
A31. Cet enfant qui se drogue, c'est le mien
par Jacques Guillon

A32. Les Femmes, la Pornographie, l'Érotisme
par Marie-Françoise Hans et Gilles Lapouge
A33. Parole d'homme, *par Roger Garaudy*
A34. Nouveau Guide des médicaments, *par le Dr Henri Pradal*
A35. Rue du Prolétaire rouge, *par Nina et Jean Kéhayan*
A36. Main basse sur l'Afrique, *par Jean Ziegler*
A37. Un voyage vers l'Asie, *par Jean-Claude Guillebaud*
A38. Appel aux vivants, *par Roger Garaudy*
A39. Quand vient le souvenir, *par Saul Friedländer*
A40. La Marijuana, *par Solomon H. Snyder*
A41. Un lit à soi, *par Évelyne Le Garrec*
A42. Le lendemain, elle était souriante...
par Simone Signoret
A43. La Volonté de guérir, *par Norman Cousins*
A44. Les Nouvelles Sectes, *par Alain Woodrow*
A45. Cent Ans de chanson française
par Chantal Brunschwig, Louis-Jean Calvet et Jean-Claude Klein
A46. La Malbouffe, *par Stella et Joël de Rosnay*
A47. Médecin de la liberté, *par Paul Milliez*
A48. Un Juif pas très catholique, *par Alexandre Minkowski*
A49. Un voyage en Océanie, *par Jean-Claude Guillebaud*
A50. Au coin de la rue, l'aventure
par Pascal Bruckner et Alain Finkielkraut
A51. John Reed, *par Robert Rosenstone*
A52. Le Tabouret de Piotr, *par Jean Kéhayan*
A53. Le temps qui tue, le temps qui guérit
par le Dr Fernand Attali
A54. La Lumière médicale, *par Norbert Bensaïd*
A55. Californie (Le Nouvel Age)
par Sylvie Crossman et Édouard Fenwick
A56. La Politique du mâle, *par Kate Millett*
A57. Contraception, Grossesse, IVG
par Pierrette Bello, Catherine Dolto et Aline Schiffmann
A58. Marthe, *anonyme*
A59. Pour un nouveau-né sans risque, *par Alexandre Minkowski*
A60. La vie, tu parles, *par Libération*
A61. Les Bons Vins et les Autres, *par Pierre-Marie Doutrelant*
A62. Comment peut-on être breton ?
par Morvan Lebesque
A63. Les Français, *par Theodore Zeldin*
A64. La Naissance d'une famille
par T. Berry Brazelton
A65. Hospitalité française, *par Tahar Ben Jelloun*
A66. L'Enfant à tout prix
par Geneviève Delaisi de Parseval et Alain Janaud

Collection Points

1. Histoire du surréalisme, *par Maurice Nadeau*
2. Une théorie scientifique de la culture, *par Bronislaw Malinowski*
3. Malraux, Camus, Sartre, Bernanos, *par Emmanuel Mounier*
4. L'Homme unidimensionnel, *par Herbert Marcuse* (épuisé)
5. Écrits I, *par Jacques Lacan*
6. Le Phénomène humain, *par Pierre Teilhard de Chardin*
7. Les Cols blancs, *par C. Wright Mills*
8. Stendhal, Flaubert, *par Jean-Pierre Richard*
9. La Nature dé-naturée, *par Jean Dorst*
10. Mythologies, *par Roland Barthes*
11. Le Nouveau Théâtre américain, *par Franck Jotterand* (épuisé)
12. Morphologie du conte, *par Vladimir Propp*
13. L'Action sociale, *par Guy Rocher*
14. L'Organisation sociale, *par Guy Rocher*
15. Le Changement social, *par Guy Rocher*
16. Les Étapes de la croissance économique, *par W. W. Rostow*
17. Essais de linguistique générale, *par Roman Jakobson* (épuisé)
18. La Philosophie critique de l'histoire, *par Raymond Aron*
19. Essais de sociologie, *par Marcel Mauss*
20. La Part maudite, *par Georges Bataille* (épuisé)
21. Écrits II, *par Jacques Lacan*
22. Éros et Civilisation, *par Herbert Marcuse* (épuisé)
23. Histoire du roman français depuis 1918
    par Claude-Edmonde Magny
24. L'Écriture et l'Expérience des limites, *par Philippe Sollers*
25. La Charte d'Athènes, *par Le Corbusier*
26. Peau noire, Masques blancs, *par Frantz Fanon*
27. Anthropologie, *par Edward Sapir*
28. Le Phénomène bureaucratique, *par Michel Crozier*
29. Vers une civilisation du loisir ? *par Joffre Dumazedier*
30. Pour une bibliothèque scientifique, *par François Russo* (épuisé)
31. Lecture de Brecht, *par Bernard Dort*
32. Ville et Révolution, *par Anatole Kopp*
33. Mise en scène de Phèdre, *par Jean-Louis Barrault*
34. Les Stars, *par Edgar Morin*
35. Le Degré zéro de l'écriture, *suivi de* Nouveaux Essais critiques
    par Roland Barthes
36. Libérer l'avenir, *par Ivan Illich*
37. Structure et Fonction dans la société primitive
    par A. R. Radcliffe-Brown
38. Les Droits de l'écrivain, *par Alexandre Soljénitsyne*
39. Le Retour du tragique, *par Jean-Marie Domenach*
41. La Concurrence capitaliste, *par J. Cartell et P.-Y. Cossé* (épuisé)

42. Mise en scène d'Othello, *par Constantin Stanislavski*
43. Le Hasard et la Nécessité, *par Jacques Monod*
44. Le Structuralisme en linguistique, *par Oswald Ducrot*
45. Le Structuralisme : Poétique, *par Tzvetan Todorov*
46. Le Structuralisme en anthropologie, *par Dan Sperber*
47. Le Structuralisme en psychanalyse, *par Moustafa Safouan*
48. Le Structuralisme : Philosophie, *par François Wahl*
49. Le Cas Dominique, *par Françoise Dolto*
51. Trois Essais sur le comportement animal et humain *par Konrad Lorenz*
52. Le Droit à la ville, *suivi de* Espace et Politique *par Henri Lefebvre*
53. Poèmes, *par Léopold Sédar Senghor*
54. Les Élégies de Duino, *suivi de* les Sonnets à Orphée *par Rainer Maria Rilke* (édition bilingue)
55. Pour la sociologie, *par Alain Touraine*
56. Traité du caractère, *par Emmanuel Mounier*
57. L'Enfant, sa « maladie » et les autres *par Maud Mannoni*
58. Langage et Connaissance, *par Adam Schaff*
59. Une saison au Congo, *par Aimé Césaire*
61. Psychanalyser, *par Serge Leclaire*
63. Mort de la famille, *par David Cooper*
64. A quoi sert la Bourse ? *par Jean-Claude Leconte* (épuisé)
65. La Convivialité, *par Ivan Illich*
66. L'Idéologie structuraliste, *par Henri Lefebvre*
67. La Vérité des prix, *par Hubert Lévy-Lambert* (épuisé)
68. Pour Gramsci, *par Maria-Antonietta Macciocchi*
69. Psychanalyse et Pédiatrie, *par Françoise Dolto*
70. S/Z, *par Roland Barthes*
71. Poésie et Profondeur, *par Jean-Pierre Richard*
72. Le Sauvage et l'Ordinateur, *par Jean-Marie Domenach*
73. Introduction à la littérature fantastique *par Tzvetan Todorov*
74. Figures I, *par Gérard Genette*
75. Dix Grandes Notions de la sociologie, *par Jean Cazeneuve*
76. Mary Barnes, un voyage à travers la folie *par Mary Barnes et Joseph Berke*
77. L'Homme et la Mort, *par Edgar Morin*
78. Poétique du récit, *par Roland Barthes, Wayne Booth Philippe Hamon et Wolfgang Kayser*
79. Les Libérateurs de l'amour, *par Alexandrian*
80. Le Macroscope, *par Joël de Rosnay*
81. Délivrance, *par Maurice Clavel et Philippe Sollers*
82. Système de la peinture, *par Marcelin Pleynet*
83. Pour comprendre les média, *par M. McLuhan*

84. L'Invasion pharmaceutique
par Jean-Pierre Dupuy et Serge Karsenty
85. Huit Questions de poétique, *par Roman Jakobson*
86. Lectures du désir, *par Raymond Jean*
87. Le Traître, *par André Gorz*
88. Psychiatrie et Anti-Psychiatrie, *par David Cooper*
89. La Dimension cachée, *par Edward T. Hall*
90. Les Vivants et la Mort, *par Jean Ziegler*
91. L'Unité de l'homme, *par le Centre Royaumont*
1. Le primate et l'homme, *par E. Morin et M. Piattelli-Palmarini*
92. L'Unité de l'homme, *par le Centre Royaumont*
2. Le cerveau humain, *par E. Morin et M. Piattelli-Palmarini*
93. L'Unité de l'homme, *par le Centre Royaumont*
3. Pour une anthropologie fondamentale
par E. Morin et M. Piattelli-Palmarini
94. Pensées, *par Blaise Pascal*
95. L'Exil intérieur, *par Roland Jaccard*
96. Semeiotiké, recherches pour une sémanalyse
par Julia Kristeva
97. Sur Racine, *par Roland Barthes*
98. Structures syntaxiques, *par Noam Chomsky*
99. Le Psychiatre, son « fou » et la psychanalyse
par Maud Mannoni
100. L'Écriture et la Différence, *par Jacques Derrida*
101. Le Pouvoir africain, *par Jean Ziegler*
102. Une logique de la communication
par P. Watzlawick, J. Helmick Beavin, Don D. Jackson
103. Sémantique de la poésie, *T. Todorov, W. Empson*
J. Cohen, G. Hartman et F. Rigolot
104. De la France, *par Maria-Antonietta Macciocchi*
105. Small is beautiful, *par E. F. Schumacher*
106. Figures II, *par Gérard Genette*
107. L'Œuvre ouverte, *par Umberto Eco*
108. L'Urbanisme, *par Françoise Choay*
109. Le Paradigme perdu, *par Edgar Morin*
110. Dictionnaire encyclopédique des sciences du langage
par Oswald Ducrot et Tzvetan Todorov
111. L'Évangile au risque de la psychanalyse (tome 1)
par Françoise Dolto
112. Un enfant dans l'asile, *par Jean Sandretto*
113. Recherche de Proust, *ouvrage collectif*
114. La Question homosexuelle, *par Marc Oraison*
115. De la psychose paranoïaque dans ses rapports
avec la personnalité, *par Jacques Lacan*
116. Sade, Fourier, Loyola, *par Roland Barthes*
117. Une société sans école, *par Ivan Illich*

118. Mauvaises Pensées d'un travailleur social
par Jean-Marie Geng
120. Poétique de la prose, *par Tzvetan Todorov*
121. Théorie d'ensemble, *par Tel Quel*
122. Némésis médicale, *par Ivan Illich*
123. La Méthode ; 1. La Nature de la Nature
par Edgar Morin
124. Le Désir et la Perversion, *ouvrage collectif*
125. Le langage, cet inconnu, *par Julia Kristeva*
126. On tue un enfant, *par Serge Leclaire*
127. Essais critiques, *par Roland Barthes*
128. Le Je-ne-sais-quoi et le Presque-rien
1. La manière et l'occasion, *par Vladimir Jankélévitch*
129. L'Analyse structurale du récit, Communications 8
ouvrage collectif
130. Changements, Paradoxes et Psychothérapie
par P. Watzlawick, J. Weakland et R. Fisch
131. Onze Études sur la poésie moderne
par Jean-Pierre Richard
132. L'Enfant arriéré et sa mère, *par Maud Mannoni*
133. La Prairie perdue (Le Roman américain)
par Jacques Cabau
134. Le Je-ne-sais-quoi et le Presque-rien
2. La méconnaissance, *par Vladimir Jankélévitch*
135. Le Plaisir du texte, *par Roland Barthes*
136. La Nouvelle Communication, *ouvrage collectif*
137. Le Vif du sujet, *par Edgar Morin*
138. Théories du langage, théories de l'apprentissage
par le Centre Royaumont
139. Baudelaire, la Femme et Dieu, *par Pierre Emmanuel*
140. Autisme et Psychose de l'enfant, *par Frances Tustin*
141. Le Harem et les Cousins, *par Germaine Tillion*
142. Littérature et Réalité, *ouvrage collectif*
143. La Rumeur d'Orléans, *par Edgar Morin*
144. Partage des femmes, *par Eugénie Lemoine-Luccioni*
145. L'Évangile au risque de la psychanalyse (tome 2)
par Françoise Dolto
146. Rhétorique générale, *par le Groupe μ*
147. Système de la Mode, *par Roland Barthes*
148. Démasquer le réel, *par Serge Leclaire*
149. Le Juif imaginaire, *par Alain Finkielkraut*
150. Travail de Flaubert, *ouvrage collectif*
151. Journal de Californie, *par Edgar Morin*
152. Pouvoirs de l'horreur, *par Julia Kristeva*
153. Introduction à la philosophie de l'histoire de Hegel
par Jean Hyppolite

154. La Foi au risque de la psychanalyse
par Françoise Dolto et Gérard Sévérin
155. Un lieu pour vivre, *par Maud Mannoni*
156. Scandale de la vérité, *suivi de*
Nous autres Français, *par Georges Bernanos*
157. Enquête sur les idées contemporaines
par Jean-Marie Domenach
158. L'Affaire Jésus, *par Henri Guillemin*
159. Paroles d'étranger, *par Elie Wiesel*
160. Le Langage silencieux, *par Edward T. Hall*
161. La Rive gauche, *par Herbert R. Lottman*
162. La Réalité de la réalité, *par Paul Watzlawick*
163. Les Chemins de la vie, *par Joël de Rosnay*
164. Dandies, *par Roger Kempf*
165. Histoire personnelle de la France, *par François George*
166. La Puissance et la Fragilité, *par Jean Hamburger*
167. Le Traité du sablier, *par Ernst Jünger*
168. Pensée de Rousseau, *ouvrage collectif*
169. La Violence du calme, *par Viviane Forrester*
170. Pour sortir du XXe siècle, *par Edgar Morin*
171. La Communication, Hermès I
par Michel Serres
172. Sexualités occidentales, Communications 35
ouvrage collectif
173. Lettre aux Anglais, *par Georges Bernanos*
174. La Révolution du langage poétique
par Julia Kristeva
175. La Méthode
2. La Vie de la Vie, *par Edgar Morin*
176. Théories du symbole, *par Tzvetan Todorov*
177. Mémoires d'un névropathe
par Daniel Paul Schreber
178. Les Indes, *par Edouard Glissant*

Collection Points

SÉRIE ROMAN

R1. Le Tambour, *par Günter Grass*
R2. Le Dernier des Justes, *par André Schwarz-Bart*
R3. Le Guépard, *par Giuseppe Tomasi di Lampedusa*
R4. La Côte sauvage, *par Jean-René Huguenin*
R5. Acid Test, *par Tom Wolfe*
R6. Je vivrai l'amour des autres, *par Jean Cayrol*
R7. Les Cahiers de Malte Laurids Brigge *par Rainer Maria Rilke*
R8. Moha le fou, Moha le sage, *par Tahar Ben Jelloun*
R9. L'Horloger du Cherche-Midi, *par Luc Estang*
R10. Le Baron perché, *par Italo Calvino*
R11. Les Bienheureux de La Désolation, *par Hervé Bazin*
R12. Salut Galarneau !, *par Jacques Godbout*
R13. Cela s'appelle l'aurore, *par Emmanuel Roblès*
R14. Les Désarrois de l'élève Törless, *par Robert Musil*
R15. Pluie et Vent sur Télumée Miracle *par Simone Schwarz-Bart*
R16. La Traque, *par Herbert Lieberman*
R17. L'Imprécateur, *par René-Victor Pilhes*
R18. Cent Ans de solitude, *par Gabriel Garcia Marquez*
R19. Moi d'abord, *par Katherine Pancol*
R20. Un jour, *par Maurice Genevoix*
R21. Un pas d'homme, *par Marie Susini*
R22. La Grimace, *par Heinrich Böll*
R23. L'Age du tendre, *par Marie Chaix*
R24. Une tempête, *par Aimé Césaire*
R25. Moustiques, *par William Faulkner*
R26. La Fantaisie du voyageur, *par François-Régis Bastide*
R27. Le Turbot, *par Günter Grass*
R28. Le Parc, *par Philippe Sollers*
R29. Ti Jean L'horizon, *par Simone Schwarz-Bart*
R30. Affaires étrangères, *par Jean-Marc Roberts*
R31. Nedjma, *par Kateb Yacine*
R32. Le Vertige, *par Evguénia Guinzbourg*
R33. La Motte rouge, *par Maurice Genevoix*
R34. Les Buddenbrook, *par Thomas Mann*
R35. Grand Reportage, *par Michèle Manceaux*
R36. Isaac le mystérieux (Le Ver et le Solitaire) *par Jerome Charyn*
R37. Le Passage, *par Jean Reverzy*
R38. Chesapeake, *par James A. Michener*

R39. Le Testament d'un poète juif assassiné, *par Elie Wiesel*
R40. Candido, *par Leonardo Sciascia*
R41. Le Voyage à Paimpol, *par Dorothée Letessier*
R42. L'Honneur perdu de Katharina Blum, *par Heinrich Böll*
R43. Le Pays sous l'écorce, *par Jacques Lacarrière*
R44. Le Monde selon Garp, *par John Irving*
R45. Les Trois Jours du cavalier, *par Nicole Ciravégna*
R46. Nécropolis, *par Herbert Lieberman*
R47. Fort Saganne, *par Louis Gardel*
R48. La Ligne 12, *par Raymond Jean*
R49. Les Années de chien, *par Günter Grass*
R50. La Réclusion solitaire, *par Tahar Ben Jelloun*
R51. Senilità, *par Italo Svevo*
R52. Trente Mille Jours, *par Maurice Genevoix*
R53. Cabinet Portrait, *par Jean-Luc Benoziglio*
R54. Saison violente, *par Emmanuel Roblès*
R55. Une comédie française, *par Erik Orsenna*
R56. Le Pain nu, *par Mohamed Choukri*
R57. Sarah et le Lieutenant français, *par John Fowles*
R58. Le Dernier Viking, *par Patrick Grainville*
R59. La Mort de la phalène, *par Virginia Woolf*
R60. L'Homme sans qualités, tome 1, *par Robert Musil*
R61. L'Homme sans qualités, tome 2, *par Robert Musil*
R62. L'Enfant de la mer de Chine, *par Didier Decoin*
R63. Le Professeur et la Sirène
par Giuseppe Tomasi di Lampedusa
R64. Le Grand Hiver, *par Ismaïl Kadaré*
R65. Le Cœur du voyage, *par Pierre Moustiers*
R66. Le Tunnel, *par Ernesto Sabato*
R67. Kamouraska, *par Anne Hébert*
R68. Machenka, *par Vladimir Nabokov*
R69. Le Fils du pauvre, *par Mouloud Feraoun*
R70. Cités à la dérive, *par Stratis Tsirkas*
R71. Place des Angoisses, *par Jean Reverzy*
R72. Le Dernier Chasseur, *par Charles Fox*
R73. Pourquoi pas Venise, *par Michèle Manceaux*
R74. Portrait de groupe avec dame, *par Heinrich Böll*
R75. Lunes de fiel, *par Pascal Bruckner*
R76. Le Canard de bois (Les Fils de la liberté, I)
par Louis Caron
R77. Jubilee, *par Margaret Walker*
R78. Le Médecin de Cordoue, *par Herbert Le Porrier*
R79. Givre et Sang, *par John Cowper Powys*
R80. La Barbare, *par Katherine Pancol*
R81. Si par une nuit d'hiver un voyageur, *par Italo Calvino*
R82. Gerardo Laïn, *par Michel del Castillo*

R83. Un amour infini, *par Scott Spencer*
R84. Une enquête au pays, *par Driss Chraïbi*
R85. Le Diable sans porte (t. I : Ah, mes aïeux !)
par Claude Duneton
R86. La Prière de l'absent, *par Tahar Ben Jelloun*
R87. Venise en hiver, *par Emmanuel Roblès*
R88. La Nuit du Décret, *par Michel del Castillo*
R89. Alejandra, *par Ernesto Sabato*
R90. Plein Soleil, *par Marie Susini*
R91. Les Enfants de fortune, *par Jean-Marc Roberts*
R92. Protection encombrante, *par Heinrich Böll*
R93. Lettre d'excuse, *par Raphaële Billetdoux*
R94. Le Voyage indiscret, *par Katherine Mansfield*
R95. La Noire, *par Jean Cayrol*
R96. L'Obsédé (L'Amateur), *par John Fowles*
R97. Siloé, *par Paul Gadenne*
R98. Portrait de l'artiste en jeune chien, *par Dylan Thomas*
R99. L'Autre, *par Julien Green*
R100. Histoires pragoises, *par Rainer Maria Rilke*
R101. Bélibaste, *par Henri Gougaud*
R102. Le Ciel de la Kolyma (Le Vertige, II)
par Evguénia Guinzbourg
R103. La Mulâtresse Solitude, *par André Schwarz-Bart*
R104. L'Homme du Nil, *par Stratis Tsirkas*
R105. La Rhubarbe, *par René-Victor Pilhes*
R106. Gibier de potence, *par Kurt Vonnegut*
R107. Memory Lane, *par Patrick Modiano*
dessins de Pierre Le Tan
R108. L'Affreux Pastis de la rue des Merles
par Carlo Emilio Gadda
R109. La Fontaine obscure, *par Raymond Jean*
R110. L'Hôtel New Hampshire, *par John Irving*
R111. Les Immémoriaux, *par Victor Segalen*
R112. Cœur de lièvre, *par John Updike*
R113. Le Temps d'un royaume, *par Rose Vincent*
R114. Poisson-chat, *par Jerome Charyn*
R115. Abraham de Brooklyn, *par Didier Decoin*
R116. Trois Femmes, *suivi de* Noces, *par Robert Musil*
R117. Les Enfants du sabbat, *par Anne Hébert*
R118. La Palmeraie, *par François-Régis Bastide*
R119. Maria Republica, *par Agustin Gomez-Arcos*
R120. La Joie, *par Georges Bernanos*
R121. Incognito, *par Petru Dumitriu*
R122. Les Forteresses noires, *par Patrick Grainville*
R123. L'Ange des ténèbres, *par Ernesto Sabato*
R124. La Fiera, *par Marie Susini*

R125. La Marche de Radetzky, *par Joseph Roth*
R126. Le vent souffle où il veut
par Paul-André Lesort
R127. Si j'étais vous..., *par Julien Green*
R128. Le Mendiant de Jérusalem, *par Elie Wiesel*
R129. Mortelle, *par Christopher Frank*
R130. La France m'épuise, *par Jean-Louis Curtis*
R131. Le Chevalier inexistant, *par Italo Calvino*
R132. Dialogues des Carmélites, *par Georges Bernanos*
R133. L'Étrusque, *par Mika Waltari*
R134. La Rencontre des hommes, *par Benigno Cacérès*
R135. Le Petit Monde de Don Camillo, *par Giovanni Guareschi*
R136. Le Masque de Dimitrios, *par Eric Ambler*
R137. L'Ami de Vincent, *par Jean-Marc Roberts*
R138. Un homme au singulier, *par Christopher Isherwood*
R139. La Maison du désir, *par France Huser*
R140. Moi et ma cheminée, *par Herman Melville*
R141. Les Fous de Bassan, *par Anne Hébert*
R142. Les Stigmates, *par Luc Estang*
R143. Le Chat et la Souris, *par Günter Grass*
R144. Loïca, *par Dorothée Letessier*
R145. Paradiso, *par José Lezama Lima*
R146. Passage de Milan, *par Michel Butor*
R147. Anonymus, *par Michèle Manceaux*
R148. La Femme du dimanche
par Carlo Fruttero et Franco Lucentini
R149. L'Amour monstre, *par Louis Pauwels*
R150. L'Arbre à soleils, *par Henri Gougaud*
R151. Traité du zen et de l'entretien des motocyclettes
par Robert M. Pirsig
R152. L'Enfant du cinquième Nord, *par Pierre Billon*
R153. N'envoyez plus de roses, *par Eric Ambler*
R154. Les Trois Vies de Babe Ozouf, *par Didier Decoin*
R155. Le Vert Paradis, *par André Brincourt*
R156. Varouna, *par Julien Green*
R157. L'Incendie de Los Angeles, *par Nathanaël West*
R158. Les Belles de Tunis, *par Nine Moati*
R159. Vertes Demeures, *par William Henry Hudson*
R160. Les Grandes Vacances, *par Francis Ambrière*
R161. Ceux de 14, *par Maurice Genevoix*
R162. Les Villes invisibles, *par Italo Calvino*
R163. L'Agent secret, *par Graham Greene*
R164. La Lézarde, *par Édouard Glissant*
R165. Le Grand Escroc, *par Herman Melville*
R166. Lettre à un ami perdu, *par Patrick Besson*
R167. Evaristo Carriego, *par Jorge Luis Borges*

R168. La Guitare, *par Michel del Castillo*
R169. Épitaphe pour un espion, *par Eric Ambler*
R170. Fin de saison au Palazzo Pedrotti, *par Frédéric Vitoux*
R171. Jeunes Années. Autobiographie 1, *par Julien Green*
R172. Jeunes Années. Autobiographie 2, *par Julien Green*
R173. Les Égarés, *par Frédérick Tristan*
R174. Une affaire de famille, *par Christian Giudicelli*
R175. Le Testament amoureux, *par Rezvani*
R176. C'était cela notre amour, *par Marie Susini*
R177. Souvenirs du triangle d'or, *par Alain Robbe-Grillet*
R178. Les Lauriers du lac de Constance, *par Marie Chaix*
R179. Plan B, *par Chester Himes*
R180. Le Sommeil agité, *par Jean-Marc Roberts*
R181. Roman Roi, *par Renaud Camus*
R182. Vingt Ans et des poussières
par Didier van Cauwelaert
R183. Le Château des destins croisés
par Italo Calvino
R184. Le Vent de la nuit, *par Michel del Castillo*
R185. Une curieuse solitude, *par Philippe Sollers*
R186. Les Trafiquants d'armes, *par Eric Ambler*
R187. Un printemps froid, *par Danièle Sallenave*
R188. Mickey l'Ange, *par Geneviève Dormann*
R189. Histoire de la mer, *par Jean Cayrol*
R190. Senso, *par Camillo Boito*
R191. Sous le soleil de Satan, *par Georges Bernanos*
R192. Niembsch ou l'immobilité, *par Peter Härtling*
R193. Prends garde à la douceur des choses
par Raphaële Billetdoux
R194. L'Agneau carnivore, *par Agustin Gomez-Arcos*
R195. L'Imposture, *par Georges Bernanos*
R196. Ararat, *par D.M. Thomas*
R197. La Croisière de l'angoisse, *par Eric Ambler*
R198. Leviathan, *par Julien Green*
R199. Sarnia, *par G.B. Edwards*
R200. Le Colleur d'affiches, *par Michel del Castillo*
R201. Un mariage poids moyen, *par John Irving*
R202. John l'Enfer, *par Didier Decoin*
R203. Les Chambres de bois, *par Anne Hébert*
R204. Mémoires d'un jeune homme rangé
par Tristan Bernard
R205. Le Sourire du Chat, *par François Maspero*
R206. L'Inquisiteur, *par Henri Gougaud*
R207. La Nuit américaine, *par Christopher Franck*
R208. Jeunesse dans une ville normande
par Jacques-Pierre Amette

Collection Points

SÉRIE POLITIQUE

1. La Démocratie, *par Georges Burdeau*
2. L'Afrique noire est mal partie, *par René Dumont*
3. Communisme, Anarchie et Personnalisme, *par E. Mounier*
4. Que faire ?, *par Lénine*
5. Machiavel, *par Georges Mounin* (épuisé)
6. Dans trente ans la Chine, *par Robert Guillain* (épuisé)
7. Citations du président Mao Tsé-toung
8. Pour une réforme de l'entreprise, *par François Bloch-Lainé* (épuisé)
9. Les Socialistes, *par André Philip* (épuisé)
10. Hô Chi-minh, *par Jean Lacouture* (épuisé)
11. Histoire de la révolution russe, 1. Février, *par Trotsky*
12. Histoire de la révolution russe, 2. Octobre, *par Trotsky*
13. Réflexions sur l'histoire d'aujourd'hui, *par Tibor Mende* (épuisé)
14. Histoire du syndicalisme britannique, *par Henry Pelling* (épuisé)
15. Trois Encycliques sociales, *de Jean XXIII et Paul VI* (épuisé)
16. Bilan de l'URSS, 1917-1967, *par J.-P. Nettl* (épuisé)
17. Mahomet, *par Maxime Rodinson*
18. Citations du président de Gaulle, *par Jean Lacouture* (épuisé)
20. Les Libertés à l'abandon, *par Roger Errera* (épuisé)
21. Qu'est-ce que la politique ?, *par Julien Freund*
22. Citations de Fidel Castro
    par Henri de la Vega et Raphaël Sorin
23. Les lycéens gardent la parole, *par les CAL* (épuisé)
24. Les Communistes français, *par Annie Kriegel* (épuisé)
25. La CGT, *par André Barjonet* (épuisé)
26. Les 20 Amériques latines, t. 1, *par Marcel Niedergang*
27. Les 20 Amériques latines, t. 2, *par Marcel Niedergang*
28. Les 20 Amériques latines, t. 3, *par Marcel Niedergang*
29. Introduction à une politique de l'homme, *par Edgar Morin*
30. Le Nouveau Christianisme, *par H. de Saint-Simon*
31. Le PSU, *par Michel Rocard* (épuisé)
32. La Nouvelle Classe ouvrière, *par Serge Mallet* (épuisé)
33. Réforme et Révolution, *par André Gorz*
34. L'État SS, *par Eugen Kogon*
35. L'État, *par Georges Burdeau*
36. Cuba est-il socialiste ?, *par René Dumont* (épuisé)
37. Les Paysans dans la lutte des classes, *par Bernard Lambert*
38. La Pensée de Karl Marx, *par Jean-Yves Calvez*
39. La Pensée politique arabe contemporaine
    par Anouar Abdel-Malek
40. Pour le nouveau parti socialiste, *par Alain Savary*

41. Autogestion, *par Daniel Chauvey*
42. Un socialisme du possible, *par François Mitterrand* (épuisé)
43. La CFDT, *ouvrage collectif* (épuisé)
44. Paris libre 1871, *par Jacques Rougerie*
45. Les Nouveaux Intellectuels, *par F. Bon et M.-A. Burnier* (épuisé)
46. Les Origines du gauchisme, *par Richard Gombin*
47. La Société bloquée, *par Michel Crozier*
48. Classe ouvrière et Révolution, *par F. Bon et M.-A. Burnier* (épuisé)
49. Histoire des démocraties populaires
1. L'ère de Staline, *par François Fejtö*
50. Histoire des démocratie populaires
2. Après Staline, *par François Fejtö*
51. La Faute à Voltaire, *par Nelcya Delanoë*
52. Géographie de la faim, *par Josué de Castro*
53. Le Système totalitaire, *par Hannah Arendt*
Les origines du totalitarisme, 3
54. Le Communisme utopique, *par Alain Touraine*
55. Japon, troisième grand, *par Robert Guillain*
56. Les Partis politiques dans la France d'aujourd'hui
par François Borella
57. Pour un nouveau contrat social, *par Edgar Faure*
58. Le Marché commun contre l'Europe
par Bernard Jaumont, Daniel Lenègre et Michel Rocard (épuisé)
59. Le Métier de militant, *par Daniel Mothé*
60. Chine-URSS, *par François Fejtö* (épuisé)
61. Critique de la division du travail, *par André Gorz*
62. La Civilisation au carrefour, *par Radovan Richta*
63. Les Cinq Communismes, *par Gilles Martinet*
64. Bilan et Perspectives, *par Léon Trotsky*
65. Pour une sociologie politique, t. 1, *par J.-P. Cot et J.-P. Mounier*
66. Pour une sociologie politique, t. 2, *par J.-P. Cot et J.-P. Mounier*
67. L'Utopie ou la Mort, *par René Dumont*
68. Fascisme et Dictature, *par Nicos Poulantzas*
69. Mao Tsé-toung et la Construction du socialisme
textes inédits traduits et présentés par Hu Chi-hsi
70. Autocritique, *par Edgar Morin*
71. Nouveau Guide du militant, *par Denis Langlois*
72. Les Syndicats en France, t. 1, *par Jean-Daniel Reynaud*
73. Les Syndicats en France, t. 2. Textes et documents
par Jean-Daniel Reynaud
74. Force ouvrière, *par Alain Bergounioux*
75. De l'aide à la recolonisation, *par Tibor Mende*
76. Le Patronat, histoire, structure, stratégie du CNPF
par Bernard Brizay
77. Lettres à une étudiante, *par Alain Touraine*
78. Sur la France, *par Stanley Hoffmann* (épuisé)

79. La Cuisinière et le Mangeur d'hommes
par André Glucksmann
80. L'Age de l'autogestion, *par Pierre Rosanvallon*
81. Les Classes sociales dans le capitalisme aujourd'hui
par Nicos Poulantzas
82. Regards froids sur la Chine, *ouvrage collectif*
83. Théorie politique, *par Saint-Just*
84. La Crise des dictatures, *par Nicos Poulantzas* (épuisé)
85. Les Dégâts du progrès, *par la CFDT*
86. Les Sommets de l'État, *par Pierre Birnbaum*
87. Du contrat social, *par Jean-Jacques Rousseau*
88. L'Enfant et la Raison d'État, *par Philippe Meyer*
89. Écologie et Politique, *par A. Gorz/M. Bosquet*
90. Les Racines du libéralisme, *par Pierre-François Moreau*
91. Syndicat libre en URSS, *par le Comité international contre la répression*
92. L'Informatisation de la société, *par Simon Nora et Alain Minc*
93. Manuel de l'animateur social, *par Saul Alinsky*
94. Mémoires d'un révolutionnaire, *par Victor Serge*
95. Les Partis politiques en Europe
par François Borella
96. Le Libéralisme, *par Georges Burdeau*
97. Parler vrai, *par Michel Rocard*
98. Mythes révolutionnaires du tiers monde
par Gérard Chaliand
99. Qu'est-ce que la social-démocratie ?, *par la revue « Faire »*
100. La Démocratie et les Partis politiques, *par Moisei Ostrogorsky*
101. Crise et Avenir de la classe ouvrière, *par la revue « Faire »* (épuisé)
102. Le Socialisme des intellectuels, *par Jan Waclav Makhaïski*
103. Reconstruire l'espoir, *par Edmond Maire*
104. Le Tertiaire éclaté, *par la CFDT*
105. Le Reflux américain, *par la revue « Faire »*
106. Les Pollueurs, *par Anne Guérin-Henni*
107. Qui a peur du tiers monde ?
par J.-Y. Carfantan et C. Condamines
108. La Croissance... de la famine, *par René Dumont*
109. Stratégie de l'action non-violente, *par Jean-Marie Muller*
110. Retournez les fusils !, *par Jean Ziegler*
111. L'Acteur et le Système
par Michel Crozier et Erhard Friedberg
112. Adieux au prolétariat, *par André Gorz*
113. Nos droits face à l'État, *par Gérard Soulier*
114. Les Partis politiques, *par Maurice Duverger*
115. Les « Disparus », *par Amnesty International*
116. L'Afrique étranglée
par René Dumont et Marie-France Mottin

117. La CGT, *par René Mouriaux*
118. Le Mal-développement en Amérique latine
par René Dumont et Marie-France Mottin
119. Les Assassinats politiques, *par Amnesty International*
120. Vaincre la faim, c'est possible
par Jean-Yves Carfantan et Charles Condamines
121. La Crise de l'État-providence
par Pierre Rosanvallon
122. La Deuxième Gauche
par Hervé Hamon et Patrick Rotman
123. Sur l'antisémitisme, *par Hannah Arendt*
Les origines du totalitarisme, 1
124. La Torture, *par Amnesty International*
125. L'Impérialisme, *par Hannah Arendt*
Les origines du totalitarisme, 2
126. Les Rebelles, *par Jean Ziegler*
127. Le Pari français, *par Michel Albert*
128. La Fin des immigrés
par Françoise Gaspard et Claude Servan-Schreiber

Collection Points

SÉRIE HISTOIRE

H1. Histoire d'une démocratie : Athènes
des origines à la conquête macédonienne, *par Claude Mossé*
H2. Histoire de la pensée européenne
1. L'éveil intellectuel de l'Europe du IXe au XIIe siècle
par Philippe Wolff
H3. Histoire des populations françaises et de leurs attitudes
devant la vie depuis le XVIIIe siècle, *par Philippe Ariès*
H4. Venise, portrait historique d'une cité
par Philippe Braunstein et Robert Delort
H5. Les Troubadours, *par Henri-Irénée Marrou*
H6. La Révolution industrielle (1780-1880), *par Jean-Pierre Rioux*
H7. Histoire de la pensée européenne
4. Le siècle des Lumières, *par Norman Hampson*
H8. Histoire de la pensée européenne
3. Des humanistes aux hommes de science, *par Robert Mandrou*
H9. Histoire du Japon et des Japonais
1. Des origines à 1945, *par Edwin O. Reischauer*
H10. Histoire du Japon et des Japonais
2. De 1945 à 1970, *par Edwin O. Reischauer*
H11. Les Causes de la Première Guerre mondiale
par Jacques Droz
H12. Introduction à l'histoire de notre temps. L'Ancien Régime
et la Révolution, *par René Rémond*
H13. Introduction à l'histoire de notre temps. Le XIXe siècle
par René Rémond
H14. Introduction à l'histoire de notre temps. Le XXe siècle
par René Rémond
H15. Photographie et Société, *par Gisèle Freund*
H16. La France de Vichy (1940-1944), *par Robert O. Paxton*
H17. Société et Civilisation russes au XIXe siècle
par Constantin de Grunwald
H18. La Tragédie de Cronstadt (1921), *par Paul Avrich*
H19. La Révolution industrielle du Moyen Age
par Jean Gimpel
H20. L'Enfant et la Vie familiale sous l'Ancien Régime
par Philippe Ariès
H21. De la connaissance historique, *par Henri-Irénée Marrou*
H22. Malraux, une vie dans le siècle, *par Jean Lacouture*
H23. Le Rapport Khrouchtchev et son histoire, *par Branko Lazitch*
H24. Le Mouvement paysan chinois (1840-1949)
par Jean Chesneaux

H25. Les Misérables dans l'Occident médiéval
par Jean-Louis Goglin
H26. La Gauche en France depuis 1900, *par Jean Touchard*
H27. Histoire de l'Italie du Risorgimento à nos jours
par Sergio Romano
H28. Genèse médiévale de la France moderne, XIVe-XVe siècle
par Michel Mollat
H29. Décadence romaine ou Antiquité tardive ? IIIe-VIe siècle
par Henri-Irénée Marrou
H30. Carthage ou l'Empire de la mer, *par François Decret*
H31. Essais sur l'histoire de la mort en Occident du Moyen Age
à nos jours, *par Philippe Ariès*
H32. Le Gaullisme (1940-1969), *par Jean Touchard*
H33. Grenadou, paysan français
par Ephraïm Grenadou et Alain Prévost
H34. Piété baroque et Déchristianisation en Provence au XVIIIe siècle
par Michel Vovelle
H35. Histoire générale de l'Empire romain
1. Le Haut-Empire, *par Paul Petit*
H36. Histoire générale de l'Empire romain
2. La crise de l'Empire, *par Paul Petit*
H37. Histoire générale de l'Empire romain
3. Le Bas-Empire, *par Paul Petit*
H38. Pour en finir avec le Moyen Age
par Régine Pernoud
H39. La Question nazie, *par Pierre Ayçoberry*
H40. Comment on écrit l'histoire
suivi de Foucault révolutionne l'histoire
par Paul Veyne
H41. Les Sans-culottes, *par Albert Soboul*
H42. Léon Blum, *par Jean Lacouture*
H43. Les Collaborateurs (1940-1945), *par Pascal Ory*
H44. Le Fascisme italien (1919-1945)
par Pierre Milza et Serge Berstein
H45. Comprendre la Révolution russe, *par Martin Malia*
H46. Histoire de la pensée européenne
6. L'ère des masses, *par Michael D. Biddiss*
H47. Naissance de la famille moderne, *par Edward Shorter*
H48. Mythe de la procréation à l'âge baroque
par Pierre Darmon
H49. Histoire de la bourgeoisie en France
1. Des origines aux temps modernes, *par Régine Pernoud*
H50. Histoire de la bourgeoisie en France
2. Les temps modernes, *par Régine Pernoud*
H51. Histoire des passions françaises (1848-1945)
1. Ambition et amour, *par Theodore Zeldin*

H52. Histoire des passions françaises (1848-1945)
2. Orgueil et intelligence, *par Theodore Zeldin*
H53. Histoire des passions françaises (1848-1945)
3. Goût et corruption, *par Theodore Zeldin*
H54. Histoire des passions françaises (1848-1945)
4. Colère et politique, *par Theodore Zeldin*
H55. Histoire des passions françaises (1848-1945)
5. Anxiété et hypocrisie, *par Theodore Zeldin*
H56. Histoire de l'éducation dans l'Antiquité
1. Le monde grec, *par Henri-Irénée Marrou*
H57. Histoire de l'éducation dans l'Antiquité
2. Le monde romain, *par Henri-Irénée Marrou*
H58. La faillite du Cartel, 1924-1926
(Leçon d'histoire pour une gauche au pouvoir)
par Jean-Noël Jeanneney
H59. Les Porteurs de valises
par Hervé Hamon et Patrick Rotman
H60. Histoire de la guerre d'Algérie (1954-1962)
par Bernard Droz et Évelyne Lever
H61. Les Occidentaux, *par Alfred Grosser*
H62. La Vie au Moyen Age, *par Robert Delort*
H63. Politique étrangère de la France (La Décadence, 1932-1939)
par Jean-Baptiste Duroselle
H64. Histoire de la guerre froide
1. De la révolution d'Octobre à la guerre de Corée, 1917-1950
par André Fontaine
H65. Histoire de la guerre froide
2. De la guerre de Corée à la crise des alliances, 1950-1963
par André Fontaine
H66. Les Incas, *par Alfred Métraux*
H67. Les Écoles historiques, *par Guy Bourdé et Hervé Martin*
H68. Le Nationalisme français, 1871-1914, *par Raoul Girardet*
H69. La Droite révolutionnaire, 1885-1914
par Zeev Sternhell
H70. L'Argent caché, *par Jean-Noël Jeanneney*
H71. Histoire économique de la France du XVIIIe siècle à nos jours
1. De l'Ancien Régime à la Première Guerre mondiale
par Jean-Charles Asselain
H72. Histoire économique de la France du XVIIIe siècle à nos jours
2. De 1919 à la fin des années 1970
par Jean-Charles Asselain
H73. La Vie politique sous la IIIe République
par Jean-Marie Mayeur
H74. La Grèce archaïque d'Homère à Eschyle
par Claude Mossé
H75. Histoire de la « détente », 1962-1981, *par André Fontaine*

H76. Études sur la France de 1939 à nos jours
par la revue « L'Histoire »
H77. L'Afrique au XXe siècle, *par Elikia M'Bokolo*
H78. Les Intellectuels au Moyen Age
par Jacques Le Goff
H79. Fernand Pelloutier, *par Jacques Julliard*
H80. L'Église des premiers temps, *par Jean Daniélou*
H81. L'Église de l'Antiquité tardive
par Henri-Irénée Marrou

Nouvelle histoire de la France contemporaine

H101. La Chute de la monarchie (1787-1792), *par Michel Vovelle*
H102. La République jacobine (1792-1794), *par Marc Bouloiseau*
H103. La République bourgeoise de Thermidor à Brumaire (1794-1799)
par Denis Woronoff
H104. L'Épisode napoléonien (1799-1815). Aspects intérieurs
par Louis Bergeron
H105. L'Épisode napoléonien (1799-1815). Aspects extérieurs
par J. Lovie et A. Palluel-Guillard
H106. La France des notables (1815-1848). L'évolution générale
par André Jardin et André-Jean Tudesq
H107. La France des notables (1815-1848). La vie de la nation
par André Jardin et André-Jean Tudesq
H108. 1848 ou l'Apprentissage de la République (1848-1852)
par Maurice Agulhon
H109. De la fête impériale au mur des fédérés (1852-1871)
par Alain Plessis
H110. Les Débuts de la Troisième République (1871-1898)
par Jean-Marie Mayeur
H111. La République radicale ? (1898-1914)
par Madeleine Rebérioux
H112. La Fin d'un monde (1914-1929), *par Philippe Bernard*
H113. Le Déclin de la Troisième République (1929-1938)
par Henri Dubief
H114. De Munich à la Libération (1938-1944)
par Jean-Pierre Azéma
H115. La France de la Quatrième République (1944-1958)
1. L'ardeur et la nécessité (1944-1952)
par Jean-Pierre Rioux
H116. La France de la Quatrième République (1944-1958)
2. L'expansion et l'impuissance (1952-1958)
par Jean-Pierre Rioux